UTB

W0252404

UTB **2764**

Eine Arbeitsgemeinschaft der Verlage

Beltz Verlag Weinheim · Basel
Böhlau Verlag Köln · Weimar · Wien
Wilhelm Fink Verlag München
A. Francke Verlag Tübingen und Basel
Haupt Verlag Bern · Stuttgart · Wien
Lucius & Lucius Verlagsgesellschaft Stuttgart
Mohr Siebeck Tübingen
C. F. Müller Verlag Heidelberg
Ernst Reinhardt Verlag München und Basel
Ferdinand Schöningh Verlag Paderborn · München · Wien · Zürich
Eugen Ulmer Verlag Stuttgart
UVK Verlagsgesellschaft Konstanz
Vandenhoeck & Ruprecht Göttingen
vdf Hochschulverlag AG an der ETH Zürich
Verlag Barbara Budrich Opladen · Farmington Hills
Verlag Recht und Wirtschaft Frankfurt am Main
WUV Facultas Wien

Sjoerd van Tuinen

Peter Sloterdijk

Ein Profil

2., durchgesehene Auflage

WILHELM FINK VERLAG

Der Autor:

Sjoerd van Tuinen ist an der Universität Gent, Belgien tätig, wo er über die Leibniz-Rezeption im Werk von Gilles Deleuze arbeitet. Er hat verschiedene Aufsätze über Peter Sloterdijk in akademischen Zeitschriften veröffentlicht. 2004 erschien in den Niederlanden sein Buch ‚Peter Sloterdijk – Binnenstebuiten denken'.

Bibliografische Information der Deutschen Nationalbibliothek

Die Deutsche Nationalbibliothek verzeichnet diese Publikation in der Deutschen Nationalbibliografie; detaillierte bibliografische Daten sind im Internet über http://dnb.d-nb.de abrufbar.

Die niederländische Originalausgabe erschien 2004 beim Verlag Klement unter dem Titel: *Peter Sloterdijk. Binnenstebuiten denken*

2., durchgesehene Auflage 2007

Jühenplatz 1, D-33098 Paderborn
ISBN 978-3-7705-4249-9

Internet: www.fink.de

Printed in Germany.
Einbandgestaltung: Atelier Reichert, Stuttgart
Herstellung: Ferdinand Schöningh, Paderborn

UTB-Bestellnummer: ISBN 978-3-8252-2764-7

Inhaltsverzeichnis

Vorwort

Das vorliegende Buch ist eine gründliche Bearbeitung und Aktualisierung meiner Einführung in das Werk Peter Sloterdijks, erschienen unter dem Titel *Sloterdijk. Binnenstebuiten denken* beim niederländischen Uitgeverij Klement im Frühling 2004. Für die Übersetzung der niederländischen Grundtexte, ohne welche diese Ausgabe nicht zustande gekommen wäre, danke ich Natasja Staelens und Marga Calje. Auch die zeitaufwendigen Korrekturen von Nora Eigenwill und Reinhardt Eigenwill sowie Eva Seela haben das Schreiben in der deutschen Sprache um vieles erleichtert. Desweiteren danke ich Henk Oosterling für die kritische Lektüre des Manuskripts in der ersten Fassung und meinen Verlegern, Edo Klement und Raimar Zons, für die Unterstützung dieses Projektes.

Einleitung

Um Sloterdijks Werk philosophisch ernst nehmen zu können, ist eine großzügige Auffassung von Philosophie erforderlich. Seine Texte erfordern sehr undogmatische Leser, die bereit sind, den Unterschied zwischen Form und Inhalt auf dynamische Weise anzuwenden und sich von einem nahezu unvergleichbaren Diskurs, der zwischen Philosophie und Literatur, Psychoanalyse und Politik, Mythologie und Wissenschaft, subtilen Abstraktionen und augenscheinlich banalen Witzen schwankt, mitreißen zu lassen. In diesem Buch wird ein Kompromiss angestrebt, der sowohl der streng wissenschaftlichen Praxis als auch Sloterdijks Einzigartigkeit gerecht zu werden versucht. Auf der formellen Ebene der Argumentation wird den akademischen Forderungen möglichst nachgekommen. Sloterdijks Denken erweist sich somit als durchaus argumentativ kräftig, und folglich erscheint er nicht als der Irrationalist und Mystiker, den mancher Kritiker in ihm vermutet. Zugleich wird aber bei der Darstellung gelegentlich eine innerhalb des universitären Diskurses ungewöhnliche Sprache benützt, um den evokativen Charakter dieser Philosophie nicht ganz verlorengehen zu lassen. Auch die relativ große Anzahl an Zitaten soll dazu beitragen.

Sloterdijk ist ein Hyperboliker; seine provokativen Thesen ertragen daher keine dauerhafte Relativierung und Präzisierung. Es ist das Merkmal einer fröhlichen Wissenschaft, dass Ernst und Parodie oder Naivität und Ironie nicht immer unterschieden werden können. Dazu kommt, dass wir es in jedem seiner Bücher mit einer sich gegenseitig verstärkenden Epistemologie, Ontologie und Methode zu tun haben, ohne die sowohl die heuristische als auch die kritische Kraft seines Werkes verloren ginge. Abgesehen davon, dass der Autor des vorliegenden Buches weit von der literarischen Begabung seines Referenzphilosophen entfernt ist, machen diese Sachverhalte diese Arbeit zu einem schwierigen Unterfangen. Obwohl die einzigartige Sprachvirtuosität Sloterdijks einen wichtigen Ansatz zum Verfassen dieser Monographie bildete – die Rolle der Sprache, der Hyperbolik und des reichlich vorhandenen Bildmaterials in seinem Werk wird dann auch an die Reihe kommen –, hätte eine Besprechung ihrer philosophischen Bedeutung einen wesentlich größeren Umfang des vorliegenden Werkes erfordert. Hier wird weder das Verschwinden des Unterschieds zwischen Form und Inhalt im postmodernen philosophischen Diskurs untersucht, noch zum unzähligsten Male die ‚Ende-der-Philosophie'-These widerlegt. Ebenso wenig ist versucht worden, den Inhalt von der Form loszulösen, um ihn danach in die beengende Zwangsjacke einer bestimmten philosophischen Strömung einordnen zu können. Wohl aber ist von einem interpretativen Hintergrund die Rede, vor dem manche Aspekte von Sloterdijks Werk mehr als andere hervorgehoben werden.

Sloterdijk wird in erster Linie als *Neo-Nietzscheaner* gelesen. Nietzsches Materialismus oder das, was Sloterdijk auch dionysischen Materialismus nennt, bildet die strategische Grundlage, ohne welche die Bedeutung dieses Werkes unerkennbar bleibt. „Diese Formel bringt die Notwendigkeit einer Annäherung zwischen den postmarxistischen und den postnietzscheanischen Strömungen zum Ausdruck – ein wenig plausibles Treffen innerhalb des akademischen und öffentlichen Kontextes dieser Zeit. Es ist wahr, dass ich diese Formel in den fünfzehn Jahren nach der Veröffentlichung von *Der Denker auf der Bühne. Nietzsches Materialismus* (1986) kaum explizit aufgenommen habe. Trotzdem ist sie mir zur zweiten Natur geworden, und wenn ich sie nicht oft anwandte, so geschah das, weil ich mich daran gewöhnt hatte, meine Probleme und Interventionen insgesamt im *affektiven* Licht dieses Konzepts zu betrachten – ohne das Bedürfnis zu spüren, dessen rein theoretische Dimensionen aufzudecken." [RMP 166] Sie ist Grundlage für einen anti-idealistischen Vitalismus, eine Anthropologie der Ekstase und eine weit durchgearbeitete posthumanistische Theorie der Medialität. Die nietzscheanische Inspiration jedoch lässt sich vor allem in der besonderen Art und Weise des Philosophierens nachweisen, in der ständig die Grenzen einer provozierenden Experimentiersucht mit Sprache und Ideen erkundet werden.

Sloterdijks Position in der jüngsten Geschichte der westlichen Philosophie lässt sich innerhalb einer Genealogie bestimmen, die von Marx über Nietzsche bis hin zu Freud – den drei Meistern des Argwohns (Paul Ricoeur) – und von Heidegger über Adorno bis zu Lacan und den französischen Differenzdenkern, unter ihnen Foucault und Deleuze, führt. Sein Verhältnis zu jenen der letzten Gruppe wird eingehend erörtert; Marx und Freud werden vor allem indirekt, über das Werk der übrigen genannten Denker, behandelt. Andere Einflüsse, wie etwa die asiatischen und gnostischen Hintergründe von Sloterdijks Denken, werden in diesem Buch nur wenig Beachtung finden.

Wie bereits erwähnt, wird reichlich aus Sloterdijks Werk zitiert. Dabei wird eine ‚Kreuz-und-quer-Zitierweise' verwendet um den Zusammenhang und die Kontinuität zu betonen. Nur eine Aufteilung erlauben wir uns dabei, nämlich eine zwischen dem Werk aus den achtziger

Jahren, in dem eine kritische Komponente vorherrscht, und dem Werk aus den neunziger Jahren bis zum gegenwärtigen Zeitpunkt, in dem eine anthropologische Komponente dominiert. Für das Verständnis des Lesers sind die Zitate aus dem Interview mit Éric Alliez, das meines Wissens nicht in deutscher Sprache erschienen ist, aus dem Niederländischen übersetzt worden. Zitate aus dem Werk anderer Philosophen wurden entweder vom Autor übersetzt oder in einer bereits veröffentlichten Übersetzungvariante wiedergegeben. Wo von Internetquellen die Rede ist, werden diese in den Fußnoten erwähnt.

Die ersten vier Kapitel bilden eine Einführung in das Gesamtwerk Sloterdijks. Das Kapitel 1 vermittelt einen allgemeinen Eindruck, wobei die nietzscheanische Herkunft seines Denkens eigens hervorgehoben wird. Nietzsches ‚Materialismus' dient dabei zur Vorbereitung auf Kapitel 2, in dem Sloterdijks ‚kritische' Arbeiten aus den achtziger Jahren behandelt werden, beziehungsweise das, was wir die kritische Periode nennen werden. Dabei stehen nicht so sehr die historischen und literarischen Analysen, die den Großteil der *Kritik der zynischen Vernunft* (1983) ausmachen, im Vordergrund, sondern seine Auslegung des Kritikbegriffs und sein Verhältnis zur Frankfurter Schule. Zunächst wird auf den Hintergrund der Deutschen Kritischen Theorie eingegangen, insbesondere auf Adorno und Habermas, danach auf die kritische Funktion des Unterschieds zwischen Zynismus und Kynismus, auf die Kritik der politischen Kinetik im *Eurotaoismus* (1989) und auf die Konvergenz von Kritik und Ästhetik, wie sie Sloterdijk in *Kopernikanische Mobilmachung und ptolemäische Abrüstung* (1987) dargelegt hat. In Kapitel 3 folgt die globale Darstellung von Sloterdijks Anthropologie, wie er diese in *Sphären* (1998, 1999, 2004) und anderen Büchern aus jüngster Zeit entfaltet hat. Kapitel 4 konzentriert sich auf von Sloterdijk zur Sprache gebrachte makro-politische Problematiken wie die der Unglaubwürdigkeit der Politik, der Globalisierungs- und Individualisierungsfragen und der Rolle der neuen Medien in diesem Zusammenhang.

Der zweite Teil dieser Monographie betrifft die von Augustinus geprägte philosophische Tradition der Willensmetaphysik, des Denkens über die Willensfreiheit. Kants *Kritik der praktischen Vernunft* (1788) bildet in diesem Denken die Zäsur, die in die Modernität führt und die humanistische Lehre des autonomen Subjekts einleitet. In soweit wir es hier mit einer Zeitdiagnose zu tun haben, stellt Sloterdijk also immer die Frage nach der jeweiligen Form der Subjektivität, ‚dem philosophischen Zentralmassiv der Modernität.' [DB 168] Auch wenn es sich um seine frühe kritische Position handelt, steht die Subjektkritik bereits im Zentrum. In Kapitel 5 zeigt sich die entscheidende Rolle von Nietzsches und Heideggers Metaphysikkritik, sowie der Psychoanalyse. Vor diesem Hintergrund wird Sloterdijks Philosophie des medialen Subjekts dargestellt. In Kapitel 6 wird dann dessen biopolitische Verarbeitung bezüglich dem, was wir Aufklärungshumanismus nennen werden, thematisiert. In diesen Rahmen fällt auch *Regeln für den Menschenpark*, dass hinsichtlich einer ähnlichen Denkweise bei Michel Foucault positioniert wird. In Kapitel 7 besprechen wir die Rolle der Technik in Sloterdijks Denken über den Humanismus und die post-kritische Möglichkeit, ein guter Zeitgenosse zu sein. Die Aufsätze über Heidegger werden in diesen Kapiteln als Richtschnur genommen.

Statt einer ausführlichen Rezeptionsgeschichte von Sloterdijks Werk werden im Kapitel 8 einige Themen, die für manche Missverständnisse verantwortlich sind, in ihrer philosophischen Bedeutung hervorgehoben. Zuerst geht es um das radikal anti-dialektische Programm, womit Sloterdijk sich schon von Anfang an von den Protagonisten der Kritischen Theorie unterschied. Zweitens wollen wir noch einmal auf die Kontinuität in diesem Werk hinweisen, indem wir die These entwickeln, dass es immer schon eine – für viele unerträgliche – Leichtigkeit besessen hat, die sich als sehr unzeitgemäß erwiesen hat. Dem Skandal um *Regeln für den Menschenpark* wird keine besondere Aufmerksamkeit gewidmet. Weil Sloterdijks Verhältnis zu seinen Kritikern alles andere als unproblematisch ist, widmen wir drittens seiner stets wiederholten Kritik am Totalitarismus der Massenmedien einige Zeilen. Zum Schluss wollen wir untersuchen, was mit der allerorts vernommenen Charakterisierung Sloterdijks als einem eher französischen als deutschen Philosophen gemeint ist. Der nur auf den ersten Blick paradoxe Versuch, Sloterdijks Denken der Intimität mit dem französischen ‚Denken des Außen' zu verbinden, dient dazu, die kardinale Differenz zwischen Innen und Außen in der westlichen Philosophie weiter zu entfalten.

Kurze Biographie mit Veröffentlichungen und verwendeten Abkürzungen

1947	geboren in Karlsruhe
1968	Studium der Fächer Philosophie, Germanistik und Geschichte in München und Hamburg
1971	Magisterarbeit über das Thema „Strukturalismus als poetische Hermeneutik“
1972	Essay über *Michel Foucaults strukturale Theorie der Geschichte*
1973	Studie über *Die Ökonomie der Sprachspiele. Zur Kritik der linguistischen Gegenstandskonstitution*
1976	Promotion bei Professor Klaus Briegleb am Fachbereich Sprachwissenschaften der Universität Hamburg mit der Dissertation *Literatur und Organisation von Lebenserfahrung. Gattungstheorie und Gattungsgeschichte der Autobiographie der Weimarer Republik 1918-33*
1980	Besuch der Bhagwan-Sekte
1983	*Kritik der zynischen Vernunft* [KZV]
1985	*Der Zauberbaum* [ZB]
1986	*Der Denker auf der Bühne. Nietzsches Materialismus* [DB]
1987	*Kopernikanische Mobilmachung und ptolemäische Abrüstung. Ästhetischer Versuch* [KMPA]
1988	Gastdozent am Lehrstuhl für Poetik der Johann Wolfgang Goethe-Universität Frankfurt am Main
1988	*Zur Welt kommen – Zur Sprache kommen. Frankfurter Vorlesungen* [ZWK]
1989	*Eurotaoismus. Über die Kritik der politischen Kinetik* [ET]
1990	*Versprechen auf Deutsch. Rede über das eigene Land* [VD]
1990	*Von der Jahrtausendwende. Berichte zur Lage der Zukunft* (hrsg.)
1992	Professur an der Staatlichen Hochschule für Gestaltung Karlsruhe
1993	Professur am Institut für Kunstphilosophie der Akademie der bildenden Künste, Wien
1993	Ernst-Robert-Curtius-Preis für Essayistik

1993 *Weltfremdheit* [WF]
1993 *Medienzeit* [MZ]
1993 *Im selben Boot. Versuch über die Hyperpolitik* [ISB]
1993 *Weltrevolution der Seele. Ein Lese- und Arbeitsbuch der Gnosis (mit Thomas H. Macho)*
1994 *Falls Europa erwacht. Gedanken zum Programm einer Weltmacht am Ende des Zeitalters ihrer politischen Absence* [FEE]
1994 *Das soziale Band und die Audiophonie. Anmerkungen zur Anthropologie im digitalen Zeitalter* [SBA]
1995 Gastprofessuren am Bard College, New York; Collège international de philosophie, Paris; Eidgenössische Technische Hochschule, Zürich
1995 *Versuch über das Leben der Künstler. Andersgläubige – Verschwender – Fälle – Einwohner*
1995 *Weltrevolution der Seele. Ein Lese- und Arbeitsbuch zur Gnosis von der Spätantike bis zur Gegenwart* (gem. hrsg. m. Thomas Macho)
1996 *Selbstversuch. Ein Gespräch mit Carlos Oliveira* [SV]
1996 *Chancen im Ungeheuren. Notiz zum Gestaltwandel des Religiösen in der modernen Welt im Anschluss an einige Motive bei William James*
1998 *Der starke Grund, zusammen zu sein. Erinnerungen an die Erfindung des Volkes* [DSG]
1998 *Sphären I: Blasen* [SI]
1999 *Sphären II: Globen* [SII]
1999 *Regeln für den Menschenpark* [NG] und die Sloterdijk-Debatte
2000 Friedrich-Merker-Preis für Essayistik
2000 *Die Verachtung der Massen. Versuch über Kulturkämpfe in der modernen Gesellschaft* [VM]
2000 *Über die Verbesserung der guten Nachricht. Nietzsches fünftes ‚Evangelium‘* [VGN]
2001 Professur am Ordinariat für Kulturphilosophie und Medientheorie der Akademie der bildenden Künste, Wien
2001 Rektor der Hochschule für Gestaltung in Karlsruhe
2001 Leitung des *Philosophischen Quartetts* (mit Rüdiger Safranski), ZDF
2001 Christian-Kellerer-Preis für die Zukunft philosophischer Gedanken
2001 *Die Sonne und der Tod. Dialogische Untersuchungen* [ST]
2001 *Nicht gerettet. Versuche nach Heidegger* [NG]

2001 *Tau von den Bermudas. Über einige Regime der Einbildungskraft* [TB]
2002 *Luftbeben. An den Quellen des Terrors*
2004 *Sphären III: Schäume* [SIII]
2004 *Was zählt, kehrt wieder. Philosophische Dialoge mit Alain Finkielkraut*
2005 Gastprofessur *Chaire Emmanual Levinas*, Strasbourg
2005 *Im Weltinnenraum des Kapitals* [WK]
2005 Sigmund-Freud-Preis für wissenschaftliche Prosa

1 PHILOSOPHISCHER HINTERGRUND

Kurze philosophische Biographie

Peter Sloterdijk, geboren 1947 in Karlsruhe, schildert den Anfang seiner philosophischen Karriere als kennzeichnend für seine Generation. Ausgebildet in der ‚alten' Kritischen Theorie, namentlich im messianischen Denken Adornos und Blochs, hat er sich danach von der Phänomenologie Heideggers und Merleau-Pontys, dem Strukturalismus von Lévi-Strauss und De Saussure sowie der Psychoanalyse Lacans aus weiterentwickelt. Auf diese Weise geriet er an das frühe Werk ihrer ‚Schüler' Derrida und Foucault. Vor allem die Lektüre von Foucault bedeutet eine intellektuelle Wende: „Es war die Begegnung mit dem Foucault von *Die Ordnung der Dinge* (1966), die mich in einen Reflexivraum abschoss, der über meine ursprüngliche philosophische Bildung, durchtränkt wie sie war vom junghegelianischen und marxistischen Denken, namentlich in Adornos Fassung, hinausging." [RMP 167] Die Lektüre dieser französischen Philosophen führte ihn weg von einer kantischen Denkart in einen von Nietzsche explorierten Bereich innerhalb der Philosophie, in dem auch ein Denker wie Gilles Deleuze eine wichtige Rolle spielt. Im dritten Band von *Sphären, Schäume* erweist sich jener als von großer Bedeutung für Sloterdijks Denken.

Im Jahre 1980 reist er nach Poona, Indien, und schliesst sich der Sekte des Bhagwan an, um dessen Reden zu hören. Dieser ‚Wittgenstein der Religion' ist für ihn nach wie vor eine der größten Figuren des zwanzigsten Jahrhunderts, der mittels ‚Religionsspielen', Parodien, Dekonstruktionen, Experimenten und Affirmation eine Art vergleichende Religionswissenschaft ohne Ablehnung oder theoretische Kritik entwickelt. [SV 105-7, ST 12-5] Über Sloterdijks Aufenthalt in Indien ist nur wenig bekannt. Er selbst möchte sich dazu nicht äußern, da er der Meinung ist, dass der heutige Zeitgeist kein Verständnis mehr dafür aufbringen könnte. Bezeichnend sind die Übereinstimmungen, die Sloterdijk zwischen Lacan und Rajneesh sieht. Beide sind für ihn Entertainer, sektarische ‚Psycho-Scharlatane', die eine Synthese aus Psychoanalyse, Theatralität und spiritueller Provokation, welche philosophisch unter anderem in einer radikalen Subjektkritik zum Ausdruck kommt, herstellen. [SV 107, ST 19-21] Rajneesh und die östliche Philosophie im allgemeinen haben auf ihn einen großen Einfluss ausgeübt. Insbesondere in seinem Werk aus den achtziger Jahren finden wir eine ausgesprochene Faszination für alternative und östliche Kulturen und Religionen.

1983 schafft er mit der *Kritik der zynischen Vernunft* den Durchbruch. In dieser Arbeit positioniert er sich im Hinblick auf die zeitgenössische kritische Philosophie und erwirbt damit in kurzer Zeit einen Kultstatus. In der Reihe der darauf folgenden Veröffentlichungen entwickelt er seine philosophische Position als Zeitdiagnostiker weiter, wobei obengenannte Einflüsse sowohl implizit als auch explizit verarbeitet werden. Man kann Sloterdijks zeitdiagnostisches Werk in zwei Phasen unterteilen. Die erste Phase umfasst sein Werk der 80er Jahre. Darin sucht er nach Möglichkeiten eines kritischen Philosophierens jenseits der Kritischen Theorie; der Begriff ‚kritische Philosophie' hat sich dabei schon bald als ein Pleonasmus erwiesen. In der zweiten Phase, seit *Eurotaoismus* und *Weltfremdheit* (1994), erweitert er sein Denken um ein philosophisch-anthropologisches Interesse, das er selbst als ‚amphibische Anthropologie' typisiert. Auch sein neuestes Projekt *Sphären* (1998; 1999; 2004) gehört dazu. Menschen sind für ihn keine mono-elementaren Wesen. Sie können nur als Umzugstiere, die ständig die Umgebung wechseln und ihre Lebenssphären erweitern und sicherstellen, verstanden werden. [ST 336] In diesem Zusammenhang übernimmt er Deleuzes Denken und Terminologie der ‚De- und Reterritorialisierung'. [ST 201, 248, 336, WK 405] Erst richtig bekannt wird Sloterdijk durch den sogenannten ‚Menschenparkskandal', der als Reaktion auf seinen Vortrag im Schloss Elmau mit dem ominösen Titel *Regeln für den Menschenpark* (1999) einsetzt.

Eine kurze Übersicht über zutreffende und nicht zutreffende Charakterisierungen von Sloterdijk aus den letzten Jahren enthält u.a. folgende Qualifikationen: der neue Nietzsche, Jungkonservativer, Spenglerianer, Zeitgeistfuzzi, faschistoider Züchter des Übermenschen, zynischer Ideologe der Großen Politik, Anti-Humanist, Pseudo-Mystiker, Causeur, Popstar des Denkens, konservativer Anarchist, philosophischer *parvenu*, aber auch Deutschlands maßgebender Philosoph. Aus dem enormen Spektrum an Konnotationen, von dem diese Beschreibungen zeugen, geht hervor, dass sein Rang unter Philosophen, gelinde gesagt, umstritten ist. Teils hängt das mit der ‚Affäre' um seinen Vortrag *Regeln für den Menschenpark* zusammen, die viele Kollegen zur Stellungnahme zwang, teils aber auch mit dem schon viel älteren Widerstand, auf den er vor allem in der akademischen Philosophie stieß und den er wohl auch selbst hervorrief. Hinzu kommt, dass sein Denken in Deutschland als ‚gefährlicher' betrachtet wird als anderswo.

Denkstil

Die ambivalente Rezeption Sloterdijks hängt zweifellos mit seinem Schreib- oder Denkstil zusammen, der nicht streng analytisch-akademisch und wertfrei, sondern evokativ und metaphorisch ist. Sein Werk ist irgendwo zwischen Philosophie und Literatur angesiedelt. Sloterdijk hält sich nicht an den metaphysischen Unterschied zwischen Form und Inhalt, sondern entwickelt in jedem Buch eine neue Sprache, um oft sehr unterschiedliche Erscheinungen zu synthetisieren. Schreiben ist immer eine Übersetzung, eine *trans-latio* im starken Sinne: „Die ganze Kulturaufgabe ist, das ‚Kraftfeld' mit der ‚Existenz der Worte' kompatibel zu machen. Es geht um lebbare Metaphern vorgängiger Verhältnisse."[1] Abbildungen, Anekdoten, Sphärenbeschreibungen dienen einer plastischen Argumentation. Ein ununterbrochener Fluss von Neologismen, Wortspielen, Stilfiguren, Paraphrasen und ein stark entwickelter Sinn für ‚Atmosphärik' bewirken, dass seine Texte immer anders komponiert werden. Auch dies ist nicht ein bloßer einen Vergleich; seine eigene zeitdiagnostische Arbeit sieht er als ein ‚automatisches Klavier des Zeitgeistes'. Genau wie Nietzsche sieht er sich selber als ‚Mundstück' und ‚Medium', ein Klangkörper, der epochale Stimmungen kommuniziert. [DB 143, KMPA 82] Gleichzeitig weiß er, dass kein einziges Medium transparent ist: „Ich nehme Stimmungen leicht auf, aber ich sortiere ziemlich streng." [ST 15-6]

Dieses Sortieren dient wohl dazu, zu anderen Auslegungen als die der sogenannten ‚Experten' zu gelangen. Sloterdijk distanziert sich von der Seite der ‚Krisenprofiteure', die sich der ‚Sachbuchgotik' und der ‚Alarmwirtschaft' hingeben. [SIII 843, SV 30] Vielmehr geht es um die unausgesprochenen Erfahrungen, die für das Verständnis unserer Zeit entscheidend sind. Zeitdiagnostik besteht aus Spurensuchen, Anweisungen folgen, Vermutungen und Peilungen in Bezug auf die Zukunft und Vergangenheit aufstellen. Man wird dabei keinem hypochondrischen Gejammer über die neue Unübersichtlichkeit und das Ende der großen Geschichten begegnen. In seinem ganzen Werk ist der ‚morose' Diskurs der meisten gegenwärtigen Kulturkritiker Zielscheibe seiner fröhlichen Wissenschaft. Glück und Theorie sind im modernen Diskurs zu einander ausschließenden Größen geworden: Antike Theorie macht fröhlich, moderne Theorie entsetzt. Sloterdijk scheint vom Anfang an das Unmögliche zu wollen, nämlich die Modernität und zugleich die Jovialität. Der Gott aller Götter, Jupiter, repräsentiert durch eine Kombination von Theorie und Übersicht auf seinem olympischen Thron das joviale Glück, welches die klassische Theorie ausmacht. Gegenwärtige Theorie hat damit nichts mehr zu tun, denn die Arbeit des Begriffes hat die Göttertheorie der Anschauung ersetzt. Aber wie die antike Philosophie ein mentales *workout* mit Logik als Übung war, so sollte die heutige Philosophie ein ‚super-work-out' sein, ein Versuch, um einen Anschluss an die nebeneinander bestehenden Kräfte im globalisierten Großraum zu finden. [ST 30] Wie Aristoteles, für den die Philosophie in der Kombination von Megalomanie und deren Bändigung durch Logik bestand, strebt auch Sloterdijk eine zeitgemäße Version des großseelischen Empfindens (megalopsychía) an. [ISB 29, WK 415] Ein solcher affirmativer Anschluss weiss sich aber nicht von Anfang an in der Mitte des Universums. „Denken im 20. Jahrhundert heisst nicht, ein Kosmos-Ganzes anschauen, sondern eine Explosion mitdenken." [SV 42, WK 108 u.f.] Der Essay ist das hierfür am besten geeignete philosophische Genre. Es fungiert als ‚eine Fahrschule für Intelligenz, in einer Welt, deren Verkehrsregeln zwischen den Verkehrsteilnehmern erst beim Fahren ermittelt werden'. [MZ 62]

Obwohl er selber behauptet, nur sparsam mit Pathosformeln umzugehen [ST 27], begegnen wir in den meist ernsthaften Abschnitten immer wieder einem lyrischen Gestaltungsdrang. Das muss auch so sein, denn Schrift ist ein ‚Telepathiesystem'. Im Gegensatz zum Fernseher, bei dem nur von Tele-Apathie die Rede ist, bedeutet Mitlesen für Sloterdijk, den Pathos des Textes aktiv zu übernehmen. [SV 139] Seine Texte gründen folglich fast immer in einer Übertreibung. In Anlehnung an Nietzsche sieht er das Leben als Hyperbel. „Wir bevölkern immer schon die Dimension Übertreibung" [NG 274, auch ST 337], schreibt er in *Notiz über kritische und übertriebene Theorie* (2001) [NG 235-74]. Philosophie ist für ihn demnach die Übertreibung des hellenistischen Urtriebs: Erstaunen. Der wirkliche Anfang der Philosophie liegt im Wettbewerb um das Schwernehmen der Begründung von Meinungen. [NG 260] Die Übertreibung ist niemals ein bloßes Stilmittel, sondern immer auch eine Methode, um sonst akzidentell erscheinende Zusammenhänge hervorzuheben. [SIII 16] Philosophie heißt nicht Deutung von Wirklichkeit, Wahrheit oder Ratio, sondern das Ersetzen von der einen Hyperbel durch die andere. Wenn Kritische Theorie, als Übung in der Skepsis verstanden, vor diesem Hintergrund wie eine Untertreibung erscheint, so stellt der Dekonstruktivismus die Übertreibung dieses Understatements dar.[2] Aber beiden fehlt die joviale Geste. Mit Nietzsche benutzt Sloterdijk darum eine ,emanzipierte Hyperbolik': eine nicht von Ressentiment getriebene, sondern nur auf Überfluss gestützte Übertreibung. „Sie nimmt sich, ohne sie abzuleiten, die Freiheit, Steigerungen des Lebens zu applaudieren, grundlos." [NG 273-4] Sie entnimmt der Skepsis keine Wirksamkeit und muss keineswegs verurteilen; an die Stelle der metaphysischen Übertreibung der Vernunft tritt die ,befreite' oder künstlerische Übertreibung.

Nur in ihrer Formulierung kann eine philosophische Hyperbel ihre Gültigkeit besitzen. Sloterdijks Rhetorik ist daher oft auf ironische oder sogar aporetische Weise reflexiv. Hans-Jürgen Heinrichs beschreibt den Tonfall, den er in Sloterdijks Werk konstatiert, entsprechend als ,ironische Gebrochenheit' mit einer ,satirischen Spitze' und gelegentlich ,einem gewissen Zynismus'. [ST 27] Diese ironische Reflexion erkennen wir auch in dem, was Sloterdijk im Essay *Luhmann, Anwalt des Teufels* (2001) [NG 82-142] ,kybernetische Ironie' nennt. Genau wie die romantische Ironie im Reflexionsraum des neunzehnten Jahrhunderts, von Kant und den deutschen Idealisten Fichte und Schlegel aufgeschlossen, den Schein der Objektivität auseinander nimmt, indem sie die konstruktive *und* de(kon)struktive Macht des transzendentalen Subjekts betont, macht die kybernetische Ironie dies nun auch mit der Subjektivität selber. Das Subjekt sieht sich selber als widerlegtes Subjekt, oder wie bei Nietzsche in *Die Geburt der Tragödie* (1872) als Epiphänomen in einem System von Systemen, das viel zu komplex und eigensinnig ist, dass es durch ein Subjekt etabliert oder aufgehoben werden kann. [NG 126, 133, DB 33] Die Pflege der Theorie impliziert ein ständiges Loslassen von festen Positionen und eine Distanzierung von sich selber. [SIII 737-8]

Denken bedeutet für Sloterdijk dekantieren, das Umfüllen von altem Wein in neue Fässer. [SV 122] Fast alle großen Themen seines Werkes, insbesondere der Sphärologie, gehen in erster Linie auf Heideggers Ontologie zurück, obwohl er gleichzeitig wesentliche Prämissen dieser abgelehnt hat. Sokrates erweist sich bei ihm als Erfinder der Kritischen Theorie [ZWK 94], Platon als der der Biopolitik [NG 332-7]. Indem er alte Ideen aufs Neue erwägt und die Philosophiegeschichte als Werkzeugkasten des Denkens einsetzt und so die ausrangierten Theorien wieder gelten lässt, kann Sloterdijk Begriffsapparate entwickeln, die genügen, um nicht nur die Gegenwart, sondern auch die ganze menschliche Geschichte zu be-, ent- und umzuschreiben. [ST 178]

Das Erkenntnisexperiment

Sloterdijk datiert sein Denken nach Nietzsche. Denken nach Nietzsche ist immer eine metabiologische Reflexion, es fragt nach „den Möglichkeitsbedingungen und den Realitätsbedingungen des Lebens. ... Die Antwort besteht in der Behauptung, dass das Leben, ein Leben, uns gemeinschaftliches Leben möglich ist, weil menschliche Wesen mit einem Sinn für Wahrheit begabt sind." [RMP 160-1, 168] Nach dem Vorbild des jungen Nietzsche sieht sich Sloterdijk immer als Arzt, als ‚Immunologe der Kultur'. [ST 217] Er handhabt einen ‚apothekarischen Wahrheitsbegriff' [DB 40]: Wahrheiten, die sich für das Fortbestehen von Menschen nützlich machen, sind symbolische Immunsysteme. [ST 217] Gleichzeitig ist er genauso wie Nietzsche auf der Suche nach der ‚meta-immunitäre oder kontra-immunitäre Funktion der Wahrheit'. [RMP 162] In *Die Geburt der Tragödie* hat Nietzsche auf Kosten des für das Leben notwendigen apollinischen Kompromisses immer wieder die unerträglichen und grauenhaften dionysischen Aspekte der Existenz aufgedeckt. [DB 53] Man muss in irgendeiner Form an dieser Zeit erkrankt sein, ‚unzeitgemäß' sein, um etwas darüber sagen zu können. [SV 10, SIII 59] Nietzsches berühmte Aussagen „Ich impfe Euch mit dem Wahnsinn" und „Was mich nicht umbringt, macht mich stärker" haben eine direkte Beziehung zur geistigen Gesundheit des Zeitdiagnostikers. Sie weisen eine große Experimentierfreude im Hinblick auf sich selbst auf, die wir auch bei Sloterdijk vorfinden. [ST 9] Der Titel des Buches, in dem er zum ersten Mal über sich selbst redet, *Selbstversuch* (1994), ein Dialog mit Carlos Oliveira, ist kennzeichnend: „Wer Arzt sein möchte, muss Versuchstier sein wollen". Der Philosoph führt ein Experiment mit den für sein Leben notwendigen Illusionen aus. Er sieht das Leben als das nietzscheanische ‚Erkenntnisexperiment'. [ST 11, SIII 206]

Dies ist auch mit dem selbstschmeichlerischen Ausdruck des ‚gefährlichen Denkers' gemeint. Nur indem er sein Inneres als Laboratorium benutzt, es mit der Dekadenz seiner Zeit infiziert, ist Nietzsche imstande, in der Entwicklung seiner Ideen nichts von den Illusionen des bürgerlichen Idealismus und christlich-humanistischer Ideologie übrig zu lassen. Dadurch, dass er ständig die Rolle des *advocatus diaboli* übernimmt, erzwingt er die nötige Distanz zu den Tendenzen, an denen er selber beteiligt ist. Denken ist keine unverbindliche Angelegenheit. „Theorie treiben in unserer Zeit ... ist eine Übung, durch die man sich zu einer Zeitgenossenschaft bekennt." [NG 141] Nietzsche wusste bereits, dass das freie Denken eine Affäre in allen möglichen Bedeutungen ist. [RMP 151] Wer sich die Finger nicht schmutzig machen will, soll gar nicht erst anfangen. Sloterdijk ist hierin genauso radikal. In *Selbstversuch* postuliert er, dass es die Pflicht eines Autors ist, auf die Suche nach den ‚gefährlichen Substanzen, die man die Themen nennt, die Tiefenthemen der Epoche', zu gehen. [SV 119] Große Autoren bringen skandalöse, unerhörte Botschaften. „Es gibt eine direkte Relation zwischen der Größe eines Autors und der Gefährlichkeit der Stoffe, die er prozessiert und meistert. Aus Harmlosigkeit entsteht nur wieder Harmlosigkeit, aus Gefährlichem entsteht Denken." [MT 66, SV 121]

Modernität ist bei Nietzsche die intellektuelle Konfiguration, in der wir denken, um uns immun zu machen, aber in der wir unser geistiges Immunsystem in derselben Denkbewegung auch wieder abbrechen. [SIII 205] In der Explikationsbewegung, in der unser Immunsystem ans Licht kommt, wird es gleichzeitig abgebrochen. Nietzsches großartigen 125. Aphorismus in *Die fröhliche Wissenschaft* (1887) über den tollen Mensch und den Tod Gottes drückt nach Sloterdijk deswegen vor allem ‚die Notwendigkeit, eine neue Poetik des immunisierenden Raumes zu finden' aus. [RMP 164] Es ist nicht übertrieben, zu postulieren, dass dies das Ziel und den Leitfaden im Sphären-Projekt bildet. Nach dem ‚Sphärenbruch' der Modernität, der zum Beispiel in einem atheistischen, eiskalten und einsamen Existenzialismus à la Sartre seinen Ausdruck gefunden hat, ist es Aufgabe die ‚Konvivialität', ein Wort, das mit deutlicher Sympathie aus dem Französischem übernommen ist, aufs Neue zu denken. „Nietzsche ist eigentlich der Entdecker des Problems, an dem ich weiterarbeite: Wie ist der sphärengestörte Mensch, der Mensch der draußen ist auf seinem Wege durch diese Entfremdungswüste, durch diese Kältewüste und durch die Nichtteilhabewüste so weit gekommen, dass ich für ihn die Frage nach der Wiederherstellung der Teilhabe überhaupt stellen kann. Das ist mein Zugang zu der Geschichte."[3]

Dionysischer Materialismus I

Sloterdijk liest Nietzsches früheres Werk als Teil einer subversiven Tradition weit entfernt vom idealistischen Streit. In *Der Denker auf der Bühne* (1986) nannte er diese Tradition ‚dionysischer Materialismus'.

Unter diesem Namen wurde versucht, die postmarxistischen und postnietzscheanischen Strömungen zusammenzubringen. Sloterdijk hat dies nachher, angesichts der großen Bedeutung für sein Werk, leider nie explizit weiter ausgearbeitet: „Ich trage diesen Begriff im Kopf wie ein Grubenlicht, ohne welchen ich die Grube, die mich herausfordert, nicht begehen könnte“. [RMP 166]

Bekanntlich personifiziert Dionysos bei Nietzsche den zerrüttenden Rausch des Körpers und die schaudervolle Wahrheit des vergänglichen Daseins, welche nur durch das Prinzip des Apollinischen, das mit nachhaltigen Gesetzen von Maß und Schönheit einen sicheren und lebbaren Rahmen bietet, erträglich gemacht wird. Das Dionysische ist, kurz gefasst, die permanent subversive Kraft, die bereits in *Die Geburt der Tragödie* mit dem Leben zusammenfällt. Aber vor allem der zweite Kontrast aus der *Geburt*, der zwischen Dionysos und Sokrates, zwischen dem Tragischen und dem Nicht-Tragischen oder zwischen dem Leben und seiner Verneinung, ist Thema von Sloterdijks Nietzsche-Buch. [DB 105-9] Dort heißt es, dass Dionysos als Gott des Lebens nicht nur in den Theatern der hohen Kultur verehrt werden sollte, sondern auch im täglichen Leben. „Wenn die Tragödie für alle Zeiten nur eine Orgie anstelle einer Orgie sein soll, so wird dies – bei allem Verständnis für den Gewinn im Ersatz – zuletzt ein Einwand gegen die Tragödie.“ [DB 111] Das bedeutet nicht, dass die Orgie chronisch werden soll, aber wohl, dass uns ihre Wahrheit gegenwärtig sein sollte. [DB 113-4] Das ist für Sloterdijk die Aufgabe der Philosophie. Aber Sokrates vergisst dies. Bei ihm treffen wir zum ersten Mal auf die Metaphysik – die Suche nach dem verloren gegangenen Orgasmus, der sich selber an die Stelle des Gesuchten stellt – und die Theorie – entsprungen aus ‚der Verdrängung des dionysischen Weltankunftsbewusstseins durch die objektivierende und stillstellende Welt-Anschauung‘ –, die noch immer in unserem Denken weiterleben. [DB 116] Das heißt nicht, dass wir leben müssen wie ein Gott, wie es Nietzsche in den Tagen vor seinem Zusammenbruch wollte. Sloterdijk stellt dem die Alternative Diogenes‘, ‚der dionysische Retter vor dem Allzudionysischen‘, gegenüber. Dieser warnt den bereits zu dionysischen Philosophen vor der Falle der Inkarnation. Sein Materialismus ist schon das Leben an sich, ohne dass er dabei Dionysos verkörpern muss. „Er erinnert ihn (Nietzsche –svt) daran, dass es keinen Logos gibt, der uns beauftragt hätte, Dionysos zu verkörpern; die geistvolle Leibhaftigkeit des Lebens selbst *ist* bereits Dionysos – und jede Verdoppelung dieser primären Leibhaftigkeit durch die Verkörperung eines imaginären Dionysos könnte nur in den Wahnsinn führen.“ [DB 148-9]

Diogenes' Fixierung auf das Körperliche ist eine dionysische Anti-Philosophie, die als Reaktion auf Platons Ideenlehre entwickelt wird. Sie ist ein dionysischer Materialismus, nichtdialektisch wie jüngere Materialismen, und bildet für Sloterdijk die Basis, um wieder nach dem Körper vor dem Entstehen der Subjektivität in der heutigen Welt von moralisch-politischen Institutionen – dem ‚apollinischen Rückgrat von Kulturen' – zu fragen. [DB 164] In der dionysischen Ironie ist ein neues ‚Erwachen zur Philosophie' möglich, in der die Wahrheit von unten kommt. [DB 165] Damit positioniert sich Sloterdijk wohl in eine Aufklärungstradition von Religions- und Machtkritik, die auf die der französischen Materialisten wie Diderot, d'Holbach, Voltaire und La Mettrie zurückgeht und die im neunzehnten Jahrhundert in Deutschland von den Materialisten Feuerbach, Marx, Heine und Strauß fortgesetzt wurde.

Revolution und Explikation

Seit dem Ende der industriellen Ära sind die Intellektuellen und kritischen Philosophen nicht länger die Theoretiker der Revolution. Nicht weil wir jetzt in ruhigeren Zeiten lebten, sondern weil Revolutionen chronisch geworden sind. Hinzu kommt, dass Konjunkturen und Moden für ein völliges Verständnis zu komplex geworden sind. Es hat den Anschein, als hätten wir von politischen Revolutionen auf technische und mentale Revolutionen umgeschalten. „Trends [...] müssen lanciert und kanalisert und gedeutet werden, was eine ganz andere Arbeit ist als die klassische linke Revolutions-Hermeneutik." [SV 50] Trotzdem stellt Sloterdijk noch in *Selbstversuch* fest: „Ich arbeite an einer nichtmarxistischen Revolutionstheorie, und ich behaupte, dass Revolution weiterhin das Hauptthema des wirklichen Denkens ist." Eine kritische Position ganz und gar ohne Revolution ist längere Zeit auch für ihn undenkbar gewesen. Seine Arbeit sollte deswegen als eine ‚Archäologie der Revolution' verstanden werden. [SV 54]

Der Vollzug der Revolutionen gleiche immer wieder ‚der Wiederholung der Geburt auf einer anderen Bühne'. In *Zur Welt kommen – Zur Sprache kommen* (1988) treffen wir zum ersten Mal auf das Thema der Geburtlichkeit. Dort heisst es, alle Institutionen unserer Hochkultur werden nur durch das ständige Bedürfnis, auf immer radikalere Weise aufs Neue anzufangen, ermöglicht. [ZWK 54] Dieses

‚Thema der Themen' wurde nach dem Vorbild von Hannah Ahrendts Kritik an Heidegger – dieser räume dem Zur-Welt-Kommen in seinem Denken keinen Platz ein – kurz danach in *Eurotaoismus* kritisch angewandt. Der ursprüngliche Untertitel von *Sphären I*, in dem Sloterdijk das vorgeburtliche Leben nachzuempfinden versucht, lautete ‚Archäologie der Intimität'. Die Geburt ist der Punkt, an dem „Existenz-Philosophie, Psychoanalyse und diskrete Kulturgeschichte zusammenfallen, und das ist für mich die heisse Stelle, wo wesentliches Denken beginnt." [SV 60] Die Geburt ist das Herausbrechen aus beklemmenden Lebensumständen als auch die Eröffnung des Denkens und bildet damit die Urszene für alle späteren Hoffnungen auf Durchbrüche und politische Wenden. Sie kommt einer Art Aufklärung gleich; dem Moment, in dem das Innerste sich herauskehrt und artikuliert. Ohne das Konzept des Zur-Welt-Kommens können wir den Menschen nicht denken, weder als Subjekt, noch historisch oder linguistisch. Die revolutionäre Geburtlichkeit kann ebenso autobiographisch gedeutet werden, nämlich als Sloterdijks Ausbruch aus dem von ihm so genannten vergifteten deutschen Erbe des Zweiten Weltkriegs. Auch der Leser seines Werks wird in ein autobiographisches Abenteuer mitgenommen. Wir werden zu den Anfängen unseres Daseins zurückgeführt, den Momenten, in denen wir noch keine Identität hatten und in denen wir noch nicht durch Sozialisierungsprozesse gebildet, individualisiert, oder, wie es sowohl in *Kritik der zynischen Vernunft* als auch in *Regeln für den Menschenpark* heisst, ‚gezähmt' wurden. [KZV 938, NG 309].

Wer aber in Sloterdijks jüngstem Werk auf eine Analyse der permanenten Revolution hofft, kann sich einer Enttäuschung gewiss sein. In *Schäume* heisst es nämlich: „Wir sind nie revolutionär gewesen." [SIII 86] Die moderne Zeit wird nun nicht länger als eine revolutionäre Bewegung gedeutet, sondern als eine Bewegung zunehmender Explikation. Statt der Umwälzung gibt es die hegelianische Metapher der Entfaltung, am besten vorzustellen als die Bewegung unserer Hände, die mit der Außenseite gegeneinander vertikal nach unten gehalten und dann nach oben zu einer horizontalen Fläche auseinandergefaltet werden. „Das gegenwärtige Zeitalter wälzt die Dinge, die Zustände, die Themen nicht um, es walzt sie aus. Es entfaltet sie, [...] es legt sie in die Fläche auseinander, es setzt sie unter Manifestationszwang." [SIII 88] Denken als diskursive Praxis besteht in der Übersetzung von impliziten Vermutungen in explizite Begriffe oder in dem Begehbar-Machen einer neuen epistemologischen und ontologischen Oberfläche. Wissenschaft ist der Reichtum an artikulierten Problemen. Mit dieser Vorstellung schließt sich Sloterdijk so unterschiedlichen Denkern wie Xenophanes, Plotin, Nikolaus von Kues, Leibniz und Hegel an. Genau wie bei Hegel haben wir es hier mit einem in der Zeit unumkehrbaren Prozess zu tun. Dessen Phänomenologie ist nichs anderes als „die Theorie des Heraustretens von ‚Gegenständen' ins Erscheinen und die logische Würdigung ihres Vorliegens im Zusammenhang mit dem übrigen Wissensbestand". [SIII 74] Unser Wissen schreitet nicht mittels epistemologischer Brüche voran, wie Thomas Kuhn es zum Beispiel dargelegt hat, sondern als ein kontinuierlicher Prozess von Äußerung oder Eversion. [ST 200] Das Frühere und das Spätere verhalten sich stets zu einander wie implizit zu explizit. Aus dieser phänomenologischen Perspektive hatte Sokrates unrecht: Ich weiß nicht, was ich nicht weiß. Das Implizite existiert zwar schon, aber nur im unentwickelten Zustand, in einer Art ‚kognitivem Ruhestand'.

Bei Hegel finden wir aber einen wichtigen Unterschied: dieser lässt sich nämlich von der optimistischen Voraussetzung leiten, dass jedem Außen ein Innen entspräche und dass jedes Inwendige schließlich insgesamt auswendig werden könnte. Das spätere Wissen würde nichts entfalten, was nicht schon im frühesten Seienden beschlossen liegt. Sloterdijk bezweifelt die Richtigkeit dieser Vorstellung der Erkenntnisvermehrung, in der Wachstum als ein revolutionäres *procédé* erklärt wird. Dies erfolgt für Hegel nach dem Modell einer grossen Rotation, durch welche die am Anfang verborgene Erkenntnis nach oben gedreht wird. [SIII 76-7] Aber was, wenn bei der Entfaltung vom Impliziten ein fremdes, unerwartetes und nicht-assimilierbares Residuum an die Oberfläche drängt, das nicht in die phänomenale Ordnung des Wissens inkorporiert werden kann? Wenn jede Explikation neue Implikationen mit sich bringt? Leibniz – auf den die ganze Problematik der Falte als Differentiator in der kardinalen Differenz zwischen Innen und Außen zurückzuführen ist – hat selbst schon geschrieben, dass die Faltungen des Seins ins Unendliche gehen, das heißt, dass es nie eine vollständige Entfaltung gibt: „Eine Seele allerdings kann in sich nur das lesen, was darin deutlich vorgestellt wird, und sie kann sich nicht auf einen Schlag ganz entfalten, weil das ins Unendliche geht."[4] Nach dieser Faltenmetaphysik ist man immer auf halbem Weg zwischen Implikation und Explikation. Das meiste ist eingefaltet, aber einiges ist schon auseinander gefaltet, und wir befinden uns immer in einer epistemologischen ‚Lichtung'. Die Explikation kennt keine Zwecksursache, wie bei Hegel, sondern nur eine Wirkungsursache. Es gibt keine totalisierende Transzendenz, sondern nur die immanente

Perspektive, aus der die Differenz sich immer selbst differenziert. Wir sehen die Dinge nicht *claire et distincte*, sondern immer im Licht der Differenz, im *chiaroscuro* des wissenschaftlichen Lichts. Aufgrund dieses Zwielichts kann Heidegger die ontologische Differenz zwischen Denken und Sein als Zwiefalt bezeichnen. Zwiefalt ist der Punkt, an dem sich das bis ins Unendliche entfaltende Denken aufhält und dem Sein entspricht ohne damit zusammenzufallen.[5] Dort, wo in einem ‚kognitiven Bergbau' jede Entbergung stets auch eine Verbergung, jede Enthüllung stets auch eine Verhüllung impliziert.

Dazu kommt noch ein zweiter entscheidender Unterschied zu Hegel. Heidegger hat uns gelehrt, dass Technik eine ‚Weise des Entbergens' ist. Inzwischen aber produziert sie Anblicke, die von einem Menschenauge allein nicht mehr zu entziffern sind. Die Phänomenologie ist jetzt überfordert, wenn sie jenseits der alt-heiteren Allianz von Auge und Licht die neuen Objekte – zum Beispiel Atompilze, galaktische Photographien oder Röntgenaufnahmen – mit dem menschlichen Auge zu versöhnen versucht. Diese neuen Produktionen sind nämlich durch einen „ontologischen Graben getrennt von der naturwüchsigen, umsichtig-duldsamen Erkenntnisbereitschaft menschlicher Umblicke in mehr oder weniger vertrauten horizontimmanenten Umständen". [SIII 81-3] Immer seltener kann von einer Aneignung des Objekts durch das forschende Subjekt, in dem die dunkle Seite einfach ins erkennende einheitliche Licht umgekehrt wird, die Rede sein. Wir befinden uns immer in der Mitte eines Explikationsprozesses, sind aber nie dessen Subjekt. Stets ist das Denken einer Bewegung ausgeliefert, einem Fluss vom Hintergrund in den Vordergrund, in dem es nicht bei sich selbst ist, sondern teilnimmt an einem konstruktivistischen Werden. Die neue technologische Produktion bringt eine Art epistemologischer und ontologischer Restprodukte hervor, die sich nicht in eine Totalvorstellung aufnehmen lassen. Letztendlich kann die Phänomenologie weder im Hegelschen (Geist) noch im Heideggerschen (Sein) Sinne dieses Werden angemessen würdigen. Trotz Sloterdijks häufiger Verwendung phänomenologischer Begriffen wird in diesem Buch denn auch kaum davon die Rede sein. Vielmehr ist es Zeit für ein neues Denken der Vielheiten, so wie wir es beispielsweise bei den Franzosen Deleuze und Badiou wiederfinden und auf das auch Sloterdijk hinaus will, wenn er die Metapher der Schäume verwendet um „den vormetaphysischen Pluralismus der Welterfindungen nachmetaphysisch wiederzugewinnen". [SIII 26, 76, NG 222] Damit ist die Phänomenologie, egal ob der totalisierende Blick Hegels oder das hörige Abwarten Heideggers, in einen Konstruktivismus von unternehmerischen ‚Ausstülpungen ins Virtuelle' [SI 72] übersetzt.

2 Wie ist Kritik möglich?

Diogenes ging in einem schmutzigen Aufzug über die prächtigen Fußdecken in den Zimmern des Plato. Ich trete, sagte er, den Stolz des Plato mit Füßen; ja, erwiderte Plato, aber nur durch eine andere Tat von Stolz. Georg Christoph Lichtenberg

Kritische Theorie

Nietzsches ‚fröhliche Wissenschaft' ist das Ergebnis eines konsequenten Durchdenkens des modernen Nihilismus und seiner Überwindung: ein heroischer Positivismus, der zu einer affirmativen, vornehmen und von allen vergifteten Emotionen losgelösten Selbstbestätigung führt. Eine derartige Überwindung scheint auch Sloterdijk anzustreben, indem er sich mit Händen und Füßen dem trüben Kulturpessimismus der Kritischen Theorie widersetzt. Im ‚irrationellen' Vitalismus Nietzsches findet er die Inspiration für seinen Kynismus, den er in der *Kritik der zynischen Vernunft* entwickelt. Er stützt sich dabei auf den Unterschied zwischen dem Kynismus und dem Zynismus wie der von Heinrich Niehues-Pröbsting in *Der Kynismus des Diogenes und der Begriff des Zynismus* (1979) und *Der ‚kurze Weg': Nietzsches ‚Cynismus'* (1980) entwickelt wurde.

Die *Kritik der zynischen Vernunft* ist sogleich ein großer Erfolg, namentlich unter Lesern der eigenen Generation. Das Buch ist vor allem an jene Menschen gerichtet, die in der turbulenten Zeit rund um das Revolutionsjahr 1968 studierten. Sloterdijk wirft ihnen eine zynische Attitüde vor, sowohl in persönlicher als auch in institutioneller Hinsicht. Während der postmodernen siebziger und achtziger Jahre entartete der frühere Wille zur Veränderung und Verbesserung in einen lähmenden Diskurs, in dem Ohnmacht und Relativismus vorherrschten. Der Leser spürt noch immer die Atmosphäre der Angst vor Atomwaffen im durchaus zynisch-rationell ablaufenden Rüstungswettlauf des Kalten Krieges. „Die Bombe fordert von uns weder Kampf noch Resignation, sondern Selbsterfahrung. Wir sind sie. In ihr vollendet sich das westliche ‚Subjekt'" [KZV 259] Das Buch nimmt die 200-Jahrfeier von Kants *Kritik der reinen Vernunft* (1783) zum Anlass. Nicht nur der Titel, sondern auch Umfang und Komplexität des Inhaltsverzeichnisses suggerieren auf äußerst ironische Weise, dass hier ein klassisches systematisch philosophisches Werk vorliegt. Sloterdijk zeigt jedoch, wie Kants Fortschrittsdenken und dessen Vertrauen in die Universalität der Vernunft im Laufe der Geschichte in den Händen seiner Nachfolger zur Unmöglichkeit geworden ist. Die Kritische Theorie hat ihre Überzeugungskraft verloren, und ihre Repräsentanten wissen warum. Nichtsdestoweniger sucht Sloterdijk in seinem Werk immer wieder nach neuen Möglichkeiten zur Kritik: „Den Eindruck, es handle sich um einen Rettungsversuch für ‚Aufklärung' und Kritische Theorie, nehme ich in Kauf; die Paradoxien der rettenden Methode sorgen dafür, dass es beim ersten Eindruck allein nicht bleibt." [KZV 26] Als exemplarisch für diese Paradoxie betrachtet er die Szene aus dem Jahre 1969, in der Studentinnen Adornos aus Protest gegen die Ohnmacht seiner Kritischen Theorie während einer seiner Vorlesungen aufstehen und ihre nackten Brüste vorzeigen. „Hier stand das nackte Fleisch, das ‚Kritik' übte – dort der bitter enttäuschte Mann, ohne den kaum einer der Anwesenden erfahren hätte, was Kritik bedeutet – Zynismus in Aktion." [KZV 27] Adorno wurde hier zum Opfer eines kynischen Impulses. Die Studentinnen haben etwas Antitheorethisches im Sinne; vertreten zugleich aber auch eine gesellschaftsverändernde Praxis, so wie sie etwa in den sechziger Jahren für kurze Zeit zu einer von breiten Schichten in der Gesellschaft getragenen Bewegung wurde; eine Praxis, deren Möglichkeiten von Sloterdijk in seiner *Kritik der zynischen Vernunft* inventarisiert werden. [vgl. auch ST 282]

Sloterdijk geht von Horkheimer und Adornos *Dialektik der Aufklärung* (1947) und Adornos *Negativer Dialektik* (1966) und *Ästhetische Theorie* (1973) aus. Nach dem Zweiten Weltkrieg drücken Horkheimer und Adorno gegenüber dem ‚Fortschritt' und der Aufklärung ihre tiefen Zweifel aus. Die Inspiration dafür erhalten sie von Hegel, Marx und Weber. Von Hegel und Marx übernehmen sie vor allem deren dialektische Methode und Ontologie; von Weber die Idee der ‚Entzauberung' der Welt durch moderne Rationalisierungsprozesse, die einen Verlust an Sinn und Freiheit herbeigeführt haben. In *Dialektik der Aufklärung* ist das Thema die Selbstzerstörung der Aufklärung. Aufklärung führt nach Horkheimer und Adorno durch Entmythologisierung tatsächlich zu mehr Freiheit, aber sie wird gekennzeichnet durch eine dialektische Logik, die dafür sorgt, dass der darin enthaltene Subjekt-Begriff selbst wiederum zum Mythos wird, je nachdem wie sich die Aufklärung durchsetzt. Durch Rationalisierung sind Menschen sowohl zum Subjekt als auch zum Objekt einer subtilen, wissenschaftlich unterstützten Manipulation geworden, die im Grunde auf einem Glauben an Menschlichkeit, Fortschritt und Freiheit beruht. Das Individuum verschwindet in einen ‚eisernen Käfig' (Weber). Methodologisch bleibt von der Dialektik nur die Negativität übrig. Diese wird nicht mehr in die Positivität eines nächsten Schrittes im Fortschrittsprozess aufgehoben, sondern bildet gerade deren Pervertierung. Auschwitz ist auch heute noch das Schreckensbild eines möglichen Aufklärungsexzesses. Danach ist eine dialektische ‚Aufhebung' nicht länger möglich; der Holocaust kann nicht länger als List der Vernunft verstanden werden. Eine aufgeklärte Aufklärung sollte sich deshalb selbst im Zaum halten und sich vor zu weit gehender Rationalisierung und Verallgemeinerung schützen, um ihren positiven Kern, gerichtet gegen Unmenschlichkeit, Regression und Unterdrückung, nicht zu verlieren.

Für den späteren Adorno gilt, dass diese negative Dialektik durch ein neues Spannungsverhältnis zwischen dem Besonderen und dem Allgemeinen besiegt werden kann. Das westliche Denken, in dem das Besondere mittels Begriffen unter eine allgemeine Identität gebracht wird, kann nur auf diese Weise durchbrochen werden. Das Individuum kann folglich nicht die exklusive Stelle besetzen, welche die meisten herrschenden Ideologien (zum Beispiel die der universellen Menschenrechte, wie sie bei den Vereinten Nationen festgelegt worden sind) ihm zukommen lassen. Es gilt, das Besondere als das Nichtidentische wieder zu Ehren zu bringen und durch den Begriff über das Begriffliche hinaus zu gehen.[1] Durch den aporetischen, sich selbst untergrabenden Aspekt in diesen Formulierungen – ein nichtidentifizierendes Denken mittels identifizierender Begriffe – droht jedoch gerade die Sackgasse, in der zu verlaufen sich seine Studentinnen weigerten. Die Philosophie steht vor einer Berufung, die sie nie zu erfüllen vermag, weil ihr Instrumentarium nicht ausreicht. Kunst ist die einzige Stelle, an der das Allgemeine sich mit dem Besonderen aussöhnen kann. Um der Heuchelei zu entgehen, sucht Adorno deswegen sein Heil in der Kunst als Basis von Kritik. Das macht die Theorie immer bescheidener, hypokritischer, oder wenn man will ‚schein'-heiliger: das Ultimative kann nicht mehr gedacht, sondern höchstens erfahren werden, wodurch es wohl noch einen utopischen Aspekt beibehält.

Der wichtigste Vertreter in der sogenannten ‚zweiten Generation' der Kritischen Theorie, Jürgen Habermas, verwendet eine andere Strategie. Auch er ist auf der permanenten Suche nach den Möglichkeiten und Legitimierungen einer kritischen Gesellschaftswissenschaft. Wie seine Vorgänger ist er kritisch, was die gängige instrumentelle Rede und die universelle Warenstruktur des gesellschaftlichen Handelns betrifft. Diese beiden Probleme gelten jedoch nur für die heutige Gesellschaft, in soweit diese als System aufgefasst wird. Neben der Systemwelt unterscheidet er eine Lebenswelt, in der intersubjektiv und kommunikativ ‚gehandelt' wird. Die Systemwelt ist die der Lebenswelt entsprungene eigenständige Sphäre von Politik und Markt, in der nicht kommunikativ, sondern strategisch gehandelt wird: ein einseitig instrumentell-relationelles Handeln, in dem der Andere Objekt ist und nicht Subjekt. Die Systemwelt wurzelt zwar in der Lebenswelt, weist aber zugleich ihre eigenen Gesetzmäßigkeiten auf. Solange die Lebenswelt noch nicht von der Systemwelt kolonisiert worden ist, stellt die Effizienz letzterer eine wichtige moderne Errungenschaft dar. Gleichzeitig sind so Kritik und Beherrschung möglich.

Im kommunikativen Handeln zwischen den Subjekten in der Lebenswelt finden wir die Grundlage der kritischen Gesellschaftswissenschaften. Habermas hat eine pragmatische Sprachphilosophie entwickelt, in der Sprache nicht nur aus semantischer Sicht betrachtet wird, sondern in der Kommunikation und Interaktion zwischen Sprachbenutzern im Zentrum steht. Der Diskurs, die nie endende Diskussion, in der die Teilnehmer zugleich mit ihren Äusserungen bestimmte Ansprüche erheben, die dann auf ihre Gültigkeit hin beurteilt werden können, ist Gegenstand der kritischen Analyse. Durch kritisch-evaluative Argumentation ist hier noch kritische Selbstreflexion möglich. Habermas' humanistisches Rezept ist die begriffsmäßige Argumentation zwischen autonomen Subjekten in einem ‚herrschaftsfreien Diskurs'. In dieser kontrafaktischen Situation kommt jedes Individuum zu seinem Recht und können wissenschaftliche, rechtliche und ästhetische Fragen auf ihre Gültigkeit hin überprüft werden. In der modernen Lebenswelt, die ebenso wie das System rationalisiert worden ist, aber die (noch) nicht ganz von den Medien der Systemwelt – Geld, Macht und Sprache – beherrscht wird, werden alle Individuen als autonome Subjekte anerkannt. Die Lebenswelt bürgt für Freiheit, Gleichheit und Mündigkeit. Durch eine intersubjektive, kritische und herrschaftsfreie Argumentation kann sie gemeinschaftliche Definitionen und Gültigkeitskriterien zustande bringen. Philosophie oder Kritische Theorie bedeutet somit Sprechen in einem Diskurs, der noch nicht feststeht und in dem die Gültigkeitsansprüche noch längst nicht klar sind. Die Diskussion um die Gentechnologie ist hierfür ein bezeichnendes Beispiel. Solange noch diskutiert wird, stellt man noch Grundlagenuntersuchungen an – man sucht nach einer Legimitation – und es wird Kritik geübt.

In den Hinterzimmern der Brüsseler Demokratie ist aber der Beweis dafür erbracht worden, dass in einer radikal pragmatischen Organisation wie der Europäischen Union dieses kommunikative Handeln überhaupt keine Rolle mehr spielt. Geld, Macht und Sprache haben die Lebenswelt außer Kraft gesetzt und Habermas' kritischer Pragmatismus ist ohnmächtig geworden. Aber auch Adornos negative Dialektik und sein ‚schein'-heiliges utopisches Denken hat die Kritische Theorie bereits ins Wanken gebracht. Das postmoderne Denken folgt direkt aus dieser sogenannten ‚Legitimitätskrise'. Das 1979 von Jean-Francois Lyotard in *Das postmoderne Wissen: Ein Bericht* erkannte ‚Ende der grossen Erzählungen' macht eine Rückkehr zu modernistischen Ideen wie der von kommunikativer Rationalität zum Anachronismus. Kein einziger Diskurs ist noch imstande, das Wissen, die Macht und die Kunst zu legitimieren; es wird uns immer klarer, dass es sich hier statt um einen Konsens in einem herrschaftsfreien Dialog, um einen nicht aufzulösenden Dissens handelt. Michel Foucault zeigte uns, dass eine kritische Trennung zwischen Wissen und Macht unhaltbar ist. Macht an sich ist schon diskursiv. Kritik impliziert für ihn ebenso eine diskursive Praxis, die selbst mit Macht infiziert ist. Eine universelle und reflexive, das heißt kritische, Rationalität gibt es nicht mehr. Der Postmodernismus sitzt in der Klemme und leidet an der Krise, in die er durch seinen eigenen Erfolg geraten ist; er ist hypo-kritisch[2]. Auch Sloterdijk meint, dass Adornos oder Habermas' Kritische Theorie nicht mehr verwirklicht werden kann. „In einem System, das sich als Mittelding zwischen Gefängnis und Chaos fühlt, gibt es keinen Beschreibungsstandpunkt, keine Zentralperspektive zwingender Kritik." [KZV 18] Und: „Wenn es sich so verhält, dann kann es keine kritische Theorie der Gesellschaft mehr geben – weil zwischen Kritik und Kritisiertem keine reale Differenz mehr auftritt. Es sei denn, die Kritik dächte zuerst gegen sich selbst und unterzöge auch das Eigene, Nächste und Selbstgewollte einer Prüfung." [ET 12]

Zynismus

Die *Kritik der zynischen Vernunft* liest sich wie eine großartig aufgestellte Zeitdiagnose, gelegentlich sogar wie eine Kulturgeschichte. Es sind zynische Zeiten, denen der Rationalismus mit seiner nivellierenden Wirkung sowohl erfolgreich als auch kontraproduktiv einen wichtigen Beitrag geleistet hat: „Seit die bürgerliche Gesellschaft die Brücke zu schlagen begann zwischen dem Wissen derer ganz oben und derer ganz unten und den Ehrgeiz anmeldete, ihr Weltbild ganz auf *Realismus* zu gründen, lösen die Extreme sich ineinander auf."[3] [KZV 35] Zu diesem Zynismus gehört nach wie vor die so charakteristisch raffinierte Bitterkeit. Die psychische Belastbarkeit des arbeitsfähigen Zynikers sollte ausreichend flexibel sein, um die andauernden Zweifel an den eigenen Aktivitäten als Überlebensstrategie in seinen Charakter zu integrieren: „Wenn ich es nicht mache, könnte jemand anders es machen, und vielleicht noch schlechter." Auch die Ausübung von Macht ist zynisch geworden. Dank allen *debunkings* wissen wir ganz genau, wie es um die Macht und ihre Mittel steht. Diskretion ist einer der Schlüsselbegriffe der postmodernen Politik; Realpolitik ist der verbindende Faktor. Wir haben zwar keine Illusionen mehr, lassen uns aber trotzdem von der ‚Macht der Dinge' herabziehen. Aus dem Realismus, der den Krieg als *ultima ratio* der politischen Selbsterhaltung akzeptiert hat, sind Massenvernichtungswaffen entwickelt worden, die innerhalb von zwanzig Minuten bis zu tausend Mal alles Leben auf der Welt auslöschen können. Demzufolge definiert Sloterdijk Zynismus als das ‚aufgeklärte falsche Bewusstsein'. [KZV 37-8] Es ist die Folge des erschöpfenden Zwangs der Aufklärung zur Selbsterhaltung. Das falsche Bewusstsein, gut situiert und doch miserabel, ist an sich reflexiv geworden. Für die Kritische Theorie, die sich gerade auf das Selbstbewusstwerden des falschen Bewusstseins konzentriert, bedeutet dies, dass sie noch naiver ist als die Rationalität, die sie kritisiert. Sloterdijk verurteilt deren Schwanken zwischen Naivität und Zynismus als ‚kranken' Realismus, denn die Kritische Theorie ist mit einer ‚abgeklärten' Negativität, einer rationalen Enttäuschung vom Realismus und dessen Grenzen überfrachtet, mit Mutlosigkeit als Resultat. [KZV 40] Die verloren gegangenen Ideale der 68er haben sich in eine zynische Lähmung degeneriert. Noch Jahre später bezeichnet Sloterdijk die Geschichte der Kritischen Theorie seit dem Revolutionsjahr 1968 als ‚Verkrustungs- und Verbitterungs- und Stagnations- und Anmaßungsgeschichte einer intellektuellen Generation'. [SV 116]

Voller Erstaunen erkennt er deshalb in seiner *Kritik der zynischen Vernunft,* dass gerade in einer von der Aufklärung polyperspektivisch zerrissenen Welt die Kritik und die *critical studies* solche beeindruckenden Formen angenommen haben. Er meint, die Kritik habe einen provisorischen Standort und ein improvisiertes Subjekt in dem ‚Schmerz-Apriori' [KZV 25] gefunden. „Kritik ist möglich, sofern der Schmerz uns sagt, was ‚wahr und falsch' ist." [KZV 20] Nach dem Beispiel Adornos vernehmen die Denker der Kritischen Theorie nur über den Weg des ‚Weltschmerzes' etwas von der Welt. „Politisch und nervlich gründet die ästhetische, die empfindliche Theorie in einer aus Leid, Verachtung und Wut vermischten Vorwurfshaltung gegen alles, was *Macht* hat." [KZV 22] Unter unverkennbarem Einfluss von Nietzsche entdeckt Sloterdijk in dieser Kritik Elemente eines lähmenden Ressentiments. Darüber hinaus nimmt er eine Windstille wahr, welche die Philosophie seit dem Auseinanderfallen der Studentenbewegung kennzeichnet. Philosophische Theorie wird immer gefühlloser. Vom damaligen optimistischen Glauben sind nur noch Melancholie und Zerschlagenheit übrig geblieben. Die kritische Praxis ist jetzt eine der ‚kostümierten Kritik'. „Sie schreibt glänzend, doch es hilft nichts, und man hört es heraus." [KZV 24]

Ganz als ob die Menschenpark-Affäre nicht noch sechzehn Jahre auf sich warten ließe, beschreibt Sloterdijk wie die rational-reflexive Enttäuschung der Ideologiekritik inzwischen zu einer „polemischen Fortsetzung des gescheiterten Dialogs mit anderen Mitteln" geführt hat. [KZV 53] Der pragmatische Unglaube gegenüber dem ‚erkenntnistheoretischen Friedensidyll' [KZV 47] führt in die Notwendigkeit, andere Argumentationsmittel zu statuieren, in denen jede Intersubjektivität sich immer wieder in Interobjektivität wandeln kann. Der nicht thematisierte Rationalismus muss indirekt, sozusagen ‚*hinter* dem Bewusstsein des Gegners' agieren. [KZV 54] Im Zynismus also wirkt die Rationalität gegen sich selbst und zwingt sich, ihr Heil im Irrationellen zu suchen. „Die Gegner stehen sich nicht unter einem im voraus vereinbarten Friedensvertrag gegenüber – eher in der Haltung von Verdrängungs- und Vernichtungskonkurrenz; und sie sind nicht frei im Verhältnis zu den Mächten, die ihr Bewusstsein so und nicht anders reden lassen." [KZV 49]

Kynismus

Obwohl durch die rational bedingte Verzweiflung kaum erkennbar, können wir in dieser Ideologiekritik noch das Erbe jener großen satirischen Tradition wiedererkennen, in der die Entlarvung stets die wichtigste Waffe ist. Die moderne kritische Philosophie hat sich von dieser Gepflogenheit in verhängnisvoller Weise gelöst, als die satirische Demaskierung von der seriösen Theorie, zuerst mit Kant und später mit Adorno und Habermas, entthront wurde. Humorlose Wissenschaftlichkeit und ein starkes ‚Verbürgerlichen der Satire zu Ideologiekritik' sind seitdem schuld an fruchtlosem Pessimismus und vergeblicher Besserwisserei. Es ist die zynische Sucht nach Wahrheit, die Sloterdijk mit dem ursprünglichen griechischen Zynismus, dem Kynismus, zu parieren versucht. Der kostümierten Kritik steht jetzt der antitheoretische und dennoch philosophische Einsatz der nackten Wahrheit gegenüber.[4] Der Kynismus „wagt sich mit nackten Wahrheiten hervor, die in der Art, wie sie vorgebracht werden, etwas Unwahres behalten. ... Erst radikale Nacktheit und Unverborgenheit der Dinge befreien uns vom Zwang zur misstrauischen Unterstellung." [KZV 27-8] Zum Beispiel im Vorfall in Adornos Hörsaal, wo in der Kritischen Theorie ausgebildete Studentinnen sich mit ihrer Nacktheit gegen die unentwirrbaren theoretischen Verwicklungen wehrten, haben sich Recht und Unrecht, Wahrheit und Unwahrheit unauflösbar verstrickt.

Den Kynismus versteht Sloterdijk als die philosophische Tradition, die auf Diogenes von Sinope, den Philosophen in der Tonne, zurückgeht. Diogenes' Philosophie ist eine Reaktion auf die ‚Versprachlichung' des kosmischen Universalismus, der vom Zeitgenossen Platon vertreten wird. Diogenes wirft jenem ‚Schwindel idealistischer Abstraktionen und der schizoiden Fadheit eines verkopften Denkens' vor. [KZV 205] Der platonischen oder aristotelischen Heuchelei stellt er ein radikal impertinentes Leben gegenüber. „Der Kyniker furzt, scheisst, pisst, masturbiert auf offener Strasse, vor den Augen des athenischen Marktes; er verachtet den Ruhm, pfeift auf die Architektur, verweigert den Respekt, parodiert die Geschichten von Göttern und Helden, isst rohes Fleisch und Gemüse, liegt in der Sonne, scherzt mit den Huren und sagt zu Alexander dem Grossen, er möge ihm aus der Sonne gehen." [KZV 208] Diogenes hat die Übereinstimmung zwischen Lehre und Leben, die gegenseitige Abstimmung von Theorie und Praxis in einer ‚essentiell plebejischen Reflexion' auf die Spitze getrieben. [KZV 207] Diese Harmonie *widerspricht* dem Idealismus nicht, *lebt* aber durch Sinnlichkeit und ein lautes Lachen im Streit mit diesem. Bekanntlich symbolisieren Satyrn in der Kunst Natürlichkeit und Zügellosigkeit.[5] Mit denen geht ‚das ausgeschlossene Niedere' zum Marktplatz und provoziert demonstrativ das ‚Höhere'. [KZV 210] Alle späteren Philosophien heben Schritt für Schritt die Regeln des Körperlichen auf, wobei Adorno, der „die Geltung geistiger Gebilde von der notorischen ‚Erbärmlichkeit' der Träger des ‚Geistes' kategorisch unterschied" als rezenter Höhepunkt dieser Tradition gilt. Wer man ist oder was man macht, ist nicht von Bedeutung, so lange man nur krampfhaft an bestimmten edelmütigen Werten und Ideen festhält. Der Materialismus des Körpers bietet eine Möglichkeit für Kritik gegen diesen Idealismus und seine ‚christlich-bürgerlich-kapitalistischen Schizophrenien'. [KZV 214]

Nach dem Untergang des Römischen Reiches findet man den kynischen Impuls vor allem im mittelalterlichen Karneval und an den Universitäten wieder. Dass er nicht für immer verschwunden ist, verdanken wir laut Sloterdijk den *bohémiens* des modernen Stadtlebens und davor der bürgerlichen Kunst, besonders der literarischen Dichtung. Die großen Schriftsteller des ‚Sturm und Drang', Goethe und Schiller, – aber hauptsächlich spätere Autoren wie Heine und Nietzsche – sind davon nur die bekanntesten deutschen Vertreter. In ihren Werken erkennt er ein satirisch-polemisches Element, das sich weder mit wissenschaftlichem Ernst noch mit hochtrabenden Idealen versöhnen lässt. Noch in *Die Sonne und der Tod* wundert sich Sloterdijk über Habermas: „Haben wir Jahrhunderte gebraucht, um den objektiven Idealismus der Alten und den subjektiven Idealismus der Modernen zu überwinden, nur um uns einem intersubjektiven Idealismus in die Arme zu werfen? Man bedankt sich höflich." [ST 307]

Eine der größten Übereinstimmungen zwischen Nietzsches fröhlicher Wissenschaft und Sloterdijks Kynismus ist der Aufstand des Körperlichen, wie wir ihn bei vielen eher ‚subversiven' Philosophen in den 80er Jahren antreffen. In *Also sprach Zarathustra* (1886) lesen wir: „Leib bin ich ganz und gar, und Nichts ausserdem; und Seele ist nur ein Wort für ein Etwas am Leibe". Und bei Foucault schließt sich die Möglichkeit zu ‚Kritik' an den Körper als Kräftefeld subversiver libidinöser Energien an. Deleuze und Guattari reden daher in ihren kynischen Untergrabungen des humanistischen Subjekts vom ‚fröhlichen Schizo'.[6] Auch die ewige Wiederkehr des Gleichen, ‚Nietzsches subversivster Gedanke', ist für Sloterdijk ein kynisches Motiv. „Das Gleiche: das sind die Klopfzeichen eines nüchternen lustorientierten Lebens, das mit Gegebenheiten zu rechnen gelernt hat." [KZV 10] Was Nietzsche ‚Heiterkeit' nennt, stimmt bei Sloterdijk mit dem Lachen Diogenes' überein. Im Epilog der *Kritik der zynischen Vernunft* wird ‚der Archetypus des Weimarer Gelächters' beschrieben: ‚der Pleuraschock'. In Thomas Manns *Der Zauberberg* verweist dieser Begriff auf die Lachsalven eines der Patienten während seiner Lungenoperation; als ob sich jemand in ihm zu Tode lacht. Auf fast 200 Seiten versucht Sloterdijk die Physiognomie der Weimarer Republik zu beschreiben. Die Zeit zwischen dem Ersten Weltkrieg und der Machtergreifung Hitlers ist für ihn zynischer als jede andere Kultur. Es herrschte das Lachen von „den zerstreuten Opfern, die sich über die Bedrohung lachend zu erheben versuchten, oder denen, die, ... , die Opfer im voraus verlachten." [KZV 922] Trotzdem provozierte dieses zynische Lachen einen Humor, in dem Humanität geistreich blieb ohne zynisch zu werden. Es ist das Lachen wie es in *Also sprach Zarathustra* inszeniert wird: das übermenschliche Lachen des Hirten, nachdem er den Kopf der Schlange, die ihm im Schlaf in den Hals gekrochen ist, abgebissen hat.[7] Gerade in Zeiten der Dekadenz, wenn der moralische Verfall in einer bedeutungsvollen Diskrepanz zwischen Denken und Handeln zum Ausdruck kommt, tritt die Bedeutung des Kynismus in den Vordergrund. Er entsteht immer gleichzeitig mit dem Zynismus. Sie gehören zusammen, aber gehen nicht ineinander auf. Der Unterschied ist die Satire.

Über den großen Satiriker Heinrich Heine schreibt Nietzsche in *Ecce Homo* (1889): „Der höchste Begriff vom Lyriker hat mir Heinrich Heine gegeben. Ich suche umsonst in allen Reichen der Jahrtausende nach einer gleich süssen und leidenschaftlichen Musik. Er besaß jene göttliche Bosheit, ohne die ich mir das Vollkommene nicht zu denken vermag, – ich schätze den Wert des Menschen, von Rassen danach ab, wie notwendig sie den Gott nicht getrennt vom Satyr zu verstehen wissen."[8] Heine ist demnach der ‚zuverlässig unzuverlässige' Führer, von dem Sloterdijk sich in der *Kritik der zynischen Vernunft* vor allem führen lässt. Heine „hat das bis heute nicht übertroffene Kunststück geboten, Theorie und Satire, Erkenntnis und Erheiterung zu vereinen. Aus seinen Spuren wollen wir hier versuchen, die Wahrheitskapazitäten der Literatur, der Satire und der Kunst mit denen des ‚wissenschaftlichen Diskurses' wieder zu verbinden." [KZV 59] Heine kämpfte mit göttlicher Bösartigkeit und kompromissloser Spottsucht gegen den bornierten Moralismus des verbürgerlichten Rationalismus seiner Zeit. Er machte das Recht auf eine Kritik der ‚gerechten Grausamkeit' geltend. [KZV 55] Jeder Form von Idealismus, jenem ‚Eiapopeia vom Himmel', stellte er den Realismus der ‚nackten' Wahrheit gegenüber.

Die Vitalität von Heine und Nietzsche, und zum Teil der Existentialismus des ‚verzweifelten Ironikers Kierkegaard' [KZV 931], bilden so die Basis für Sloterdijks ‚Hundelehre' (das griechische *kyon* heisst Hund) als philosophische Aufhebung der Philosophie. „Hier wird das, was dem philosophischen Denken Grösse gibt, als Ausdruck einer Schwäche enthüllt – als Nichtkleinseinkönnen und als Abwesenheit des Geistes vom Offenkundigen." Diogenes' sardonisches Lachen über die Philosophie ist selber zu Philosophie geworden. Eine fröhliche Wissenschaft gibt es, wenn „der Ernst des falschen Lebens im falschen

Ernst der Philosophie“ wiederkehrt. Diese intraphilosophische Aufhebungsgeschichte der Philosophie „ist mehr als eine Überlieferung physiognomisch-beredter Gesten als eine von Texten“ [KZV 929]: ein skeptisches Kopfschütteln, ein schadenfrohes Gelächter, das realistische Staunen von Thales' Dienstmagd über dessen Unbeholfenheit, als er, die Nase in den Himmel gestreckt und die Sterne beobachtend, rückwärts in eine Grube fällt. Der zweite Teil der *Kritik der zynischen Vernunft* beginnt daher mit einem ‚physiognomischen Hauptstück“, um die verborgene Geschichte der Philosophie zum Reden zu bringen. In kurzen Abhandlungen, unter anderem über den Arsch, den Mund, die herausgestreckte Zunge und den Furz, versucht Sloterdijk deren Aussagekraft in der Geschichte der Philosophie zu rehabilitieren. Unter Kelemans Motto *your body speaks its mind* deutet er an, dass es sich bei dieser ‚Sprache‘ nicht um einen obskuren Irrationalismus geht, sondern um eine Reintegration eines ‚subjektiven‘ und unberechenbaren *esprit de finesse*, ohne den er nicht imstande wäre, den Zeitgeist zu deuten. Wie vorauslaufend auf seine spätere Archäologie der Intimität, schreibt er: „Sein (der physiognomische Sinn –svt) Geheimnis ist Intimität, nicht Distanzierung; er spendet ein nicht sachliches, sondern ein konviviales Wissen von den Dingen. ... Der Zeitgeist hat sich in uns eingefleischt, und wer ihn entziffern möchte, steht vor der Aufgabe, an der Psychosomatik des Zynismus zu arbeiten.“ [KZV 268-70]

Dadurch, dass er das Kynische thematisiert, geht Sloterdijk auch auf Distanz zu den älteren Vertretern der Kritischen Theorie (Walter Benjamin) und anderen linken Denkern (Bertolt Brecht), die dem Menschen bereits im Mutterschoß ein Klassenbewusstsein zuschreiben. Ihm zufolge haben die 68er zu Unrecht vorausgesetzt, dass der Mensch immer schon ein öffentliches und städtisches Tier gewesen ist, ein *a priori* politisches Wesen. [SV 59] Der kynische Mensch dagegen ist wesentlich unpolitisch. Für Sloterdijk geht vom Kynismus eine Art egozentrische Unschuld aus, die für immer dem zynischen Bewusstsein überlegen sein wird. Noch in *Die Verachtung der Massen* (2000) verteidigt er das Individuum gegen den Zwang zur Expression, Aktivismus und Politikbereitschaft und befürwortet eine Art Recht auf politische Inartikulation. Auch in *Weltfremdheit* (1993) wird der Titelbegriff seines pejorativen Beigeschmacks entledigt und aus der Perspektive des lebenswichtigen *right to remain silent* entwickelt. [Siehe auch SIII 542] Viele Kritiker haben dies als eine in modernen Zeiten unzulässige Unmündigkeit angegriffen. In der Sammlung von Aufsätzen zu Sloterdijks Debüt, *Peter Sloterdijks ‚Kritik der zynischen Vernunft‘*, 1987 bei Suhrkamp veröffentlicht, greift Helmut Lethen Sloterdijks Kynismus als eine Art Mutter-Kind-Symbiose, eine ‚kynische Kindheit ohne Kälteschock‘ der jede Art von kaltem Rationalismus vorangeht, an.[9] Es handelt sich hier jedoch um ein wesentliches Element der Sloterdijkschen Theorie. Der Gedanke einer notwendigen Abschließung von der öffentlichen Welt kehrt auch in *Sphären*, unter dem Name einer Immunologie, wieder. Dass viele Kritiker die Superiorität dieser Naivität in der Geborgenheit in Frage stellen, geschieht vielleicht nicht ganz zu Unrecht. Zu nennen ist hier Eberhard Sens, der in derselben Sammlung bemerkt, dass eine solche Form von hündischer Hemmungslosigkeit nur funktionieren kann, wenn alle Menschen von Natur aus gut oder solidarisch sind. Wenn nicht, dann besteht die Gefahr einer moralischen Regression, in der die positiven Errungenschaften der Aufgeklärten Öffentlichkeit wieder verloren gehen.[10]

Dennoch positioniert Sloterdijk sich in der *Kritik der zynischen Vernunft,* ungeachtet aller Einsprüche, zuletzt noch in der Tradition der Kritischen Theorie von Adorno und Habermas. Angesichts der späteren Polemiken ist dies, besonders im Hinblick auf den letzteren, frappierend. Der Kynismus ist für Sloterdijk eine Methode, um die moderne Rationalität im Sinne einer neuen, kynischen Aufklärung zu konstituieren. ‚*Sapere aude!*‘ lautet denn auch ironischerweise seine Devise. [KZV 949] Obwohl der Kynismus zur Emanzipation des Individuellen und des Nicht-Allgemeinen führt, und obwohl es den Dialog untergräbt, in dem der Kyniker sich eine einseitige Kommunikation vorbehält und zu jeder Zeit mit einem ‚Na und?‘ reagieren oder die Nase rümpfen kann, gibt Sloterdijk deswegen ganz am Schluss seiner Einleitung zur *Kritik der zynischen Vernunft* noch die folgende Erklärung: „Es ist naheliegend, sich über den ‚methodischen Antirealismus‘ der Dialogidee lustig zu machen, und ein Teil dieses Buches versucht ja, dem Gelächter über jede Form von törichtem Idealismus zu seinem Recht zu verhelfen[11]; wenn aber alle Wiedersprüche aufgenommen worden sind, wird man an diesen Anfang zurückkehren, gewiss mit einem durch alle Höllen des Realismus gegangenen Bewusstsein. Die heilsame Fiktion des freien Dialogs aufrechtzuerhalten, ist eine letzte Aufgabe von Philosophie.“ [KZV 50]

Kinetik

Auch in *Eurotaoismus* hat der Kynismus noch ein kritisches Potential, aber er ist nur einer von vielen Strategien. Das Buch baut direkt auf der

Kritik der zynischen Vernunft auf. Es geht um ‚Subversionsübungen gegen den Absolutismus der Geschichte und der Vergesellschaftung', oder mit anderen Worten: um eine ‚Kritik der politischen Kinetik'. Der Absolutismus, der hier untersucht wird, ist das neuzeitliche Fortschrittsdenken, dessen verpflichtende Logik und Technik einen schizophrenen Zynismus herbeigeführt hat. „Am aktuellen Weltprozess, der eine beschleunigte Katastrophendrift aufweist, erleben Menschen als Täter und Opfer der Mobilmachung ihre vorherrschende Lebensform als etwas, das ins Falsche führt. In ihren Tätereigenschaften erfahren sie zugleich ihre Fähigkeit, mit dem Trend zum Falschen bis zur völligen Identifizierung einverstanden zu sein." [ET 11-2] Wieder geht es also um eine Kritik des aufgeklärten verkehrten Bewusstseins, diesmal vor allem darum, „weder eskapistisch noch einverstanden ... eine kritische Theorie des In-der-Welt-seins voranzubringen". [ET 13]

An dieser Formulierung zeigt sich, dass ab jetzt die heideggersche Phänomenologie eine explizite Rolle spielen wird. Faktisch aber finden wir schon in der *Kritik der zynischen Vernunft* eine durch Heidegger inspirierte kritische Philosophie der Bewaffnung. Dieser hat in *Sein und Zeit* auf unvergleichliche Weise beschrieben wie wir unser In-der-Welt-sein, unser ‚Sein-zum-Tode', vergessen und verdrängen indem wir davor in die Zerstreuung des ‚Man' fliehen. Etwas ähnliches findet im heutigen Zynismus statt: „Der totale Militarismus des Industriekrieges erzwingt in den Alltagszuständen eine möglichst lückenlose narkotische Todesverdrängung – oder die Abwälzung des Todes auf die andern: das ist das Gesetz der modernen Zerstreuung." Wie das ‚Man' lässt der verpflichtende Rationalismus der Zyniker die Angst vor dem Tod erst gar nicht aufkommen. Der Mut, der für die Einsicht in das Vergängliche notwendig ist, wird von sich ins Unendliche ausdehnender Kommunikation, schnellem Leben und militärischer Tätigkeit ersetzt. Für moderne Menschen ist seit langem jede Form von *vita contemplativa* unmöglich. Es gibt viel zuviel, das uns ständig auf- und anruft. Wir befinden uns in ständiger Einsatzbereitschaft, wir haben unsere Unschuld schon längst verloren, und die Armee ist unsere beste Gewähr gegen den Bewaffnungstod. [KZV 382, WK 106]

In *Eurotaoismus* steht deswegen der Begriff Mobilmachung vom ‚Stahlerotiker' Ernst Jünger an zentraler Stelle. Jener befreite das Phänomen zum ersten Mal von seiner spezifisch militärischen Bedeutung und bezog es integral auf die moderne, von Technik gesteuerte Gesellschaft. Jünger nahm einen politisch-kinetischen Prozess wahr, in dem die moderne Technik als die ‚Mobilmachung des Planeten durch die Gestalt des Arbeiters' fungiert. Seit der Aufklärung ist die Bewegungsfreiheit die physische Grundlage für unsere Autonomie. In welcher Weise Mobilisierung auch immer ausgelegt wird, sie bekommt nahezu immer eine positive Anerkennung. Aber die Mobilmachung hat auch eine Nachtseite, und Jüngers Analyse hat deswegen auch Heideggers Verständnis von Technik, so wie es zum Beispiel in *Die Frage nach der Technik* entfaltet wird, stark prägen können.[12] Für Sloterdijk ist die Mobilisierung auch ein Mechanismus „der alle modernen Zuwächse an Können und Wissen, an Mobilität, Präzision und Wirksamkeit für Versteifungs- und Abtötungsprozesse ausnutzt, für Aufrüstungen, Expansionen, Selbstermächtigung und Zusammenhangsverletzungen".[13] [ET 50-2] Die flotten Burschen, die damals bei der SS landeten, hatten Pech, „denn sie hatten schon damals das reine Nach-Vorn perfekt drauf, der Unterschied ist nur, wir machen's jetzt auch ohne Leichen". [ZWK 130] Die Kombination von Jüngers Schwärmerei für Technik und Heideggers Entlarvung des Wesens der Technik als Nihilismus in der Form des ‚Gestells' dient Sloterdijk als Leitfaden zur Interpretation von Mobilisierung als autogenem Basisprozess der neurotischen Moderne, der „zur Bereitstellung ständig wachsender Bewegungspotentiale zum Halten von Stellungen, die gerade durch die Voraussetzungen und Auswirkungen dieser Bereitstellungen sich als Stellungen unmöglich machen und ins Unhaltbare treiben" führt. [ET 52] Was in der Moderne Metaphysikkritik heißt, wird bei ihm zur Kritik dieses Gestells.

Trotz der affirmativen Auslegung von Mobilität in Sloterdijks jüngsten Büchern beschäftigt *Eurotaoismus* sich vor allem mit einer ‚falschen' Mobilität. Sie stammt aus dem Katastrophenbewusstsein, das am Ende der 80er Jahre herrschte, unter anderem als Folge der Stationierung von Pershing-Raketen, dem Drama auf dem Flugplatz von Ramstein, der Atomkatastrophe in Tschernobyl und dem Waldsterben.[14] Für Sloterdijk ist eine Kritik nur dann möglich, wenn sie „ihre kinetische Komplizenschaft mit der Bewegtheit des Weltprozesses in die schlimmste aller möglichen Richtungen kündigt". [ET 53] In *Eurotaoismus* sucht er nach Möglichkeiten für so eine Stille im Sturm. Dabei distanziert er sich von der ‚Friede Freude Eierkuchen'-Haltung einer Zeit, die mit jeder Form von Symptombekämpfung zufrieden ist. Alle Formen von Kritik sind bisher lediglich unbeholfene Mobilmachungen und führen nicht zu einem besseren Verständnis. Kants großes kritisches Projekt zum Beispiel ist vor allem interessant ‚als ein mentales Arrangement, um den prekären Übergang von Theorie zur Praxis' [WK 285] zu ermöglichen. Reflexion über die Grundlagen unseres Wissens, Handelns und Urteilens hat mit dem heutigen Fundamentalismus, egal ob Markt- oder Muslimfundamentalismus, gemein, dass sie zuerst dem Aufbau von hinreichenden Gründen für erfolgreiches Tun dient. [WK 101] Und auch ein anderes Standardwerk der philosophischen Kritik, das *Kommunistische Manifest* (1847) lässt sich wie eine ‚Magna Charta des offensiven kinetischen Nihilismus' lesen: Marx' und Engels' Dialektik der Produktionsverhältnisse bekunde allein, „die Sprengbarkeit der trägen Verhältnisse, die der Entfesselung der produktiven Produktion und der letztgültigen Bestandsverdampfung noch Widerstände entgegensetzten." Auch Sloterdijks Kritik der politischen Kinetik weist eine Dialektik auf, aber sie pointiert ‚die krisenbedingte Chance einer evolutionären Zurücknahme falscher Mobilmachungsvorstöße'. Wenn wir dem Gestell Widerstand leisten wollen, sollen wir uns auf den kleinen kinetischen Exzess konzentrieren, auf den Verkehrsrowdy, der, an uns vorbei stürmend, am Ungewollten zerschellt. [ET 76-7]

Eurotaoismus als kritische Theorie des ‚In-der-Welt-Seins' besteht aus einer Komposition von heideggerscher Gelassenheit und dem, was man als gemeinschaftlichen Nenner von Strömungen des alten asiatischen Denkens bezeichnen könnte: ‚Sein-zur-Ruhe-in-der-Begegnung'. [ET 93] Es unterscheidet sich nicht auf absolute Weise vom kritisierten Objekt, sondern versucht die Verkehrsdichte von ‚innen' her, von einer kleinen Verkehrsinsel aus, zu ändern. Es ist eine gelassene Haltung im Hinblick auf das Unvermeidbare: die Vergänglichkeit der Welt und ihrer Rohstoffe. Ziel ist ein anderes Seinsverständnis, durch welches wir unsere De-Automobilisierung denken können. Die Modernität ist das paradoxe Programm, auf vergänglicher Basis einen unvergänglichen Prozess zu verwirklichen. Unser Glauben an den Fortschritt entspringt einer kinetischen Utopie. Aber an Stelle der ‚Ontologie des Noch-nicht-Seins' (Bloch) soll die ‚Ontologie des Noch-Seins' kommen. [ET 328 u.f.] Es geht Sloterdijk um nichts Geringeres als einen ‚Kritiker der eschatologischen Vernunft' [ET 303], auf der Suche nach einem ‚nachgeschichtlichen Realitätsprinzip'. [ET 310] Dazu hat er eine kritische Theorie der menschlichen Existenz entwickelt, deren Spuren noch in *Sphären* spürbar sind. Diese wird allerdings nicht länger als ein lähmendes ‚Sein-zum-Tode', sondern als ein ‚geburtlicher Präsentismus' ausgelegt. Damit folgt er Hannah Arendt, die Heidegger kritisiert, weil er die Geburt nicht denken kann. Trotz der bekannten Formel Ciorans von der ‚Unbequemlichkeit, geboren zu sein' müssen wir uns wieder ‚des Vorteils, geboren zu sein' bewusst werden. [ET 327] Nur durch das ständige Anfangen des Geburtlichkeitsdenkens entrinnen wir der ‚Weltgeschichte der Lebensmüdigkeit', oder demjenigen, das Nietzsche Nihilismus nennt: der Melancholie der Schwächung der Lebensmotive im aufgeklärten Historismus, eingetreten im neunzehnten Jahrhundert. „Was depressiven Historismus anbelangt, so zeichnet sich die Gegenwart nur dadurch aus, dass sie die Müdigkeit nicht nur rückwirkend, sondern auch prospektiv empfindet." [ET 164] Die Freude über die Geburt soll uns auch vor einer allzu antizipatorischen Vorwegnahme der Zukunft bewahren, die nur zu Neurosen und Hysterie führen kann. Eine heideggersche Kehre in diesem lähmenden Denken ist nur dann möglich, wenn wir die Utopie nicht länger in der Zukunft suchen, sondern in der Unvoreingenommenheit des ‚Noch' des Geboren-Seins. „Der Weg der Kritik geht in die Kritik des Weges über." [ET 338]

Es ist diese Kritik, welche Sloterdijk im Begriff Eurotaoismus zusammenfasst. Das Tao bedeutet buchstäblich den ‚Weg' der Basisprinzipien, die zu einer edlen Existenz führen sollten, in welcher der Mensch in Harmonie mit den gesellschaftlichen und kosmischen Verhältnissen lebt. Lao Tse lehrte einfach zu leben und mit dem transzendent-immanenten Strom der Ereignisse wie einem fortwährendem Prozess von Differenzierung, der sich von einem energischen Punkt aus vollzieht, mitzufließen. Das Ideal des Taoismus ist, ziemlich heideggerianisch formuliert: gelassen das Leben hüten. Moralische Regeln und metaphysische Ideale sind dabei eher ein Hindernis als ein Mittel. Taoistische Kritik erkennt man im affirmativen Standpunkt, dass es nichts zu kritisieren gibt. „Darum wird eine wirkliche kritische Theorie, wenn es sie eines Tages gibt, mit authentischer Mystik identisch sein." [ET 344]

Die Konvergenz von Kritik und Ästhetik

Zwei Jahre vor *Eurotaoismus* hat Sloterdijk noch eine andere, viel weniger rezipierte Kritik der Mobilisierung geschrieben: *Kopernikanische Mobilmachung und ptolemäische Abrüstung*. Auf den ersten Blick scheint diese sich auf einen *Ästhetischen Versuch* zu beschränken, wie der Untertitel suggeriert, aber die Tragweite des Werkes reicht viel weiter. Zunächst liest es sich wie ein Beitrag zur Debatte der Postmoderne.

Postmodernismus interpretiert Sloterdijk als Postkopernikanismus: Grundsätzlich befassen wir uns noch immer mit den epistemologischen und kulturellen Folgen des dezentralisierten Weltbildes, durch das Kopernikus das ptolemäische Weltbild ersetzt hat. Seit Kopernikus müssen wir damit leben, dass die Welt nicht so ist, wie wir sie sehen, sondern müssen sie uns den sinnlichen Eindrücken zuwider vorstellen. Wir sind nicht länger beschränkt auf die Eindeutigkeit des naiven, sinnlichen Wissens. Auch Kants *Kritik der reinen Vernunft*, welche die definitive Emanzipation des erkenntnistheoretischen Subjektes über das Objekt bedeutet, ist bekanntlich das Produkt einer kopernikanischen reflektiven Wendung. Was das bedeutet, haben wir besonders im ästhetischen Modernismus erfahren. „Krieg den Selbstverständlichkeiten! heisst nicht nur die Parole der kritischen Philosophie, sondern auch die der modernen Künste." [KMPA 62] Die Avantgardisten stürzen sich in „das Abenteuer transmimetischer ‚autonomer' Konstruktion und antiptolemäischer Synthese." [KMPA 61] Die wirkliche Welt und die dargestellten Welten verfangen sich ineinander. Kopernikanische Mobilisierung bedeutet ‚die Mobilmachung der Welt und Weltbilder, bis an den Punkt, auf dem alles möglich wird'. Aber gerade in diesem Moment, in dem die subjektive Weltkonstruktion uns zu viel wird und ein Punkt des totalen Schwindels [KMPA 63] erreicht wird, scheint der ewige Ptolemäer in uns noch zu leben. Den bewussten Schritt zurück aus dem kopernikanischen Wirbeln deutet Sloterdijk demnach als ‚ptolemäische Abrüstung'. [KMPA 65]

Entwaffnung spielt demzufolge eine essentielle Rolle in der alternativen Kulturtheorie, wonach er zum Beispiel in *Eurotaoismus* auf der Suche ist. „Wenn Kulturtheorie in der Postmoderne nur noch als kritische Theorie der Mobilmachung möglich ist, dann müssen Erfolge der kopernikanischen Moderne aufrüstungsskeptisch neu gewertet werden." [KMPA 65] Überall um sich herum wird Sloterdijk Renaissancen, Retrobewegungen und Neoströmungen gewahr.[15] Der absolute Schwindel hat die kopernikanische Wahrheit noch unglaubwürdiger gemacht als die ptolemäische Illusion; es gibt immer einen unaufhebbaren ptolemäischen Rest, der nicht mobilisiert werden kann. Für eine postmoderne ästhetische Theorie hat dies zur Folge, dass ihr wichtigster Ausgangspunkt nicht länger die Kreativität sein kann, sondern wie früher die passive sinnliche Wahrnehmung, eine Rehabilitierung der ‚mesokosmischen, lebensweltlich bewährten Sinnlichkeit'. [KMPA 69] Der Fokus auf der Wahrnehmung anstatt auf dem aktiven Gestalten impliziert eine gelassenere Haltung. Das avantgardistische Exklusive lässt nach. Es wird wieder tonale Musik komponiert und ein Dichter kann sich wieder ohne Verlegenheit des Reimes als Stilmittel bedienen. Das amerikanische *anything goes* gilt hier jedoch nicht: wenn ein ästhetisches Tabu aufgehoben wird, dann bedeutet dies eine Differenzierung des Exklusivitätsprinzips und nicht einen sich fügenden Pluralismus.

Sloterdijk behauptet, dass das Tabu „seine Gewaltsamkeit verwindet und über seine infantilen Überlegenheitsgefühle hinauswächst, ohne zu vergessen, was der alte Widerwille meinte, aber auch ohne für immer im Priestergewand der Avantgarden herumzulaufen". Postmodernismus ist somit Postexklusivismus. Das gilt sowohl für die Kunst als auch für die Wissenschaft. In der Selbstwahrnehmung der modernen Kunst findet nach dem ersten Bruch in der Avantgarde ein postmoderner zweiter Bruch mit der Mimesis statt, nämlich die Weigerung, eine Kopie der globalen Mobilisierung zu sein. [KMPA 73]

Es ist nach der ersten modernen Reflexion, eingeführt mit Kants *Kritik der reinen Vernunft*, diese zweite Reflexion, gründend im ptolemäischen Rest, auf die sich nach Sloterdijk sowohl die ästhetische als auch die Kritische Theorie gründen soll. Es ist eine Theorie, die ihre ‚Wachheit und Leidensfähigkeit' gegen ‚die Verschwörung der agierenden Unaufmerksamkeiten' benutzt. Hierin hören wir Heideggers Kritik am vorstellenden Denken moderner Subjekte noch einmal deutlich heraus. Diese ‚langsame' Theorie betrachtet sich selbst nicht als reflektierenden Diskurs oder große Erzählung, sondern versucht zunächst ohne Theorie und lediglich mit gelassener Bedachtsamkeit und Offenheit den Modernisierungsprozess zu beobachten. Sie ist eine ‚Meditation von Bewegungen', weil sie nicht naiv kritisiert und theoretisiert wie die moderne Kritische Theorie, sondern der nicht-philosophischen ‚Gestik von Theorie und Kritik' ihre Aufmerksamkeit schenkt. [KMPA 124] Genau wie in *Kritik der zynischen Vernunft* finden hier Übungen mit einer sinnlich orientierten Philosophie statt. In dieser kritischen Theorie ohne theoretische Kritik vereinen sich logisches und ästhetisches Vermögen in einem Bewegungsbewusstsein und einer skeptischen Selbstwahrnehmung, die uns dazu bringen, nicht-militärische Bewegungen zu finden und das *passivum* im modernen *activum* zugänglich zu machen. Es ist selbstverständlich, dass diese kritische Theorie Nicht-Demobilisierten inadäquat scheint[16]. „Dennoch gibt es nur eine Aufklärung – diejenige, die etwas merkt. Etwas merken ist Wahrnehmung, ist Ästhetik im weitesten Sinne und bleibt bis in die letzte Instanz die Angelegenheit des Denkens. Aber was wäre heute so sehr zu bemerken wie die globale Mobilmachung einer weltenvorstellenden Intelligenz, die behauptet, schon Denken zu sein? ... Zwischen Menschen gibt es keine Allianz, die so solide wäre wie die Grosse Koalition der Nicht-Wahrnehmung. Durch sie wird die ewige Kohabitation von klugen Vorstellungen und blinden Massnahmen möglich." [KMPA 125-6]

3 Sphärologie

Topologie des Seins

Der ‚analythische Mythos', der seit dem neunzehnten Jahrhundert unsere Sicht auf die Welt endgültig verändert hat, macht uns zu Individuen in einer atomistischen, völlig auseindergenommenen Gesellschaft. Es ist ein Ingenieursdenken, das – zunächst unbemerkt – vom achtzehnten Jahrhundert an immer mehr unser Weltbild in agressiver Weise verändert und geprägt hat. Sloterdijks ‚Sphärologie' will diesen analytischen Mythos kritisieren, so wie die Kritische Theorie damals die instrumentelle Rationalität kritisierte. [SV 18-9] Gerade für das, was am nächsten ist, die mit anderen geteilte Sphäre, haben wir einen blinden Fleck. Heidegger sagt im Zusammenhang mit der metaphysischen Seinsvergessenheit in *Über den Humanismus* (1946): „Das Sein ist das Nächste. Doch die Nähe bleibt dem Menschen am fernsten."[1] Wie sein Inspirator konzentriert Sloterdijk sich auf dasjenige, was uns so nah ist, dass wir es immer wieder übersehen. Es ist die Rede von einer ‚Sphärenvergessenheit': Zum Ausdruck bringen, was Zusammensein eigentlich ausmacht, erweist sich als unmöglich. Wenn niemand danach fragt, so wissen wir genau was gemeint ist, aber in dem Moment, da wir erklären sollen, um was es sich dabei handelt, bleiben wir stumm. Sloterdijk versucht, eine neue Geschichte der verborgenen ‚Beseelungsverhältnisse' zu schreiben, die Menschen in erster Linie als teilhabend an einer ‚inspirierten Kommune' von ‚starken Beziehungen' darstellt. Das Leitmotiv in Sphären ist ein Zitat Heideggers: „Im Dasein liegt eine wesenhafte Tendenz auf Nähe". [SII 206] Menschen ‚sind' nur eigentlich und wirklich Menschen, insoweit sie an einer Sphäre teilhaben: einem mit Anderen oder etwas Anderem geteilten, intimen Raum, der sich dem ausserhalb des Raumes Befindenden verschliesst, und in dem die Bewohner das Außen auf eine eigene, kreative Weise erfahren. Die Koexistenz geht der Existenz voraus.

Die Urform der Sphäre ist die perfekte Schaumblase, ein unsichtbarer Behälter, der nur dank eines Spannungsgleichgewichts zwischen dem Innen und dem Außen existiert. Die Menschen haben noch nie in einem direkten Verhältnis zu der Natur oder zu den nackten Tatsachen gelebt, sondern immer als ‚Schwebewesen' in einer membranhaften Hülle, wobei schweben heißt: ‚von geteilten Stimmungen und von gemeinsamen Annahmen abhängen'. Diese Sphäre bildet einen im und durch das menschliche Zusammensein selbst hervorgebrachten ‚Eigenraum', in dem die Außenwelt auf eine im Innern bestimmte Weise in Erfahrung gebracht wird. „Somit sind die Menschen von Grund auf und ausschießlich die Geschöpfe ihres Interieurs und die Produkte ihrer Arbeiten an der Immanenzform, die ihnen unabtrennbar zugehört. Sie gedeihen nur im Treibhaus ihrer autogenen Atmosphäre." [SI 45-6] Sloterdijks Sphärologie soll jedoch nicht nur als eine idyllische Theorie der Intimität verstanden werden. Die Grundstimmung von *Sphären* ist eher klaustrophobisch als agoraphobisch. Auf jedem Niveau wiederholt sich das Problem der Enge und der Weite. Das Nest wird zur Hölle, wenn es zu klein wird; die Hölle steckt nicht nur in der Psychose, dem Außen Ausgeliefertsein, sondern ebenfalls in der Erstickung.[2]

Die gut 2.500 Seiten sind als eine Phänomenologie und eine Anthroplogie des In-Sphären-Seins zu lesen. *Sphären I: Blasen* beschreibt unser Dasein in den meist verschlossenen und am wenigsten differenzierten Blasen: die Zwei-Einheit in der Gebärmutter oder in dem mystischen Verhältnis zwischen Mensch und Gott. In *Sphären II: Globen* wird beschrieben, was es mit dem In-Sphären-Sein in den komplexeren Sphären, in denen wir uns nach der Geburt befinden, einschliesslich der ‚totalen' oder globalisierten Sphäre, auf sich hat. Gegenstand von *Sphären III: Schäume* ist die heutige Zeit der vielen kleinen, kristallinen Sphären nebeneinander, die dem Implodieren oder Explodieren der allumfassenden Globalsphäre durch Massenmedien und durch die neue Verkehrsdichte gefolgt ist.

Die vielen Wanderungen unserer Seele sind Sloterdijks großes Thema. Das Sein-in-Sphären ist kontinuierlich auswärtigen Provokationen unterworfen, wogegen es sich behaupten, verstärken und bewaffnen muss. Auf die immer wieder gestellte gnostische Frage „Wo sind wir, wenn wir in der Welt sind?" antwortet er: „Wir sind in einem Außen, das Innenwelten trägt". Seit Kopernikus ist es uns nicht mehr möglich, uns selbst in einem allumfassenden ewigen Himmel einen festen Platz zu sichern. Auch auf dem Niveau des materiell Kleinsten sind wir nicht mehr imstande, uns zu Hause zu fühlen. Es gibt keine einzige ‚Schale', die uns Menschen umfasst und in der wir geborgen sind. Trotzdem leben wir nicht in einem permanenten pascalschen Schreckenszustand. „Darum ist die Erkundigung nach unserem Wo sinnvoller denn je, denn sie richtet sich auf den Ort, den Menschen erzeugen, um zu haben, worin sie vorkommen können als die, die sie sind." [SI 28]

Der Mensch schafft immer wieder selber den Innenraum, in dem er lebt, webt und ist, und fällt damit zusammen. Er wird dabei von Immunstrategien, die ihn vor dem ‚ungeheueren' Außen schützen sollen, geleitet. Der junge Nietzsche lehrt uns, das Leben durch eine immunologische Perspektive wahrzunehmen. Der Begriff Immunität deckt bei ihm bereits sowohl biologische Immunität als auch politische, kulturelle, technische, ökologische, psychologische, juristische und religiöse Immunität. Wenn Sloterdijk sich in die nietzscheanische Philosophietradition stellt, in welcher der Philosoph der Arzt der Kultur ist, so profiliert er sich zugleich als Immunologe. [ST 225-6] Denken nach Nietzsche heißt in *Sphären*, dass die Explikation von Immunstrukturen so weit vorangekommen ist, dass die Beschreibung von modernen Gesellschaften als Vielheiten von Immunraumproduktionen oder Schaumblasen möglich wird. [SIII 248] Noch nie war das Zusammensein ein solches *issue* als in der heutigen hyperindividualisierten multikulturellen Gesellschaft. Jeder Eigenraum ist die immunologische Vorwegnahme eines möglichen, von Außen kommenden Gewaltakts, in der das Eigene stets als eine Zusammenfügung des Eigenen und des Nicht-Eigenen verstanden werden soll. Die Sphärologie ist eine Theorie des Lebens, möglicherweise nicht länger Philosophie sondern ‚Biosophie' [SIII 25], in der nacherzählt wird, wie diese Immunisierungen bis jetzt gestaltet worden sind. Denn die Modalitäten des Platzens und Immunmachens von Sphären schaffen die Bedingungen der Kulturgeschichte. „Was ist die Kulturgeschichte, wenn nicht stets auch die Kriegsgeschichte der Immunsysteme?" [SI 67]

Sloterdijk stellt sich nicht die Frage ‚Was ist der Mensch' sondern „Wo ist der Mensch?" Diese topologische Frage weist sowohl einen nietzscheanischen als auch einen heideggerianischen Hintergrund auf. Die Feststellung, Gott sei tot, macht Nietzsche, wie keinen anderen, zum Denker des Sphärenbruchs. Deshalb ist Nietzsche derjenige, der das Problemgebiet aufgedeckt oder in phänomenologischen Worten: expliziert hat. [SIII 203 u.f.] Es handelt sich hier um ein ‚kaltes' Denken, ein Denken des Außen, das aber noch an der Möglichkeit eines Innen interessiert ist. Die Beschleunigungen unserer Technikzivilisation scheinen diese Frage, so Sloterdijk, überflüssig zu machen, aber im Grunde machen sie diese notwendig. Was bei Heidegger Seinsvergessenheit heißt, ist bei Sloterdijk das hartnäckige Nicht-Wissen-Wollen um ein völlig mobilisiertes, ‚gestelltes' Denken in bezug auf ‚den unheimlichen Ort des Existierens'. [SI 27] Wie unglaubhaft es auch scheinen mag, es handelt sich hier teilweise immer noch um Untersuchungen im Sinne Heideggers: eine existentielle Analytik, nicht der Zeit diesmal, sondern des Raumes. „Weil Dasein eine immer schon vollzogene Wohntat ist – Ergebnis eines Ur-Sprungs ins Einwohnen –, gehört Räumlichkeit der Existenz unabtrennlich zu." Dass hier von ‚wohnen' gesprochen wird, erklärt allerdings nicht, dass der Existierende auch in der Welt zu Hause ist. Es ist gerade das Wohnenkönnen im ‚Hause des Seins', das untersucht werden soll. [SI 337] Sloterdijks Position Heidegger gegenüber ist folglich äußerst komplex. In zweierlei Hinsicht sind sie sich jedenfalls einig. Der Mensch ist nie allein, sondern immer vom Mit-Sein bedingt. Die moderne Individualisierung ist nur ein sekundäres Phänomen. Im Grunde ist der Mensch, wie Nietzsche in *Menschliches, Allzumenschliches* (1886) behauptet, ein Dividuum. Sein Ort ist der transzendentale Raum, die Stelle, auf der er ‚versammelt' wird.[3] [NG 223] Und wie nach Heidegger der Mensch zum Sein in der ‚Lichtung' aussteht, ‚ek-sistiert' er nach Sloterdijk in Sphären, in geteilten Räumen, in denen er in erster Linie ausser sich selbst ist, das heißt: zu dem Anderen und der Welt aussteht. Das wichtigste Existential[4] dieses ‚Daseins' ist somit ‚ekstatische Immanenz'. [SI 639] ‚Dasein' ist immer ‚Mit-Sein' und ‚In-Sein' und besitzt somit einen perichoretischen Charakter. Das atomistische Individuum ist aus ontologischer Perspektive nur sekundär. „Irgendwie ist irgendwer irgendwem irgendwann nahe." [SI 621]

Sloterdijk zufolge haben die Interpreten Heideggers im Bann der existentialistischen Analytik der Zeit nicht beachtet, dass sie einen Mangel kennt, nämlich die Analytik des geteilten Raums. Er will mit seinem *Sphären*-Projekt diese Lücke füllen. Die Frage nach Sein und Zeit wird bei ihm, in Anschluss an den geburtlichen Präsentismus, durch die nach ‚Sein und Raum' ersetzt. [NG 403, SII 40-1] Obwohl Heidegger sich in *Sein und Zeit* zuerst als Ziel setzt, die ‚*Zeit* als des möglichen Horizontes eines jeden Seinsverständnisses überhaupt'[5] zu interpretieren, begegnen wir in seinem späteren Werk einer Reihe von Begriffen, die an Räumlichkeit erinnern: ‚Haus', ‚Nähe', ‚Heimat', ‚Wohnen', ‚Aufenthalt', ‚Dimension', ‚Plan'. Dies suggeriert, dass die Existenz eher im Zeichen des Raums als im Zeichen der Zeit gedacht wird. Heidegger behauptet dennoch, dass, obwohl im Sein das Wesentliche die ekstatische Dimension der Existenz ist, diese Dimension nicht räumlich ist. „Vielmehr west alles Räumliche und aller Zeit-Raum im Dimensionalen, als welches das Sein selbst ist." [ÜH 26] Es ist aber dieses ‚Dimensionale', das Sloterdijk als Sphäre, als virtuelle ‚Kugel' des Seins versteht. [SI 67] Der Mensch wohnt im Haus des Seins wie in einer ‚Kugel der Sorge', in dem das ‚Dasein' sich in einem ursprünglichen Außer-sich-Sein erweitert hat. [NG 398] Der Begriff ‚Sphäre' ist bereits von Heidegger benutzt worden, um das ekstatische Wesen des Menschen zu deuten. In *Sein und Zeit* hat dieser den Raum als Gebiet der existentiellen Analytik offengelegt,[6] dennoch aber schnell zu der Wer-Analytik des Daseins gewechselt. Sloterdijk situiert sich somit auf einem Gebiet, das zwar von Heidegger in *Sein und Zeit* entdeckt, aber kaum weiter untersucht wurde. Dies zum großen Bedauern des Ersteren, denn ein weiteres Fragen nach dem Raum hätte die Suggestion der existentiellen Einsamkeit des Daseins relativiert. Er suggeriert sogar einen Zusammenhang zwischen Heideggers Philosophie und seinem Nationalsozialistischen Engagement. „Ein überspanntes Wer in einem konfusen Wo kann böse Überraschungen mit sich selbst erleben, wenn es sich bei Gelegenheit im nächstbesten Volk verankern will." [NG 402-3]

Heideggers bekannter phänomenologischer Ausdruck ‚in-der-Welt-sein' ändert Sloterdijk also in ‚in-Sphären-sein'. Die Sphäre ist die mit Sinn gefüllte und alles beseelende und schützende Kugel des Seins. Wo immer der Mensch ist, immer haben wir es mit ununterdrückbaren atmosphärengenerierenden Qualitäten des von Menschen geteilten Aufenthalts zu tun. Wie auch Heideggers frühe Theorie der Stimmungen uns lehrt, sind Menschen Wesen, die vor allen Dingen an einem gemeinschaftlichen Klima teilhaben. Heideggers früheres Werk ist darum ‚die Magna Charta einer nie zuvor versuchten Onto-Klimatologie'. [SII 146] Richtigerweise beschreibt Heidegger die Stimmung als die Öffnung des Daseins zur Welt. Wir sind in unseren Erfahrungen, authentisch oder nicht, immer irgendwie gestimmt. Tatsächlich ist es in der Subjektkritik des frühen Heidegger nie ein transzendentales Ego, sondern zuerst die ‚Angst', die das Subjekt der Frage nach dem Sinn des Seins bildet. In seinen späteren Analysen ist es vor allem die Sprache die durch uns spricht und uns stimmt. Wir können zwar unsere Stimmungen beeinflussen, aber grundsätzlich wachsen sie empor und überwältigen uns. In der Stimmung erfahren wir die Grenzen unserer Selbstbestimmung.[7] Genauso verhält es sich auch in Sphären.

Mikrosphären

In *Sphären I: Blasen* thematisiert Sloterdijk die intrauterine Existenz und den fötalen Nicht-Unterschied. Argumente für seine These, dass der Mensch nie alleine, sondern immer als Beteiligter in einem polarisierten und differenzierten Lebensraum existiert, findet er in der Rückkehr zum frühesten Lebensanfang. An zentraler Stelle steht die größtmögliche Intimität und ihre ebenso desaströse als auch unvermeidliche Zerstörung, die für die Geschichte des Menschen bestimmend ist. Seine Methode nennt er eine ‚Archäologie der Intimität' – Archäologie, weil der Raum zwar noch besteht, aber nicht länger ‚beseelt' ist und es einen unwiderruflichen zeitlichen Bruch zwischen dem Moment der Untersuchung und der untersuchten intimen Zeit gibt – und wohl auch eine ‚negative Gynäkologie' oder ‚nicht-invasive Invasion', weil die Intimität durch die Anwesenheit des Forschers sofort zerstört würde. [SI 63] Objektivierende Sprache im Allgemeinen und gynäkologische Terminologie im Besonderen sollten auf ein Minimum reduziert werden. Intimität ist nämlich nur vom Innen ausgehend zu erforschen. Sloterdijk versucht einen sprachlichen Zugang zu einem intimen Atlantis zu finden, einer *Anamnese* eines Erlebnisses, das wir alle erfahren haben, aber endgültig vergangen ist und sich auch nie repräsentieren, das heißt wieder präsent machen, lässt.[8] *De facto* handelt es sich hier um eine Form von metaphysischer Spekulation, zwar nicht wie üblich in der Tradition in Bezug auf das Jenseits, sondern eben auf die Periode, bevor wir zur Welt kommen. Wie in *Eurotaoismus* soll das Interesse am Zur-Welt-kommen statt am Sein-zum-Tode uns vor allzu weitgehenden metaphysischen Spekulationen schützen. Aber die Grenzen zwischen Finden und Erfinden sind fließend; wir müssen uns von Sloterdijks konzeptueller Virtuosität zu der Erfahrung eines „Ja, so muss es ungefähr gewesen sein..." verführen lassen. Sprache sollte Welten öffnen, heißt es bereits in *Versprechen auf Deutsch* (1990) und in *Sphären I* sucht er nach einer ‚medialen Poetik der Existenz', nach einer Möglichkeit, ‚die Gestaltbildungen einfacher Immanenzen' nachzuzeichnen. [SI 81-2]. Sprachlich muss *Sphären I* denn auch als eine Kritik am westlichen Einheits- und Substanzdenken gelesen werden. Unsere Sprache ist eine Subjekt- und Objektsprache. Sie dient dazu, die Dinge zu analysieren, identifizieren und voneinander zu trennen. Aber unser Subjekt ist ein Effekt des ‚beseelten' Raumes, der sich zwischen uns und den Anderen befindet. Dieser Raum ist das Medium, in dem die Wirklichkeit sich für uns gestaltet, das selbst aber unsichtbar bleibt. „Ich verstehe den Menschen als ein raumlösliches Wesen, als einen psychischen Feldeffekt – doch muss ich mich hier schon korrigieren, weil die Rede von einem menschlichen Raum ihrerseits wieder substanzfetischistische Implikationen ins Spiel bringen könnte. … In Wahrheit hat das humane Feld von sich aus die Struktur einer Ellipse oder einer mehrpoligen Sphäre. Von welcher Menschen, als individuelle Dividuen, *per se* nicht die Zentren sein können." [ST 147-51] Zu Recht bemerkt Heinrichs, dass die wichtigsten Begriffe aus dem ersten Teil (‚Blasen', ‚Sphären', ‚das Intime', ‚Plazenta') eigentlich Quasi-Begriffe oder Nicht-Begriffe sind und es vor allem ein kreatives Spiel ist, in dem das Bilden von Formen mit einem stark evokativen Charakter Regel ist. [ST 136] Kurz, es wird eine Hybridsprache entwickelt, um etwas Nicht-Gegenständliches und Mediales zu thematisieren, nämlich die vorhin bloß ‚stiefmütterlich behandelte Kategorie der Relation, der Beziehung, des Schwebens in einem Ineinander-Miteinander, des Enthaltenseins in einem Zwischen'. [ST 139]

Sloterdijk begibt sich auf die Suche nach der perfekten ‚Blase', der ursprünglichen Zwei-Einheit zwischen Mutter und Kind oder der Kind-Plazenta-Dyade: ein reiner Innenraum, in dem die Außenwelt unbekannt ist und der gerade deshalb das ultimative Glück darstellt. Die Blase ist ein Klima oder Medium, in dem die Pole in einer direkten, psycho-akustisch resonierenden Verbindung zueinander stehen; es besteht eine vor-objektive und vor-subjektive ‚Konsubjektivität'. „In der zwei-einigen Welt waren weder Zahl noch Widerstand erschienen, denn schon das bloße Bewusstsein davon, dass es Anderes, Zählbares, Drittes gibt, hätte die anfängliche Homöostase korrumpiert." [SI 52] Die Urkatastrophe, in der dieses Glück und diese dyadische Intimität unwiderruflich zerstört werden, findet statt, wenn das Kind von der Plazenta abgetrennt und es als einsames Individuum in die multi-polare Außenwelt der Erwachsenen ‚geworfen' wird. Die Rede vom Nabel der Welt ist also zutreffend, denn die Welt ist alles, was wir antreffen, nachdem die ursprüngliche Nabelschnur abgetrennt wird.

Die Geburt ist das exemplarische Ereignis für alle späteren Sphärenzerstörungen oder -transformationen. Sloterdijk stellt die These auf, dass, erst wenn der intime Begleiter (die Nabelschnur oder die Plazenta) weggenommen wird, die Leere mit einer Psyche, einer einsamen Seele, aufgefüllt wird. Sein ganzes Leben lang wird der Mensch nach neuen medialen Resonanzen suchen, die diesen Verlust vom ursprünglichen Komplement seines Selbst ersetzen können. Mit Beginn seiner frühesten Entwicklung bemüht er sich, sich einen Innenraum zu ‚dichten', er versucht durch Integration in das eigene System die Außenwelt unschädlich zu machen. Das ‚Zur-Welt-kommen' geht so mit einem ‚Zur-Sprache-Kommen' oder dem Eintritt in das Haus des Seins einher. Sprache macht die „menschliche Heraussetzung an die offene Welt lebbar, indem sie die Ekstase in Enstase übersetzt". [NG 210] Dies passiert aber zumeist unbewusst und lässt sich schwierig artikulieren. Eben deswegen braucht Sloterdijk solche ausführlichen Erörterungen über Magnetismus, Engel, Zwillinge und Schutzgeister. Wichtig in all diesen Fällen ist, dass wir dabei nicht so sehr von einem Mangel angetrieben werden, wie es der ‚Urpsychosedogmatismus' [SI 547] von Psychoanalytikern oder kirchlichen Seelsorgern lehrt, sondern von einer positiven Kraft, um unsere Lebenswelt zu konstruieren und neue Verbindung anzuknüpfen. Die Notwendigkeit unseres immunologischen Verfahrens bedeutet niemals lediglich ein sich An- und Einpassen, „vielmehr erzeugt dieses Dasein selbst den Raum um sich, durch den und in dem es vorkommt. ... Sorgen, Unterhaltungen oder Diskurse füllen aus, was im intimen Dasein für den Einen, den anfänglichen Hauchpartner hätte leer bleiben wollen." [SI 57, 65] Wir sind ‚Dichter' und Konstruktivisten, und der spezifisch menschliche Raum ist ein ‚autogener Container'.[9] Dennoch ist die reine Immanenz der pränatalen Welt definitiv verloren. Nach dem Riss gibt es für immer ein drohendes Außen, das seit Nietzsche auch im metaphysischem Bereich, zum Beispiel durch eine intime Beziehung mit einem transzendenten, allumfassenden Gott als dyadischem Gegenpol, nicht mehr unschädlich gemacht werden kann.

Makrosphären

Für lange Zeit war es von entscheidender Bedeutung, dass wir die akosmische glückliche intra-uterine Existenz auf eine kosmische Zukunft hin zu projektieren und projizieren wussten. Der Begriff Sphäre, der im Altgriechischen (*sphaira*) ‚Kugel' bedeutet, steht in *Sphären II: Globen* für sowohl den ‚animierten Raum' als auch für ‚die vorgestellte und virtuelle Kugel des Seins' und ist ein morphologisches Werkzeug, um „den Exodus des Menschenwesens aus der primitiven Symbiose zum welthistorischen Handeln in Reichen und Globalsystemen als nahezu kohärente Extraversionsgeschichte nachzuvollziehen". [SI 68] Sloterdijk sieht sein Projekt als den ersten Versuch, seit dem Scheitern von Oswald Spenglers sogenannter Morphologie der Weltgeschichte in *Der Untergang des Abendlandes* (1923), wieder einen Formbegriff als Leitmotiv in einer anthropologischen und kulturtheoretischen Geschichte anzuwenden. [SI 78] Es ist ein hegelianisches Verfahren, in dem Weltgeschichte und Geistesgeschichte konvergent gemacht werden. Der Weg zu unserer Hochkultur und unserer Bewusstseinsstufe besteht laut Sloterdijk im Ausweiten von Sphären in einer sich stets steigernden Inklusivität. Die Geschichte der westlichen Metaphysik wird immunologisch gesteuert vom Prinzip der Einverleibung durch Assimilation und Akkomodation, oder durch die Flucht in das Größere, in dem sie sich die letzte Sicherheit zu finden verspricht. Das ursprünglich intime In-Sphären-sein wird zu einem Im-Kosmos-Sein transformiert. [SI 56]

Die Globe ist der Formbegriff, mit dem Sloterdijk die Geschichte der Globalisierung in einer großartig aufgebauten Geschichte ‚global' nacherzählt. Wer dachte, die Zeit der großen Erzählungen sei vorbei, hat sich geirrt, denn „das Elend der großen Erzählungen herkömmlicher Machart liegt keineswegs darin, dass sie zu groß, sondern darin, dass sie nicht groß genug waren". [WK 14] Dabei verknüpft er zwei rote Fäden: die Geschichte der metaphysischen oder kosmologischen Globalisierung und die Geschichte der neuzeitlichen oder imperialistischen Globalisierung. Die griechische metaphysische Globalisierung bildet nach Sloterdijk die Vorgeschichte der neuzeitlichen Globalisierung.

Der Kosmos vertritt im alten griechischen Denken das zeitlose ‚Weltganze' in der Form einer Kugel. Es ist ein parmenideisches Universum, dass kein Außen kennt und in dessen Zentrum sich die ‚jovialen' Philosophen befinden. Es ist ein konzentrisches Denken, das Übersicht über Zusammenhänge hat, die wir in der sinnlichen Welt nicht antreffen und die auch nicht durch etwas, das von Außen kommt, zerstört werden können. [SII 518] „Von Plotin bis Leibniz war Makrosphären-Betrachtung die autorative Form der Ontologie." [SIII 17] Daher eröffnet Sloterdijk *Sphären II* mit der Beschreibung einer ‚intensiven Idylle' von Philosophen, die sich um eine Kugel versammelt haben. Das genuin griechische Denken der All-Einheit ist eine ‚Kugelmeditation'. Auch in der jüdisch-christlich-griechischen Theologie und den vormodernen Imperien wie dem Heiligen Römischen Reich ist die Kugel, zum Beispiel in Form eines Reichsapfels, Symbol für die unveränderliche, metaphysische Weltordnung. Wie im theozentrischen werden im ‚caesarozentrischen' Denken Zentripetalkräfte mobilisiert, die ein all-inklusives Welthaus errichten sollen. Beide kamen nach Sloterdijk zum ersten Mal im römischen Pantheon zusammen, das als ‚römische Lösung griechischer Probleme' verstanden werden soll. Wenn die Griechen versuchten, sich im Kosmos ein Haus zu bauen, versuchten die Römer, ihr Haus zu ‚kosmofizieren' [SII 437]. Die antiken Großstädte mit ihren Stadtmauern bildeten zuerst kreisförmige und zentral geordnete Immunsysteme, die zur Domestikation durch Projektion führen sollten.

Seit den Entdeckungen des Kopernikus, die für Sloterdijk die Zäsur in der Geschichte des globalen Denkens bilden, ändert sicht aber das Bild der Erde und des Kosmos. Eine zweite, diesmal terrestrische Globalisierung hat begonnen. Nicht, wie Freud annimmt, weil der Mensch sich nun ängstlich seiner marginalen Position im Universum bewusst ist. [ST 190-5] „Die Haupttatsache der Neuzeit ist nicht, dass die Erde um die Sonne, sondern dass Geld um die Erde läuft." [WK 79] Der Papst und die Könige, die Missionare und Kolonisatoren in die Welt schicken, repräsentieren hierin das Zentrum einer neuen global-terrestrischen Sphäre. Sie wollen nicht länger den Kosmos domestizieren, wohl aber die Erdkugel. Wenn das Kernmotiv der klassischen Metaphysik das Zusammengehören von Mensch und Kosmos, Mensch und Wüste, Mensch und Gott ist, so ist das der klassischen Politik das ‚Zusammengehören im Großen'. „Tatsächlich gehören der *zoon politikon* und der *homo metaphysicus* geschichtlich zusammen; Staatssucher und Gottsucher sind evolutionäre Zwillinge." [ISB 28]

Sphären I behandelt die psychologischen Aspekte der Sphärentheorie, in *Sphären II* kommen vor allem die historischen Aspekte an die Reihe. Das ‚Dichten des Innenraums' bedeutet auf politischer Ebene, dass nach einer Immunität der eigenen Sphäre gegenüber der permanenten Bedrohung aus der Außenwelt gesucht wird – entweder indem man sich darüber vergewissert, dass es kein Außen gibt – oder indem man das Außen versucht zu akkomodieren. „Mikrosphären wachsen zu Makrosphären heran in dem Maß, wie es ihnen gelingt, die stressierenden Außengewalten in ihren eigenen Radius einzubauen." [SII 167] Das immunstrategische Ideal ist imperialistisch: die Kontrolle über die ganze Welt. Dass das makrosphärische Projekt wohl auf eine Enttäuschung hinauslaufen muss, wird deutlich, wenn wir verstehen wie widersprüchlich es immer gewesen ist. Die klassische Metaphysik wollte das sterbliche individuelle Leben schützen, ergriff aber im selben Augenblick Partei für das Unvergängliche, welches jedes persönliche Immunitätsinteresse ignoriert. [SI 62-3, SIII 19] Dies konnte nicht anders als zum Nihilismus führen, so wie Nietzsche es im 19. Jahrhundert diagnostiziert hat. Ein damit zusammenhängender Widerspruch steckt in den imperialistischen Ambitionen: jener zwischen Immunität und Kommunität. Exemplarisch hierfür ist Sloterdijks kurzer Aufsatz über die ‚Merdokratie'. Er beschreibt wie der Übergang zur Sesshaftigkeit den Menschen nicht nur die Errungenschaften und Beschwernisse des Agrarzeitalters eingetragen hat, sondern auch ein endoklimatologisches Problem von epochalen Dimensionen heraufbeschworen hat: „Das atmosphärische Dilemma der Sesshaftigkeit zeigt sich darin, dass Menschengruppen, die sich an Häuser und Böden gebunden haben, ihren eigenen Fäkalien und deren geruchsräumlichen Ausstrahlungen nicht mehr in dem Maß ausweichen können, das den vorgeschichtlichen Wanderstämme als das Naturgegebene erschienen war."

[SII 342] Wir wiederholen Sartre: „Die Hölle, das sind die Anderen". Wiederum erkennt Sloterdijk, ganz hegelianisch, wie „der Geist des Orts und das Gesetz der Latrine konvergieren". Vor der großen Desodorierung der Städte im 19. Jahrhundert hatte das Dasein als Mit-Sein eine unverkennbar starke Geruchskomponente, die uns daran erinnerte, dass es „nirgendwo so durchdringend stinken kann wie jeweils zu Hause". [SII 347] Der logische Schluss aus dieser Exkursion lautet, dass die Gefahr nicht nur von außen, sondern auch von innen kommt, besonders wenn die Kommune eine hohe Dichte oder einen starke Tendenz zur Nähe aufweist. Größere Kommunität führt nicht immer automatisch auch zu größerer Immunität, wie übrigens auch die Geschichte des Zerfalls des Römischen Reiches zeigt, sondern sie kann auch sehr wohl das Entgegengesetzte bewirken.

Pluralistische Sphären

Das moderne, städtische und anti-metaphysische Denken bietet mit seinen Raumrevolutionen eine Antwort auf diesen Gegensatz, indem es mit dem makrosphärischen Zeitalter bricht. [ST 243] Gegenwärtig findet nämlich eine dritte Globalisierung statt, durch den schnellen Fluss von ‚Kapitalen und Signalen' angekurbelt, die man mit dem Begriff der Virtualisierung zusammenfassen kann. Es ist diese virtuelle Globalisierung, die zu einer definitiven Raumkrise führt, da ein Zentrum nicht länger bestehen kann. „Wo alles Zentrum geworden ist, gibt es kein gültiges Zentrum mehr". [SI 72] Der virtuelle Raum ist das heutige Außen, eine ‚technologische Exteriorität', die auf traditionell politisch-immunologische Weise kein Innen werden kann. [SI 67] „Die Heimatlosigkeit wird ein Weltschicksal" [zitiert in NG 212-3], wurde bereits von Heidegger vorausgesagt. In *Sphären I* erfasst Sloterdijk darum eine dreifache Pathologie der Sphären: eine politologische, insoweit Makrosphären unregierbare Strukturen geworden sind; eine kognitive, weil die Welt nicht länger in ihrer Gesamtheit gedacht werden kann; und eine psychologische, in der einzelne und isolierte Individuen die Kraft zum Aufbauen von Sphären verlieren und zu depressiven Punkten in einer bösen Außenwelt entarten. [SI 74]

Trotzdem führt dieser Verlust des Zentrums, der schon vor langer Zeit von konservativen Kritikern der Moderne konstatiert wurde, laut

Sloterdijk nicht unbedingt zu einem Immunitätsproblem. Der Verlust des Zentrums bringt nämlich nicht nur mit sich, dass die Form des Ganzen nicht länger auf imperialistische Weise vorgestellt werden kann, sondern auch das Ende der Kugelform, die das Ganze vorstellt, überhaupt. Der dritte Teil der *Sphären*-Trilogie, einer ‚pluralistischen Sphärologie‘, ist eine Amorphologie. Das neue morphologische Ideal sind Schäume, ‚Agglomerationen von Blasen‘. [SIII 55] Schaum, Wolken und Wirbelungen beschreiben die polysphärische Welt als eine Verschäumung von unregelmäßig angehäuften Blasen. Schaum steht für Pluralität, Individualismus und Fragilität. Anhand dieses Begriffes beschreibt Sloterdijk heutige Gesellschaften als Systeme oder Aggregate von sphärischen ‚Nachbarschaften‘, in denen jede einzelne Zelle einen sich selbst ergänzenden Kontext bildet. [SIII 55] Daher der Plural im Titel. Das Wort ‚Gesellschaft‘ kann diese Situation auf keine Weise zusammenfassen, weil es eine umfassende Einheit suggeriert. Kants Aufklärungsideal des *sensus communis* ist nicht länger erstrebenswert. Keine Sympathie oder Telepathie liefert die konzentrische Kraft, die für einen richtigen Konsens notwendig ist. „In Wahrheit sind ‚Gesellschaften‘ nur als unruhige und asymmetrische Assoziationen aus Räume-Vielheiten und Prozess-Vielheiten verstehbar, deren Zellen weder wirklich vereint noch wirklich getrennt sein können.“ SIII 57]

Regelmäßig übernimmt Sloterdijk Bilder und Konzepte aus Leibniz‘ *Monadologie* um – ohne eine totalisierende Vereinheitlichung vorzunehmen – eine Sicht auf dieses Zusammenleben von unendlich vielen einzelnen Lebensheiten zu gewinnen.[10] Unter dem Druck einer hybridisierenden Verdichtung von Fernsehkanälen, Autobahnen, Urlaubsbestimmungen, Konsumgütern und dem Internet sind Vielraumsysteme entstanden, in denen jede Lebensgemeinschaft ihren eigenen Lebensbereich kennt und aufrichtet. Die modernen Haushalte sind introvertierte Monaden, und die Bewohner müssen, genau wie in der intra-uterinen Sphäre, als Produkte ihres eigenen, luxuriös ausgestatteten Interieurs verstanden werden. Wie sehr auch Bindungen mit anderen Sphären und der Außenwelt betont werden, sie schließen sich zuallererst in sich selber ein und ab. Sloterdijk nennt dies das Prinzip der Ko-Isolation. In modernen Reihenhäusern und Appartements teilen wir die Wände mit den Nachbarn, ohne sie jemals kennenlernen zu müssen. Die Wände verbinden die Räume ebenso wie sie sie voneinander trennen; sie sind wie die Nobjekte ‚die ursprünglichen Interfaces‘. [SIII 56] Fenster sind in erster Instanz blind, Wände mit einer gemalten Szene, eine Projektion der Außenwelt. [SIII 59]

Schaum wird aber nicht nur durch das Prinzip der Ko-Isolation, sondern auch durch Ko-Fragilität strukturiert. Schaum ist der dynamische Zustand, in dem Blasen fortwährend implodieren oder explodieren, wodurch ständig neue Blasen entstehen. In einer Welt, nach dem Schaumprinzip organisiert, gibt es ein spinozistisches Spiel von immanenten Spannungsverhältnissen und transitiven Verschiebungen, in dem nichts als absolut innen oder außen verstanden werden kann. Das Innen ist nicht mehr als ein selektiertes Außen, das Außen nicht mehr als ein projektiertes Innen. In der hypertrophischen Welt des Schaums gibt es keine externen Bezugspunkte. An die Stelle der Stabilität der ewigen Makrosphäre ist die flüssige Vergänglichkeit und das ständige Werden des Schaums getreten. Konstruktion bedeutet nicht mehr, eine von innen nach außen konzipierte, statische und metaphysische oder imperialistische Ordnung aufzurichten, sondern sich in einem andauernden Spiel mit dem Außen zu engagieren. Ganz im Gegensatz zur prinzipiell zeitlosen Makrosphäre, besitzt die postmoderne Sphäre ‚Stabilität durch Liquidität'. [SIII 254]

Trotz der Rede von der dreifaltigen ‚Pathologie der Sphären' zieht das Zerspringen der umfassenden Kugel keinen gesteigerten immunologischen Stress nach sich. Wenn *Sphären II* als Verarbeitungsprozess der Trauer um die unmöglich gewordene Metaphysik charakterisiert werden kann, dann ist *Schäume* gerade die Anstrengung, um eine neue fröhliche Wissenschaft zu erreichen. „Das heitere Denkbild Schaum dient uns dazu, den vormetaphysischen Pluralismus der Welterfindungen nachmetaphysisch wiederzugewinnen." ‚Gott ist tot' bedeutet für Sloterdijk, anders als bei Nietzsche, dessen irrer Mensch noch voller Entsetzen diese Botschaft skandiert, eine gute Nachricht. „Die Theologen gehen, die Designer kommen." [SII 589] Die Kombination von Zeitdiagnostik und Vitalismus bekommt in *Schäume* einen erneuerten Impuls in der Form ‚einer nicht-metaphysischen und nicht-holistischen Definition des Lebens', in der Philosophie ‚Biosophie' oder ‚Konstruktivismus' wird: „Seine Immunisierung kann nicht mehr mit den Mitteln der ontologischen Simplifikation, der Zusammenfassung in der glatten Allkugel, gedacht werden. Wenn ‚Leben' grenzenlos vielfältig räumebildend wirkt, so nicht nur, weil jede Monade ihre je eigene Umwelt hat, sondern mehr noch, weil alle mit anderen Leben verschränkt und aus zahllosen Einheiten zusammengesetzt sind. ... Es bringt den Raum, in dem es ist und der in ihm ist, jeweils erst hervor." [SIII 24-6]

Ontologie des Überflusses

Es ist, so Sloterdijk, vor allem anderen der konstitutive Luxus der postindustriellen Gesellschaft, der uns die Einrichtung unserer eigenen Lebenssphäre erlaubt, ohne dass wir dabei ständig Rücksicht auf die Außenwelt nehmen müssen. [SIII 258] Wenn wir *Schäume* als kritische Theorie lesen, dann scheinen sich die Einwände vor allem gegen die Konservativen zu richten, die lieber in Melancholie um den Verlust der makrosphärischen Geborgenheit schwelgen als die neuen Freiheiten zu ergründen, die in der ersten Welt als direkte Folge der Akkumulation und der vielfachen Verbreitung von Reichtümern entstanden sind und die uns das Leben erleichtern. Sie haben die traurige Wissenschaft erfunden, die den Menschen als *homo pauper* definiert. Sloterdijk dagegen will mit *Sphären* eine ‚Theorie des konstitutiven Luxus' schreiben. [SIII 671-7] Der Mensch ist nun mal kein ‚Mängelwesen' (Gehlen), sondern ein verwöhntes Tier. Sloterdijks langwährender Vitalismus lebt in seinem neuesten anthropologischen Werk in der Form einer affirmativen Version des Begriffes ‚Verwöhnung' wieder auf. Dort treffen wir auf eine saloppe Beurteilung und Leichtsinn bezüglich schwerwiegender Probleme der Gegenwart, von denen die meisten Kritiker sich wohl allzu einfach haben provozieren lassen. Die Wandlungen dieser Haltungen in den Werken Sloterdijks verdienen es, hier nachgezeichnet zu werden.

In *Im selben Boot. Versuch über die Hyperpolitik* (1993) wird die Sphärenthematik zum ersten Mal angesprochen. Sloterdijk skizziert darin eine alternative Geschichte des Menschen, in der es ihm darauf ankommt, nachzuweisen, dass die jetzige ‚Hyperpolitik' in entscheidenden Hinsichten als eine Fortsetzung der ‚Paläopolitik' mit anderen Mitteln zu verstehen ist. Die Horde ist der Archetyp der psychosozialen Institution, welche durch Distanzierungstechniken zur Außenwelt und Treibhauseffekte in der Innenwelt eine beseelte Sphäre formt, in der das ‚Globalereignis' für alle Hochkulturen stattfindet: die Menschwerdung. Mit Dieter Claessens stellt Sloterdijk die Horden als Brutkästen dar, die lediglich eine Funktion haben: ‚das Wunder der Wiederholung des Menschen durch den Menschen'. [ISB 18, 35] Diese Primatenkommunen gibt es aber nicht, weil der Mensch von Anfang an als *zoon politikon* gegolten hat, sondern sie haben diesen erst produziert. Sie sind wirklicher als ihre einzelnen Angehörigen. [ISB 21] Obwohl die Differenzen zwischen Paläopolitik und unserer Politik unendlich sind, hält Sloterdijk daher an einem fest: Politik ist zuerst das Resultat einer produktiven Verschonung und wird nicht aus der Not geboren.

Zu einer ähnlichen Schlussfolgerung kommt er auch mittels einer ‚historisch-antropologischen Revision von Heideggers ‚Lichtungs'-Motiv' [RMP 47] in *Domestikation des Seins. Die Verdeutlichung der Lichtung* [NG 142-234]. Ontologie und Evolutionstheorie werden direkt mit einander verknüpft: „Es ist unmöglich, dass der Mensch wie ein Waldspaziergänger in eine Lichtung träte, die nur auf ihn wartete. Sondern eben dies: dass etwas Vormenschliches sich menschwärts öffnet; dass etwas Vorweltliches weltbildend wird ... In diesem Sinn wären Lichtung und Menschwerdung zwei Ausdrücke für dieselbe Sache." [NG 159-60] Er begeht gleichsam eine ‚Todsünde' unter allen Heideggerianern, indem er für eine ontische Geschichte der ontologischen Differenz argumentiert, in der die ekstatische Existenzweise des Menschen noch als technogene Situation ausgelegt wird. Der Mensch ist das Produkt eines Domestizierungsdramas, wobei der Produzent aber nicht Gott oder der Mensch selbst ist: der Produzent ist, medial betrachtet, eine Sphäre. Eine Sphäre kennt ‚Treibhauseffekte', eine plastische Macht im Sinne des Zusammenlebens von Menschen und/oder Tieren, die im Falle der Menschwerdung ontologische Konsequenzen gehabt hat. [NG 172-3] Im vorweltlichen Zusammenwohnen haben technische Mechanismen, die in ihrer Synergie archaische Sphären gestalten, zur Entstehung des Menschen geführt. Es handelt sich um den ‚Insulations-Mechanismus', den ‚Mechanismus der Körperausschaltung', den ‚Mechanismus der Pädomorphose beziehungsweise der Neothenie', womit das progressive Zum-Kind-Werden und das verzögerte Wachstum der Körperformen gemeint ist, sowie der ‚Mechanismus der Übertragung', durch den der Mensch sprachlich wird und ‚das Haus des Seins' bezieht. [NG 175-211] Diese Mechanismen müssen in ihrer gegenseitigen Verstärkung als Verwöhnungsmechanismen betrachtet werden. Sie sind sowohl die Produktionsmittel als auch die Produktionsverhältnisse, durch welche der archaische Mensch von der Außenwelt entlastet wird. Ein in der Menschwerdung ausschlaggebender Aufwärtsdruck macht den Menschen zum ursprünglich verwöhnten und schwebenden Tier. Er ist nicht ‚geworfen', sondern von materiellem Wohlstand ‚getragen'. Aber wenn jedes Wohnen ein Verwöhnen ist, dann kommt das, was Heidegger das ‚Gestell' nennt, dem ‚Gehäuse' gleich. Als das Tier, das es sich leisten kann, sich auf zwei Beinen fortzubewegen, ist der Mensch immer schon gestellt. Alles was wir Technik nennen, ist so gesehen ursprünglich Treibhaustechnik und *ipso facto* Gentechnik, oder „Selbstbehausungstechnik mit der Nebenwirkung Menschwerdung". [NG 197]

Das Explizite der letzten Formel ermöglicht es Sloterdijk in *Sphären III*, mit einer langen anthropologischen Tradition, die auf einer Ontologie des Mangels basierte, zu brechen. Nietzsches Typisierung des Menschen als ‚das nicht-festgestellte Tier' und Schelers onto-anthropologische These der ‚Weltoffenheit' sind vom wichtigsten konservativen Anthropologen des zwanzigsten Jahrhunderts, Arnold Gehlen, unberechtigt in dem von Johann Gottfried Herder stammenden Konzept ‚Mängelwesen' zusammengefasst, das suggeriert, sei der Mensch grundsätzlich seiner Umgebung nicht angepasst. Er müsse sich den Bedrohungen der Natur gegenüber in weitaus höherem Maß ausgesetzt sehen als dies bei Tieren der Fall ist und dagegen auch schlechter gewappnet sein. Völlig im Widerspruch mit der Evolutionstheorie, in der der Mensch ganz oben auf der Leiter steht und demgemäss gerade als das am Besten gelungene Exemplar der Natur angesehen werden sollte, hat dieses Menschenbild seit langem den Kern unserer Subjektivität ausgemacht, so Sloterdijk. Aber was man das Nicht-Festgestellte oder Offene nennt, ist gerade der Wohlstand in seiner existentiellen Reflexion. [SIII 760] Von dem Zeitpunkt an, wo der Mensch sich ontologisch von den Tieren unterscheidet, ist er „jenseits der Not".[11] [SIII 494]

In Anlehnung an die ‚inkommensurablen Interventionen von Nietzsche und Deleuze' [SIII 689] zelebriert Sloterdijk in *Sphären* und in *Weltinnenraum* den Überfluss sowohl in der Botschaft als auch in der Sprache. Die Trilogie lässt sich jetzt als ein Loblied auf den Wohlstand lesen, zuerst im ontologischen, im dritten Teil auch im politisch-wirtschaftlichen Sinne. Um Missverständnisse zu vermeiden, ist es wichtig, stets daran zu erinnern, wie der Letzte mit dem Ersten zusammenhängt.[12] Beide illustrieren, wie die moderne Welt vom Absteigen der imaginären kodierten Luxus- und Überflusswünsche zu weltlichen Kontexten und Handlungen konstituiert wird. Der Himmel ist nicht länger die Projektionswand der hemmungslosen Begierden, sondern wird nun über die Reichweite des Irdischen ausgespannt. Es findet ein drastischer Akzentwechsel von Transzendenz zu Immanenz und von Askese zu Expression statt. Die im Überfluss wuchernde ‚Sorge um sich' hat das aggressive und weltfremde Subjekt ersetzt. „Was Himmel war, wird ein technisches Problem." [SIII 787] Anscheinend ungestört von Schuldgefühlen über die Armut der Dritten Welt will Sloterdijk also nur die unerhörten Veränderungen in der Ersten Welt thematisieren. [SIII 699] Wer dagegen nur über das Elend in der Dritten Welt reden will, lässt sich von einem Ressentiment leiten, das neue Möglichkeiten zum Glück verbietet. Er leidet unter einem Mangel an Mangel. Der Respekt vor Armut und Leiden ist zwar schön, aber gleichzeitig auch konservativ und heuchlerisch, denn Luxus schützt sich selbst am besten, indem er verneint, Luxus zu sein. [SIII 690] Mit dem neuen Unbehagen in der Kultur, sei es die Angst vor Terrorismus oder die Angst vor Genetik, haben wir es laut Sloterdijk vor allem mit einer reaktionären Verlegenheit gegenüber Wohlstand zu tun. Wenn in der ersten Hälfte des zwanzigsten Jahrhunderts der Ausbruch aus den alteuropäischen Verhältnissen zwischen dem Prädestinierten und dem Möglichen noch faustisch genannt werden kann, so haben wir aber nun definitiv die Schwelle zur wohlhabenden, zur ‚*affluent society*' überschritten. Technische Entwicklung ersetzt langsam aber sicher das Realitätsprinzip durch das Möglichkeitsprinzip, welches sich in der Welt des Virtuellen herauskristallisiert. [SIII 695] Mit den Begriffen ‚Entlastung' und ‚Entknappung' prophezeit Sloterdijk den Übergang vom Zeitalter der fossilen Energetik zur ‚postfossilen Ära' der Solartechnik und der regenerativen Treibstoffe. [WK 349-64] Zeitdiagnostische Bezeichnungen wie ‚Risikogesellschaft' oder ‚Chancengesellschaft' bringen diese Umwertung aller Werte präzise zum Ausdruck. Im Gegensatz zu Utopisten, die ihr Ideal in der Vergangenheit oder in der Zukunft suchen, oder Marktfundamentalisten, für die der einzige Weg zum Glück über die Verlängerung der Arbeitswoche führt, geht es Sloterdijk darum, die Gegenwart zu affirmieren. [VM 50] Wir leben bereits in der Wunschzukunft, der teuflische Verwöhnungspartner ist schon lang und breit im post-utopischen Wohlfahrtsstaat institutionalisiert. [SIII 792-4] Der Sozialstaat ist nicht länger ein väterliches Über-Ich, ein disziplinierendes Außen, sondern die ‚Prothetisierung von Mutterleistungen'. Gegenwärtige Politik ist ‚Bürogamie' oder die ‚Politik der Verwöhnung'. [SIII 803] Wer nach dem Zweiten Weltkrieg lebt, profitiert von einem komfortablen Treibhauseffekt in doppelter Bedeutung. [SIII 691] Die *experience economy*, die *fun society* und die *consumer society* verweisen alle auf das Gleiche: ‚Das Empire – oder: Das Komforttreibhaus'. [SIII 805]

4 Medienpolitik

Unglaubwürdigkeit und Hyperpolitik

Obwohl man Sloterdijk kaum einen politischen Denker im Sinne eines Foucault oder Žižek nennen könnte, spielt Politik in weitesten Sinne in seinem Gesamtwerk eine nicht unerhebliche Rolle.[1] In der *Kritik der zynischen Vernunft* entspricht sie noch dem kritischen Engagement, das auch das Wesen der Frankfurter Schule ausmacht. Zynische Machtausübung, die als Möglichkeit selbst von Foucault noch angezweifelt wird[2], und rationelle Schizophrenie kennzeichnen nach Sloterdijk unsere politische Kultur. Pragmatische Paradoxa sind nicht nur den kritischen Philosophen vorbehalten, sondern sie dominieren die ganze Gesellschaft. Es herrscht ein groteskes Missverhältnis zwischen der Kompetenz der Politik und den Forderungen der realen Welt. Unglaubwürdigkeit und zynische Attitüde sind direkte Folgen. Die gegenwärtige Politik ist die Modernisierung der Ohnmacht. [ET 269-72, KMPA 67] Sloterdijk wettert gegen den dort vorherrschenden Pragmatismus, gegen den Satz, der besagt „dass die Verwaltung eines Problems bis auf weiteres für dessen Lösung zu gelten hat." [ET 221] Das Glaubwürdigkeitsdefizit bezeichnet er als Mangel an ‚Verkörperung' und die heutigen politischen Subjekte als ‚Hohlkörper'. [ET 228] Er thematisiert die Kluft, die zwischen der Sensibilität der politischen Klasse und jener der problemempfänglicheren ‚ästhetischen Subkulturen' entstanden ist. Es stellt sich heraus, dass es unmöglich ist „in den Vulkan zu blicken und zugleich auf ihm zu tanzen (genauer gesagt, sein Büro auf ihm einzurichten)". [ET 219]

In seinem Frühwerk hat er stets in den alternativen und ästhetischen Subkulturen nach einer letzten Möglichkeit der Kritik gesucht. In seinem späteren Werk geht er darüber hinaus. Aus anthropologischer Perspektive untersucht er Fragen in Bezug auf paläopolitische Probleme wie Geburtenpolitik und Solidarität. Zwei verhältnismäßig neue Entwicklungen haben die soziale Wirklichkeit endgültig geändert: der Übergang der Agrargesellschaft in eine städtische, die sich durch eine von Geldökonomie geprägte Lebensweise auszeichnet, und der parallele Rückgang der Geburtenzahl, der mit dem gestiegenen Wohlstandsniveau zusammenhängt. [SIII 828] Die Fortsetzung der Paläopolitik mit modernen Mitteln wird von Sloterdijk daher als Hyperpolitik bezeichnet. Regelmäßig übernimmt er Zarathustras Bild des letzten Menschen und projiziert es auf unsere Gesellschaft: Sie besteht aus hyper-individualisierten, von Erlebnis zu Erlebnis lebenden Menschen, die den Vorteil des sozialen Luxus mit einer Abneigung gegen das für sie sorgende System verbinden. Zum ersten Mal in der Geschichte wird die Erneuerung des eigenen Lebensstils vor dessen paläopolitischer oder klassisch politischer Reproduktion in der Nachwelt bevorzugt. Die Aufgabe der heutigen Hyperpolitik, ‚der ersten Politik für die letzten Menschen', [ISB 84] liegt darin, dass aus einer Masse letzter Menschen eine solidarische Gesellschaft geschaffen wird, deren Glieder selbst wieder Vermittler zwischen Vor- und Nachwelt sein wollen.[3] Dabei ist an ökologische Herausforderungen an die Politik, an die sozialpolitische Frage der sozialen Synthese, aber auch an die ‚gattungspolitischen Entscheidungen', die Sloterdijk in *Regeln für den Menschenpark* in einen ähnlichen Zusammenhang stellt, zu denken. [NG 329]

Soziologie der Schäume

Ein Begriff wie ‚Gesellschaft' bietet nicht länger ein adäquates Verständnis der heutigen sozialen Wirklichkeit. Der Pluralismus der Aggregate und Agglomerationen von autogenerativen Lebenseinheiten lässt sich nicht mehr in so etwas wie einem *sozius*, an dem alle teilhaben, zusammenfassen. Schäume sind dagegen Vielheiten von psychischen ‚Selbst-Gefäßen' oder im Anschluss an Deleuze ‚Innenraum-Rhizome'[5]. Das Ganze, die ‚Gesellschaft', ist hierin nie mehr als eine Momentaufnahme wimmelnder Agglomerationen, am besten vorstellbar als ein bei Nacht aufgenommenes Satellitenbild von Industrieländern: ein Simulakrum, dass nur auf sich selbst verweist und jede Repräsentation der Wirklichkeit im Moment, in dem es gemacht worden ist, bereits verloren hat. [SIII 302, 663] Das Problem der Hyperpolitik geht über das der klassischen Politik, ‚die Erfindung der Koexistenz als Synthesis des Nicht-Verwandten', hinaus. [SIII 263] Es gibt genauso viele Sphären von Integration, wie es zu integrierende Einheiten gibt. Die Idee der Einheit bedarf einer Entzauberung aus philosophisch-anthropologischer Perspektive. Im Übergang vom Vorwort zum ersten Kapitel in *Schäume* findet darum eine Auseinandersetzung mit den laut Sloterdijk zwei wichtigsten Erklärungen in der westlichen Philosophie des Wie und Warum des Zusammenlebens statt: die Vertragstheorie – mit deren wichtigsten Protagonisten Hobbes, Rousseau und Rawls – und die viel ältere holistische Theorie des ursprünglichen Ganzen, das über seine Teilen gestellt wird – mit ihrem wichtigsten Vertreter, dem Stoiker Marcus Aurelius. Er spielt beide Erklärungen gegeneinander aus und stellt fest dass beide für den situationsbedingten Kontext der sozialen Synthese blind sind. Sie schwören der alltäglichen Erfahrung ab und ersetzten diese durch eine abstrakte Metapher, ohne den Raum, in dem die soziale Synthese stattfindet, zu beachten. [SIII 288] Dort, wo bei der Vertragstheorie der Vertrag aus einem ‚topologischen Nirvana' entsteht, unterwirft der politische Organismus seine Mitglieder einer totalitären Überintegration, welche die eigenräumlichen Existenzbedingungen jedes einzelnen Teiles eher leugnet als erklärt. [SIII 293]

Durch sein besonderes Interesse an einem heißen Eisen wie dem Thema sozialer Kohäsion zollt er vor allem der soziologischen Tradition Tribut, obgleich er sich zumeist an eher seltsamen Autoritäten wie Elias Canetti, Gabriel Tarde und Dieter Claessens orientiert. Das hat seinen Grund: Als strenger Kritiker gegenwärtiger Theorien, die sich auf die ‚Gesellschafts'-Metapher stützen, will er weiterdenken als nur bis zur kantianischen Frage, wie eine ‚Gesellschaft' als Zusammenhang der Zusammenlebenden möglich ist. [SIII 252] Diese Frage ist bis jetzt von den klassischen Soziologen auf verschiedenste Weise beantwortet worden, zum Beispiel mit Konzepten wie *consensus universalis* (Comte), Arbeitsteilung (Durkheim), Produktionsverhältnissen (Marx), Eigenbelang und Tradition (Weber) oder Kommunikation (Habermas, Luhmann). Aber die verschäumte Gesellschaft ist multifokal und lässt sich nicht so leicht zusammenfassen. Problem ist laut Sloterdijk stets, dass ungeachtet der ewigen asozialen Eigenschaften des Menschen die zwei klassischen Paradigmen der sozialen Theorie ebenso wie die modernen soziologischen Erklärungen bereits eine Form des Zusammen-Seins voraussetzen. „Die Organisation der zahllosen diskreten symbiotischen Situationen bleibt das große Ungedachte und Ausgeblendete der soziologischen Aufmerksamkeit." [SIII 651] Er schlägt deshalb vor, das Zusammensein der ‚Eigenraumvielheiten' von ihren eigenen Bedingungen aus herzuleiten und ergänzt dazu in seinem *Sphären*-Projekt die soziologische Tradition durch zwei Aspekte: durch die räumlichen Qualitäten der sozialen Zellen und den Immunsystemcharakter der ekstatisch geteilten Räume. [SIII 252]

Zwei Großmeister der Soziologie bilden die Inspirationsquelle: Gabriel Tarde und Georg Simmel. Letzterer pariert den Holismus, in dem er argumentiert, dass das soziale Leben nicht völlig sozial ist und es immer eine Art Weltfremdheit oder Asozialität voraussetzt. Eine Gesellschaft ist ein Gebilde aus Wesen, die zugleich innerhalb und außerhalb dieser stehen.[4] Sloterdijk sieht in Simmels Werk eine deutsche Parallelentwicklung zu Gabriel Tardes ‚monadologischer Kehre in den Wissenschaften von den Konglomerationen'. [SIII 296] Simmel aber benutzt nach Sloterdijk noch eine Metaphysik des Individualismus, in der die Gesellschaft ein Amalgam einzelner Individuen ist. Tarde dagegen – der unter Soziologen vor allem mit seinem Werk *Die Gesetze der Nachahmung* (1890) und unter Philosophen durch die häufige Erwähnung Gilles Deleuzes und Bruno Latours bekannt wurde, trotzdem aber nie richtig aus dem Schatten seines erfolgreichen Zeitgenossen und Landsmannes Durkheim getreten ist – beschreibt in *Monadologie und Soziologie* (1893) auf ingeniöse Weise, wie alle empirischen Gegebenheiten als Zustände des Zusammenseins von etwas mit etwas anderem beschrieben werden können: *chaque chose est une société* [SIII 296]. Wenn Individuen an gesellschaftlichen Dimensionen teilhaben, dann, weil sie das Resultat von vorpersönlichen Assoziationen nach eigenen Gesetzmäßigkeiten sind. Auf interpersönlichem oder intersubjektivem Niveau sind Menschen asozial, weil sie wohl auf anderen Niveaus sozial sind. Sloterdijk: „Um mit einem sozialen Nexus kommun – das heißt einem gemeinsamen Feld von *munera*, Aufgaben, Werken, Projekten zugewandt – sein zu können, müssen die Einzelnen über ihre spezifische Immunität – die Freistellung vom Sozialdienst – verfügen." [SIII 298] Und wir wissen bereits, dass diese Immunität nur durch bestimmte präsubjektive Weisen des Zusammenseins gewonnen wird. Mit seinem Interesse für die Assoziation von kleinen Einheiten beugt Tarde auch der Raumblindheit vor. Gesellschaften sind topologische Größen, die ihren eigenen Raum generieren, ohne dabei von bereits existendierenden sozialen Räumen abhängig zu sein. Kants Definition des Raums als Möglichkeit des Zusammenseins muss mit der Definition des Zusammenseins als der Möglichkeit des Raums ersetzt oder zumindest ergänzt werden, denn „ohne ein psychotopisches Tuning wären die Versammelten nicht versammelbar". [SIII 305, 307]

Soziale Synthesen, Stress-Mimesis und die neuen Medien

Wie kann es ein ‚Zusammenleben' als Agglomerationen und Konglomerationen von Schäumen geben? Wenn jede Lebenseinheit einen autogenen und aphrogenen[6] Innenraum eines immunisierenden Egozentrismus bildet, in dem Abwehr und Erfindung, Defensivität und Kreativität ineinander übergehen, weshalb ist dann die Rede vom Zusammendringen einzelner Blasen in dichtbevölkerte Viertel und was macht diese Blasen kompatibel? Wie wird Koinsistenz zur Koexistenz?

Sicher, der ‚posthistorische' Luxus der ersten Welt minimiert die Bedeutung von Koexistenz, dennoch wird dadurch die Gleichschaltung der Haushalte nicht erklärt. Das epistemologische Problem ist die Unwahrscheinlichkeit der nach den medialen und psychologischen Spielregeln des Individualismus entstandenen ko-isolierten und ko-fragilen, halbdurchsichtigen Räume, wobei die Fragilität aber nicht als mangelhafte Lebenskapazität der Schaumbewohner betrachtet werden kann. [SIII 253]

Schon in Sloterdijks frühem anthropologischem Werk soll soziale Kohäsion in erster Instanz als Folge eines sich aufeinander abstimmenden ‚Etwas' verstanden werden. Der Zement der Gesellschaft soll von der Akustik her verstanden werden. In *Im selben Boot* ist dieses gleichstimmende Etwas das Medium der prähistorischen Horden, die Sonosphäre. Es handelt sich hier um ein sehr geschlossenes Ganzes in der Form einer ‚Klangkugel', „in der Existieren und Zusammen-Hören noch fast ununterscheidbare Größen sind". Die Medien dieser Horden bestehen deshalb, seine Analyse der vorgeburtlichen Sphäre vorgreifend, aus ‚psycho-akustischen Nabelschnüren'. [ISB 24] Sie sind *Der starke Grund zusammen zu sein* (1998). Aber auch neuzeitliche Städte und Nationalstaaten werden als Ergebnisse groß angelegter psychoakustischer Inszenierungen, als ‚Volkserzeugungen aus der autogenen Resonanz' interpretiert. [DSG 33] So ist die Architektur des Stadions ein wichtiges Medium für die Entstehung eines nationalistischen Totalitarismus: der moderne Totalitarismus ist ein Ergebnis des Stadion-Konsensus, ein ‚Phonotop', in dem eine sonore *volonté générale* hervorgerufen wird. [SIII 627]

Allerdings sind die psycho-akustischen Nabelschnüre auf der Ebene der Nationen in den letzten Jahrzehnten viel lockerer geworden. Physische Mengen dieser Größe sind kaum noch von Bedeutung. Aber wie Marshall McLuhan geht auch Sloterdijk weiterhin von der autoplastischen Bedeutung des gegenseitigen Verstehens von Menschen in Gesellschaftsformen aus. [VGN 7-8] Nationalstaaten sind „psycho-politische Suggestionskörper, die den Charakter von artifiziellen Stressgemeinschaften haben." [SII 985, DSG 44] Moderne Nationen sind Makrosphären, die sich immunisieren und durch ‚stress-mimetische Mechanismen', die ‚Synchron-Stress' anstreben, integriert werden. [ST 78-80] Je mehr Erregung, um so wirklicher sie sind.[7] Letztendlich ist ausschlaggebend, dass es Medien gibt, von denen wir alle berührt werden. Neben einer schon längst im Gange befindlichen ‚Reterritorialisation‘ mittels Marktbeziehungen sind es vor allem die elektronischen Massenmedien, welche die moderne soziale Synthese ermöglichen. Die Telepathie funktioniert nicht mehr durch die direkte stimmliche Kommunikation, sondern vor allem durch die Schrift und durch die im zwanzigsten Jahrhundert stark hervortretenden audiovisuellen Medien. Kulturen definiert Sloterdijk als ‚telepathische und einfluss-psychotische Besessenheitsgruppen‘. [SI 273] Telepathie steht hier nicht für ein paranormales Phänomen, sondern für ein Pathos auf Distanz und dient zur Erklärung des Menschen als mediales Phänomen. Telepathie ist für das Verständnis von Kohäsion in allen traditionellen Hochkulturen entscheidend. Vor allem aber in einer ‚post-hochkulturellen Weltform‘, die von ‚elektronischen Telepathien‘ überschwemmt wird. [SV 140-1] Kurz, die Ära der agrarischen Makrosphären wird durch eine Umwandlung der ursprünglichen Sympathie innerhalb der ‚Gemeinschaft‘ in Telepathie innerhalb einer städtischen ‚Gesellschaft‘ gekennzeichnet. Die Vervollständigung der metaphysisch-politischen Monosphäre kommt nach Sloterdijk im zwanzigsten Jahrhundert in Marshall McLuhans *Global Village* zum Ausdruck. Es ist die letzte grosse Synthese von Dorf und Kirche, von Politik und Metaphysik in einer einzigen globalisierten Monosphäre, das Resultat der Integration der gesamten Menschheit in eine supertribalistische psychische Gemeinschaft, in der sich ein jeder in gleicher Entfernung zur Mitte befindet. [SII 995]

„Souverän ist, wer sich so vertreten lassen kann, als ob er in seinem Vertreter anwesend wäre.“ [SII 667] Mit dieser Paraphrase auf Carl Schmitt beginnt Sloterdijk in *Sphären II* eine gründliche Analyse des sphärischen Einflusses des Zentrums auf die Peripherie mittels Telekommunikation. Der Stellvertreter ist ein Medium. Die Aufgabe der Apostel und der Missionare in der Zeit der klassischen Politik ist das Senden, das heißt, die telepathische Überbringung eines Machtwortes als Zeichen der nicht physischen Autorität. Der Verlust des imperialen Zentrums hat die Kommunikationsstrukturen der ganzen westlichen Welt verändert, ausgenommen die des Vatikans, der noch immer panoptisch sendet (man denke an den päpstlichen Segen *urbi et orbi*). Die ‚Krise des Buches‘ [MT 69] bedeutet, dass die Schrift nicht länger das synthetische Medium einer großangelegten Welt oder eines globalisierten Imperiums ausmacht. Im neunzehnten und frühen zwanzigsten Jahrhundert gilt das Paradigma der literarischen Gesellschaften als formelle Norm für die Politik mit dem Kanon als Formgeber für eine universal gültige nationale Identität.[8] Dieses Paradigma ist laut Sloterdijk definitiv durch das Entstehen der Massenkommunikation und des Internets verschwunden. In unserem postepistolarischen oder posthumanistischen Zeitalter ist die Literatur zu einer gewöhnlichen Subkultur unter anderen Subkulturen geworden. Wenn das Wesen und die Funktion des Humanismus aus „freundschaftstiftender Telekommunikation im Medium der Schrift" [NG 302, SBA 25] bestand, so ist für die neue massenmedielle Weltgemeinschaft eine ungeheure informationelle Synchronisation notwendig. Wenn wirklich von einer globalisierten Welt die Rede ist, dann sollen sämtliche regionale Unterschiede zusammen in eine Art Welthorizont aufgenommen werden, in dem Entwicklungen aus der Vergangenheit zusammenkommen und eine gemeinschaftliche Zukunft möglich ist. Sloterdijk meint, es nützte dem Fortbestehen der Demokratie, wenn wir weiterhin schreiben würden und wenn es ein Publikum gäbe, das zur Telepathie imstande wäre. Nur auf telepathischem Wege wird die Nähe makrosphärisch ermöglicht. [SV 142-5, MT 90] Die Massenmedien lassen dies erahnen: die Popmusik und die Rolle der Informationstechnologie (IT) im Synchronisieren von Wissenschaft und ‚Expertenkulturen' sprechen für sich. [MT 95]

Telepathie ist „die Haltung, Botschaften aus der Ferne zu empfangen mit der Bereitschaft, bewegt zu gehorchen". Sie dient der ‚Vereinigung im Nicht-Gleichgültigen aus der Ferne'. [SBA 26] Gleichgültigkeit oder Unberührtheit ist den Menschen in letzter Instanz nicht beschieden und hieße auch das Ende der sozialen Synthese. [WF 326-7] Daher stellen die audiovisuellen Massenmedien des zwanzigsten Jahrhunderts ein Problem dar. Das Fernsehen bringt nur Unterhaltungsprogramme, sendet aber eigentlich nichts; es hat keine Mission, keine bildende Botschaft. Das Fernsehen lässt uns in Ruhe und lenkt die Aufmerksamkeit permanent darauf, dass das, was wir sehen, im Grunde nur Bilder sind. Es ist kein Medium für Telepathie, sondern eher für Tele-Apathie. „Was ist der Unterschied zwischen einem Fernseher, der an ist, und einem Fernseher, der aus ist? … es ist eben kein Unterschied, es ist nur ein Rhythmus, Tam-Tam, Ton-Pause, An-Aus, das ist die Welt, wie wir sie kennen. … das Fernsehen hat uns alle zu Buddhisten gemacht, wir sind längst allesamt unfreiwillige Meditierer. Samsara und Nirvana, das hast du ununterbrochen auf dem Bildschirm." [SV 142-3] Auch die heutige digitale Technologie führt zu einer a-sozialisierenden Störung der Telepathie. Die digitalen Medien spielen uns ein Spektrum von technogenen Evokationen ohne Ende vor. Sloterdijk nennt dies in *Das soziale Band und die Audiophonie* (1994) nach dem Rückgriff auf Jünger in *Eurotaoismus* die Mobilisierung der Effekte: „Sie führt zur Setzung der Sendung durch den Apparat". Der neue massenhafte Individualismus ist deren unmittelbare Folge. Wurde bis vor kurzem im Humanismus der Mensch durch die Schrift zum Menschenfreund gebildet, hüllen heutzutage kurzfristige, sinnfreie *games* jeden Einzelnen in eine Einzelkommunikationszelle, eine Schaumblase ein. Der Trip, ‚ein menschentrennendes einsames Mitgehen oder Mitfliegen mit den sonoren *aliens* in ihre menschenleere Effekt-Räume', ist das direkte Resultat einer posthumanistischen Erziehung. [SBA 24-5] Die psycho-akustische Nabelschnur ist durch das ‚individuelle Phonotop' ersetzt worden. [SIII 592] Auch das Fernsehen ist nicht mehr als ein visuell erweitertes Radio. [SIII 594] Die posthumanistische Kommunikation berührt uns nicht länger; daher Sloterdijks Typisierung der zukünftigen Mittelmäßigkeit des Menschen als ‚Tele-Apathie'. [SBA 26]

In *Schäume* entwickelt Sloterdijk diese medientheoretische Perspektive noch weiter. Wenn der *homo sapiens* zu dem wird und ist, was er hört, dann stellt der Übergang zum optionalen Selbsttuning des Einzelnen nichts weniger als eine anthropologische Zäsur dar. In der ‚weltfernen Weltoffenheit' unserer individuellen Phonotope, unserer Luxusappartements, die wir mit niemandem teilen, haben wir Immunsysteme entworfen, die zur gleichen Zeit über eine ausgedehnte Skala an telekommunikativen Anschlüssen und Suchmaschinen verfügen. In der ‚post-literarischen, post-epistolographischen und folglich post-humanistischen' Ära verdrängt der Hypertext als Informationsmedium das Buch mit seinen absoluten Ansprüchen. [NG 307] "Es ist, als ob die alten Zeilen die Zumutungen des Wissens nicht mehr fassen könnten, als ob die Seiten überlaufen müßten und als ob der Text aus seinem Einband treten und seine Anschlüsse direkt in anderen, ebenfalls fälschlich durch Einbände abgetrennten Nebentexten suchen wollte." [MZ 57] Die Zeiten des Logozentrismus sind endgültig vorbei. Im Hypertext wandelt sich die Rolle des Autors in die eines Navigators oder Lotsen und das Buch wird zum bibliographischem Knotenpunkt, an dem der Autor und der Leser ihren Platz wechseln. Wenn wir das Ergebnis einer mediierten Bildung auf Abstand sind, dann sind wir in wachsendem Maße selber die ‚Telecommander'. [SIII 594] Das Telefon bietet uns ein zweifaches ontologisches Privileg: es überbringt Telefonate aus dem Reellen und bringt uns auf ‚Seinshöhe' mit dem Anrufer, mit dem Wort des Anderen. Unser mit Internet ausgestattetes Appartement zeigt so kaum noch eine Einheit von Ort, sondern ist ein Zwischenglied in einem Netzwerk aus virtuellen Umwelten.

Was uns noch gleichschaltet, sind die analogen Rituale, Medien mit derselben Intensität und einem kompatibelen Instrumentarium, die zu in der Ferne verwandten Immunitätsstrukturen führen. [SIII 260] Der Zusammenhang zwischen Nachbarn in regionalen Schaumanhäufungen geht aber nicht aus gemeinschaftlicher Inspiration oder einer geteilten Sprache hervor. Der Forminhalt oder die Medienbotschaft sind in *Schäume* nicht so wichtig wie in den Analysen in *Medienzeit*.[9] Anstatt von Kommunikation ist vor allem von ‚Nachahmungswellen' die Rede, die dem Gebrauch von gleichartigen Medien entsprechen. Wir haben keinen direkten Kontakt zu unseren Nachbarn. Vielmehr ist das, was uns verbindet, ein vergleichbarer *modus vivendi*, die Art und Weise, wie wir unsere Lebensräume gestalten und sicherstellen. [ST 78] Das Herauskristallisieren von Blasengebilden wird von der ‚mimetischen Infiltration von ähnlichen Mustern, Erregungen, infektiösen Waren und Symbolen in jede einzelne' geführt. [SIII 61, 259] Die Nachahmung fängt schon bei den Isolationsmitteln an, die nie Privateigentum sind. Der Schaum als das geteilte Medium ist das ‚interautistische Minimum'. [SIII 607] Der Ausdruck ‚Was der Nachbar hat, das möchte ich auch' hat vor allem eine medientheoretische Bedeutung. Diese Nachahmung versteht Sloterdijk, mit Tarde, als Gestaltung auf Abstand, als *une génération à distance*[10]. Meine Nachbarn brauchen dazu nicht meine physischen Nachbarn zu sein, aber wohl diejenigen, die sich auf ‚gleichförmige' Weise immunisieren. [SIII 259] Es gibt zwischen uns ein ‚soziales Band', wodurch aus Nächstenliebe Fernstenliebe wird.

Diese Betonung der Imitation ist auch der Grund, dass nach Sloterdijk nicht ein möglicher neuer Weltkrieg, sondern die weltweite Panik die größte Gefahr bildet. Die großen massenmedial integrierten Gemeinschaftsverbände, die ‚sich selbst stressierenden Ensembles', sind schon der Gefahr eines Burn-outs ausgesetzt. Synchronisierende Hysterie und Panikanfälligkeiten kamen bis 1989 vor allem zwischen Nationalstaaten vor. Seit dem Ende des Kalten Krieges sind die alten Gegensätze zwischen Ost und West, kapitalistisch und kommunistisch, konservativ und revolutionär dafür allerdings nicht mehr geeignet. Die Panik richtet sich deshalb auf ein anderes Niveau, auf das, was innen ist: Körperkult, soziale und existenzielle Paranoia, harte Konkurrenz und Terrorismus. Die Wehrpflicht ist durch ‚Selbsterregungs-Stress', ‚Eifersucht-Stress' und ‚Innovations-Stress' ersetzt worden. ‚Ethnische' Investitionen in Arbeit, Sprache und Fortpflanzung weichen der ökonomischen Investierung. Die Rolle der Massenmedien beim Auslösen dieser Erregung ist größer denn je, aber nicht länger ‚volksstiftend'. Fragen der Rendite und der Lust wirken nun einmal nicht solidarisierend. Die wichtigste zukünftige Funktion der IT ist das Panik-Management. Die Weltgemeinschaft ist letztendlich nur als ‚Glücksspirale' möglich, an der ein jeder teilhaben möchte. Ein Mindestmaß an Kohärenz setzt ‚das Prinzip von zureichenden guten Nachrichten' voraus. [MZ 97]

Schäume sind die direkte Folge des hohen Maßes an individueller Verwöhnung. Individualisierung muss daher auch nicht *per se* als eine schlechte Entwicklung betrachtet werden. Nicht die von den Medien verbreiteten Nachrichten liefern die Voraussetzungen für einen Kompromiss zwischen *communitas* und *immunitas*, sondern der nie gekannte Reichtum, der sich vor allen anderen Dingen in der komplexen medientechnologischen Ausrüstung von Otto Normalverbraucher niederschlägt. Nur eine grosse Menge Stress, zum Beispiel eine Überreaktion auf das regionale – und deshalb eigentlich ungefährliche – Zerplatzen einer Anzahl von Schaumblasen, das zum Beispiel ein terroristischer Anschlag nach sich ziehen könnte, oder der Verlust an Luxus vermögen die soziale Kohäsion noch richtig zu gefährden. Dies stellt ein geopolitisches Problem dar, denn, so fragt Sloterdijk: „Was ist Sozialpolitik anderes als der formalisierte Streit um die Neuverteilung von Komfortchancen und psycho-thermischen Verwöhnungsressourcen sowie um den Umgang zu den günstigsten Immuntechnologien?" [SIII 711]

Globalisierung: große und kleine Politik

Zwischen den Zeitaltern der sonosphärischen Paläopolitik und der egosphärischen Hyperpolitik steht die klassische Politik, deren Hauptmotiv das ‚Zusammengehören im Großen' ist. [ISB 27] Die Welt wird von einer zentralen Perspektive aus als panoptischer, sphärischer Raum erfahren: *urbi et orbi*. Das Imperium kennt ein Zentrum, das versucht, alles zusammenzuhalten. Der Staat ist die klassische Variante der *corporate identity policy*, oder eines monarchistischen Welterlebens. [FEE 55, ISB 28, WK 129] *E Pluribus Unum* steht auf dem amerikanischen Wappen. Ziel der Einheit ist die Paläopolitik auf Makro- und Weltebene. Die Schrift und die Kartographie sind die wichtigsten Medien um die ständige Spannung zwischen Zentrum und Peripherie aufzuheben. Die Geschichte der Globalisierung sei laut

Sloterdijk letztendlich nichts anderes, als die des Versuches, den Abstand vom Zentrum bis zur Grenze des Imperiums zu aufzuheben. [ISB 43-5]

Inzwischen sind wir der nationalstaatlichen Orientierungsgröße entwachsen. Wenn wir über Satellit unsere Landesgrenzen betrachten, wird die Erinnerung an unsere Vorfahren, die unnachgiebig an territorialen Grenzen festhielten, absurd. „Das erdbürgerliche Zeitalter ist die Ära der allgemeinen Immigration", so Sloterdijk. [VD 65] Wir wissen: Deutscher ist man nicht, man wird es. Fragen nach unserer Nationalität ist in zunehmendem Maße eine Probe von Ironie. Die Kehrseite dieser globalen Horizonterweiterung ist, makrosphärisch gedacht, dass jeder Otto Normalverbraucher in der Hyperkugel der vernetzten und globalisierten Welt genausoviel wie ein Außenminister von der Welt wissen muss. Aber indem wir heutzutage alle zu Kosmopoliten werden, wandelt sich der Kosmopolitismus sofort zu einer Kosmopathie. Politiker, die traditionellen Athleten, scheinen dieser Situation selten gewachsen zu sein, geschweige denn Nicht-Politiker. Aus immunologischer Perspektive wird vom Individuum zu viel verlangt, und es wird überfordert. „Die Erde wird für die Angehörigen der Hyperzivilisation zu einem Stadion, in dem die Umformatierung der Seele auf die neue Synchronwelt geübt werden muss." [ISB 53, SIII 254] Sloterdijk fragt sich folglich, ob die gegenwärtige Unzufriedenheit mit der Politik eine Projektion eines allgemeinen Unbehagens an der Kultur ist. Er spricht von der Rache des Lokalen und Individuellen. Die Krise der Hyperpolitik veranlasst uns dazu, uns auf „Jahrhundertgefechte zwischen den modernisierend-globalisierenden und konservierend-kontrahierenden Weltgegenden und Charakteren einzustellen" [ISB 57, SII 996] Die faschistische ‚Hyper-Horden-Totalität' und der ‚para-zaristische' Kommunismus sind davon nur die ersten Äußerungen. [ISB 69]

Die Geschichte der jüngeren Politik ist Sloterdijk zufolge durch zwei gravierende Fehler gekennzeichnet: Versuche, die Kommune im großen Maßstab zu wiederholen, führen zu Totalitarismus, und die Vernachlässigung der kleinen Einheiten führt zu psychopathologischer Stagnation. „Das 20. Jahrhundert ist ein Zeitalter der politischen Psychosen, in deren Kern sich überall Formatpsychosen und Raumstress-Symptome verraten." [ST 186] Die Lösung wird eine ‚neue Konfiguration' im ‚Verhältnis von Großem und Kleinem' sein. [DSG 25] Wir müssen lernen, mit veränderten Medienverhältnissen und neuen wirtschaftlichen und geographischen Sicherheiten zu leben. Ob die Demokratie dazu im Stande ist, ist die entscheidende Frage. Sloterdijk zufolge bildet diese stets mehr die Ausrede des individualisierten Individuums, um sich nicht mit Politik auseinander zusetzen. [ISB 74] Dennoch beinhaltet die herrschende antipolitische Skepsis im Wesen bereits die Erkenntnis, wodurch Solidaritätsräume erneut vorstellbar werden. „Zu jedem solcher Räume gehört eine Grundlegung – besser eine Aufhängung – durch ein sich selber wahrmachendes Klimaversprechen. ... Wie jedes geteilte Leben ist Politik die Kunst des atmosphärisch Möglichen." [ISB 71]

Diogenes von Sinope sagte, sein Vaterland sei der Kosmos. Er fühlte sich mehr bei den Planeten als bei den Athenern zu Hause. Er war der erste Staatsathlet, geübt im ‚Zusammengehören im Großen'. Aber vom Bedürfnis aus, die Welt zu verkleinern, ist inzwischen ein neues Weltbild entstanden. Informations-, Kommunikations- und Mobilitätsnetzwerke haben aus der Welt eine vernetzte Hyperkugel, eine Kugel ohne Zentrum, gemacht. Was wir gewöhnlich für Globalisierung halten, ist laut Sloterdijk in Wirklichkeit Verschäumung. In letzter Instanz werden wir akzeptieren müssen, dass der Mensch sich selbst nur von kleineren Einheiten aus regenerieren kann.[11] Es kommt nicht auf große, sondern auf kleine Politik an. In jeder Wohnung und in jedem sozialen Kreis wird das Leben erneut erfunden; Totalitarismus ist dadurch nicht mehr möglich.[12] Jede Lebenseinheit bildet eine irreduzibele Größe, die nur im Plural mit anderen zusammen gedacht werden kann. Das ‚Gerede' von Globalisierung bedarf denn auch einer starken Relativierung. Im Einklang mit seinem bisherigen Raumdenken geht Sloterdijk davon aus, dass eine vollständige Raumverdampfung unmöglich, weil fatal wäre. Er betont nicht nur die primären Eigenschaften des Raums – Konduktivität, Konnektivität und Medialität [WK 394] sondern entdeckt auch wieder, dass der menschliche Raum an sich nicht reduzierbar ist. [WK 27] *Dasein* ist eine sich verräumlichende Macht [WK 401] und unsere Sphären sind niemals völlig komprimierbare *topoi*.[13] Wie Sloterdijk sagt, spielt Zeit keine Rolle mehr. Das Thema ist nun der dynamische Ort, das heißt unsere vektoriellen Umzüge innerhalb einer – um einen Ausdruck Virilios zu benutzen – dromosphärischen Umgebung. Der hybridisierende Druck der neuen Medien und Technologien verwandelt auf radikale Weise den Raum. Der Versuch, ihn auch weiter mittels Zeitbegriffen zu definieren, wäre verhängnisvoll. „Wo die Würde der Abstände negiert wird, schrumpft die Erde mitsamt ihren lokalen Ekstasen auf ein Beinahe-Nichts zusammen, bis von ihrer königlichen Ausgedehntheit nicht mehr als ein abgegriffenes Logo übrigbleibt."[14] Trotz Diogenes' Kosmopolitismus findet Sloterdijk noch in *Weltinnenraum* in dessen Kynismus die erste vitalistische ‚Wiederaneignung des In-situ-Prinzips'. [WK 397] In ihm verkörpert sich die Rache des Lokalen und das ‚Lob der Asymmetrie'. Man könnte aber sagen, dass die beiden letzten Werke Sloterdijks die traditionelle Beziehung zwischen dem Lokalen und Globalen durch die zwischen dem Intimen und dem Entfernten ersetzen. Das Lokale ist nicht nur ein Punkt innerhalb eines homogenen globalen Raums, sondern es ist ein eigenständiger Raum, der nicht darauf reduziert werden kann. [WK 401] Eine weltfremde Rücksichtslosigkeit und Nicht-Kommunikation kann im Weltinnenraum vielleicht nur in die Regression führen, aber der Rückzug aus der Teilhabe am Ganzen in die eigene Sphäre bleibt dennoch lebenswichtig. Letztendlich ist Sloterdijks gesamte Philosophie eine Kontemplation unseres räumlichen In-der-Welt-Seins: nicht eine Romantik von *Blut und Boden* oder eine faschistische Idealisierung unseres *Lebensraums*, aber eine Darlegung unseres existentiellen Konstruktivismus, in dem der Pathos der Distanz und die Bewahrung des Intimen wichtiger sind als das Ideal der perfekten Kommunikation.[15]

Verkehr und Widerstand im Weltinnenraum

Wie sieht die heutige geopolitische Ordnung laut Sloterdijk aus? Obwohl er in *Schäume* immer wieder den nicht-totalitären Charakter des Plurals im Titel betont, hat er in seinem Werk *Im Weltinnenraum des Kapitals* scheinbar doch einen umfassenden Begriff im Singular gefunden, um das neue globalisierte Interieur zu analysieren. Das *Empire* ist das Komforttreibhaus, das nur noch in der Einzahl denkbar ist; es ist der Wohnort *der* Menschheit, der zweiten Ökumene[16]. [SII 995] Der Weltinnenraum ist ein explizit gemachter Innenraum, dem das Außen von Anfang an als das Ausgeschlossene erscheint. Innerhalb dieses sind alle Beziehungen zwischen Innen und Außen reversibel, als Ganzes aber kommt der Weltinnenraum einer künstlichen ‚Superinstallation'[17] oder einem völlig durchgerechneten ‚Menschenpark' gleich. Man hat es mit einem Gebäude zu tun, das eine außergewöhnliche Innen-Außen-Differenz aufrichtet, nur um es seinen Einwohnern zu erlauben, das Außen in der Immanenz seiner Kaufkraft zu absorbieren. Aus diesem Grund kann Sloterdijk noch ein weiteres Bild aufgreifen, um die Geborgenheit dieser letzten Menschen darzustellen. Das des viktorianischen *Crystal Palace*: die Konsumtions- und Ausstellungshalle für neue Technologien und Medien, die bereits von Dostojewski als ein moderner Baal, als eine monströse Konstruktion, in der alle Dämonen des kapitalistischen Abendlandes geehrt werden, beschrieben wird. Dessen Bewohner, Nietzsches ‚letzte Menschen', werden von einem System der sozialen Sicherheit geschützt, das sein Äquivalent zuvor nur in der christlichen Metaphysik der Ökumene kannte, und von universellen Menschenrechten auf ein komfortables Leben und ewige Langeweile reguliert wird.[18]

Obwohl wir uns innerhalb dieses Kristallpalastes befinden, wird das Interieur von Sloterdijk als eine ‚allgemeine Äußerlichkeit' ausgelegt. Die kristalline Welt des Schäumereichtums innerhalb des Weltinnenraums darf man nicht als die Sphäre aller Sphären verstehen, sondern nur als ein neues Außen, dem nicht länger ein Innen entspricht. Aber wie müssen wir diese ‚allgemeine Äußerlichkeit' verstehen? Ist sich die Mehrheit der Globalisierungstheoriker nicht einig, dass es gerade in der globalisierten Welt kein absolutes Außen mehr gibt? In *Sphären II* heißt es: „Die Kugel, die nur aus Oberfläche besteht, ist kein Haus für alle, sondern ein Markt für jeden. ... Die Letzte Kugel erlaubt nur noch Konstrukte in der Horizontalen". [SII 994-5] Das Außen, von dem Sloterdijk spricht, markiert das Ende der asymmetrischen Beziehung zwischen der öffentlichen und der privaten Sphäre. Denn im ‚horizontalen Babylon' [WK 26] lassen sich die Beziehungen zwischen Innen und Außen zu jeder Zeit umkehren. Die beiden Merkmale des Schaums, Ko-Isolation und Ko-Fragilität, weisen darauf hin, dass es keine individuelle Lebenseinheit gibt – ob Singledasein oder Nation –, die ohne ständigen Kontakt mit dem Außen überleben kann. Der Terrorismus zum Beispiel wird von Sloterdijk als anachronistische Romantik des Widerstands verstanden, eben weil es ein völlig irrationales, asymmetrisches Handeln ist, das in einer Zeit von unmittelbarer Reziprozität nur ins Reaktionäre hinführen kann. „Die Lage ist allein ökologisch und immunologisch zu bestimmen. ... Das bedeutet, dass keine der lokal überlieferten Lebensformen mit blossen Bordeigenschaften Mitteln der neuen Situation gewachsen ist. ... Die ‚Menschheit' nach der Globalisierung – das sind in der Mehrheit die in der eigenen Haut Zurückgebliebenen, die Opfer des Standortnachteils Ich." [WK 229-30]

Sloterdijk bestimmt die Sachlage im Weltinnenraum mit dem topologischen Begriff ‚Dichte': sie verweist auf die ‚überkommunikative Verfasstheit des Weltsystems' [WK 27], in der alles zirkuliert und sich gegenseitig affiziert. Statt der Einseitigkeit der Expeditionen in unbekanntes Gebiet haben wir es jetzt hauptsächlich mit einem ‚gleichgültigen *Verkehr* nach allen Richtungen' [SII 835, meine Kursivierung] zu tun. Investitionen haben die Missionen ersetzt. Im zweiten Fall handelt es sich um irreversible Bewegungen, im ersten um reziproke Beziehungen: Geld kehrt zurück, Missionen ins Außen dagegen tragen ein viel höheres Risiko, ins Nichts zu verschwinden. Zwischen den beiden hat eine ontologische Differenz, eine Transformation im Raumempfinden stattgefunden, nämlich eine ‚Umstellung von traditionellen richtungsräumlichen zu modernen ortsräumlichen Bewegungen' [SII 834]. Seit der Raumverdampfung, die im 19. Jahrhundert mit dem ‚Loko-Motiv' und Telegraphen begann und mit der Vollendung der neuzeitlichen Globalisierung endete, haben wir es mit einem neuen Zeit- und Raumerlebnis zu tun. „Denn die routinemäßige Beherrschung der Symmetrie von Hinfahrten und Rückfahrten, die für den modernen Verkehrsbegriff konstituierend ist, lässt sich allein in einem generalisierten Ortsraum realisieren, der geometrisch gleichwertige Punkte in einem glatten Feld zu Streckenbildern und Fahrplänen zusammenfasst." [SII 835]

Der Ortswandlung zur Synchronkultur zufolge kann eine ‚Dichtevernunft' [WK 279], in welcher der Begriff ‚Hemmung', den neuen Verkehrsverhältnissen gemäß, eine wichtige Rolle spielt, nicht ausbleiben. Weil unsere Welt gleichsam gesättigt ist, wird es jetzt einen ‚zunehmenden Vorrang der Hemmungen vor den Initiativen' geben müssen, um Verkehrsunfälle zu vermeiden. [WK 23] Durch den Zustand erzwungener Nachbarschaft mit unzähligen Koexistierenden im Weltinnenraum kann auf Erden von jenem asymmetrischen Handeln, welches das Zeitalter der terrestrischen Globalisierung geprägt hat, nicht länger die Rede sein. „Das Goldene Zeitalter der europäischen Einseitigkeit liegt weit zurück." [WK 123] Gerade die Automobilisierung verkehrt sich jetzt in ihr Gegenteil: Selbsthemmung. Wenn der erste Teil von *Weltinnenraum* noch hauptsächlich von der ‚Tatzeit des Unilateralismus' [WK 23] spricht, so geht es im zweiten Teil um die schnellen Rückkoppelungen, mit denen wir in die *posthistoire*, oder die dritte Globalisierung treten. Es gibt keinen Ort mehr, an dem man als erster eintrifft und zu keinem Thema der Welt kann man sich noch diskursunabhängig äußern. [WK 244] Im jetzigen psychosozialen Stress und politischen Druck auf Gegenseitigkeit sind nicht nur einseitige Diktate, sondern auch anhaltende Nichtkommunikationen unplausibel, so Sloterdijk. [WK 277] Wer hierin aber eine Distanzierung zum Kynismus und eine Annäherung an Habermas liest, irrt sich: „Jürgen Habermas kommt das Verdienst zu, die ‚Einbeziehung des Anderen' als Verfahren zur Ausweitung des Geltungsbereichs reziprok hemmender Mechanismen erkannt zu haben, auch wenn er, der idealistischen Tradition verpflichtet, diesen Vorgang dialogisch missdeutet: Die ‚Einbeziehung des Anderen' ist nicht die Erweiterung der Handlungssphäre in Richtung auf Gemeinsamkeit, sondern im Gegenteil die Spur der Tendenz zur Ausschaltung von Handeln überhaupt – und ihre Ersetzung durch Rollenspiele in kollektiven Projekten." [WK 280]

Auch unterscheidet sich Sloterdijk auf den ersten Blick von aktivistischen Globalisierungstheoretikern wie Hardt & Negri, die ebenso einen Verlust eines imperialistischen Zentrums wahrnehmen, dafür aber eine neue Form von Souveränität an dessen Stelle treten sehen. Ihnen zufolge ist *Empire* (2000) die neue Weltordnung, in der eine einzelne Macht, die als ein Regieren ohne Regierung agiert, die Konflikte zwischen Imperien, für die gewöhnlich der Kalte Krieg als Beispiel dient, ersetzt hat. Dennoch untersuchen Sloterdijk und Hardt & Negri im wesentlichen zwei Seiten desselben Phänomens. Die souveräne Macht herrscht nämlich nicht mehr aus einem Machtzentrum oder einer transzendenten Instanz und ist genauso wenig das spontane Ergebnis einer freien Marktwirtschaft auf Weltniveau, sondern findet ihren Zusammenhang in einem Begriff, den Hardt & Negri von Foucault und Deleuze übernehmen: ‚Biomacht'[19]. Bereits in *Versprechen auf Deutsch* sieht auch Sloterdijk das Ende des Zeitalters der Nationalstaaten in einer neuen synchronen, biopolitisch gesteuerten Weltgesellschaft: „Erst im weltpolitischen Spielraum des 20. Jahrhunderts sind die Dinge so weit gekommen, dass aus jedem Geiselnehmer auch eine Geisel, aus jedem Erpresser auch ein Erpresster geworden ist. Es ist die Pointe der modernen Geschichte, dass ihre Agenten ... inzwischen den Globus umrundet und den imperialen Ring geschlossen haben. ... Diese Schließungsphase ... führt unaufhaltsam zu einer globalen Synchronisierung der lokalen Wirklichkeiten." [VD 66-7]

Für die Spinozisten[20] Hardt & Negri und Sloterdijk impliziert der Begriff Ökumene, dass man nicht länger auf einen externen Feind weisen kann. ‚Im Reich des Kapitals ist jede mögliche Opposition ein Geschöpf der Zustände, gegen die sie sich wendet." So verschiedene globale Bewegungen wie der Antiglobalismus und der Terrorismus haben gemeinsam, dass die Mittel der globalen Ordnung gegen sie selbst eingesetzt werden, um den lokalen Identitäten gerecht zu werden. Kritik ist immer ein hypokritisches Verfahren. Allerdings tritt hier der wichtige Nuancenunterschied zwischen den Positionen von Sloterdijk und Hardt & Negri auf. Letztere kennen ein deutlich oppositionelles politisches Programm: „Die Menge gegen das Empire"[21]. Gegen das weltliche Reich des Kapitals stellen sie ein genauso weltliches Reich der dissidenten Vielheiten. Die neue Weltordnung trägt vom Anfang an ihren eigenen Untergang in sich, weil sie sich mittels Netzwerken, die auch eine Gegenbewegung möglich machen und hervorrufen, über die

Welt verbreitet.[22] Sloterdijk gewahrt hierin ein apokalyptisches Motiv auf der Basis einer Mangelontologie. „Das Empire und seine dissidente ‚multitude' sind, den aufgeregten Reden von Opposition und radikalem Widerspruch zum Trotz, ein und dasselbe. ... Nur eine mystische Entscheidung erlaubt den Angehörigen der *affluent left* zu wissen, dass sie überhaupt noch Linke sind. ... Wenn die bürgerliche Revolution scheitert oder nicht genügt, entsteht Linksradikalismus; wenn Linksradikalismus scheitert oder nicht genügt, entsteht Gnosis der Militanz. Eine solche Gnosis kann nicht mehr scheitern, sie wird unplausibel". [SIII 824-7] Hardt & Negri verneinen auf apokalyptische Weise in letzter Instanz die Wirklichkeit, so wie sie sie ursprünglich beschrieben haben. Aus Mangel an einem Ziel im Jenseits suchen sie den möglichen Untergang dessen, wogegen sie kämpfen, in einer künstlichen politischen Opposition. Sloterdijk bietet eine alternative Perspektive mit dem Begriff der Verschäumung, einem affirmativen Realitätsmodell, das die Ordnung und den Widerstand ohne Opposition gleichzeitig denkt. Es gilt, den Widerstand nicht länger zu lokalisieren. In einem Interview bezüglich seines Werkes *Kritik der zynischen Vernunft* sagt er: „der Kynismus war eine Romantisierung des Widerstandes".[23] Im postutopischen Zeitalter des Überflusses ist Widerstand etwas Universelles, aber gleichzeitig ist er ein Begriff, der sich nur ökologisch und immunologisch festlegen lässt und von dem kein unmittelbar subversiver Impuls mehr ausgeht.

Die Konsequenz ist, dass auch eine ‚subversive' Praxis wie Terrorismus niemals als eine Art von Widerstand interpretiert werden darf. Wir haben bereits gesehen, dass, soweit man gegenseitige Spielraumbeschränkungen als Kommunikationen bezeichnen kann, der Terrorismus ein klassischer Fall von Überkommunikation ist. Er gründet in einer ‚Romantik der Offensive' [WK 287], wobei Subjektivität noch nicht ohne Offensivität gedacht wird. Aber der Heroismus dieser nicht mehr einfach ‚zynischen' sondern ‚extremistischen Vernunft' ist anachronistisch, denn er funktioniert zwar apokalyptisch – in der holistischen Annahme, das Ganze mittels der Produktion von Angst untergraben zu können – aber niemals konstruktiv. Der Terrorismus repräsentiert nichts und ist nur ein massenmediales Produkt der mühsamen Umschaltung des ‚kollektiven Bewusstseins' von makrosphärischen Gegebenheiten auf die neuen Schaumwelten.[24] „Auf keinen Fall liefern die terroristischen Sticheleien zureichende Gründe für einen Rückgang der politischen Kultur des Westens auf das ‚hobbesianische Moment' ... Was man den Terrorismus nennt, gehört zum Strukturwandel der Öffentlichkeit im Zeitalter der totalen Mediatisierung." Die Herausforderung, vor die Sloterdijk uns stellt, besteht in einem Verständnis eines geopolitischen Innenraumes, der sich jenseits des makrosphärischen Paradoxons zwischen Immunität und Kommunität befindet. Das erforderte aber zuerst eine völlig andere massenmediale Kultur (siehe Kapitel 8). *Die* ‚Gesellschaft' ist jetzt selbst für Terroristen unerreichbar geworden, sie kann weder angegriffen werden, noch auf Angriffe reagieren. [WK 289-90] Wir – aber wer, wir? – gehen ‚vom Rhythmus der Explosionen zu dem der Regenerationen' [WK 364]. Statt für einen Kampf der Kulturen bilden Angriffe, egal ob sie von Innen oder Außen kommen, vor allem einen guten Anlass für neue, bessere Konstruktionen als vorher. Jede andere Antwort wäre reaktionär.

In seiner Antrittsrede für den *Chaire Emmanuel Levinas* in Straßburg am 4. März 2005[25] tritt Sloterdijk noch mit einem weiteren ‚radikalen' Philosophen in eine Diskussion: Alain Badiou. Auch ihm wirft er eine anachronistische Logik des Extremismus vor, die sich nicht mit dem Überflussgedanken vereinbaren lässt. Badiou hat zwar recht, wenn er sagt, dass das 20. Jahrhundert von einer ‚Leidenschaft des Realen' geprägt sei, aber dies hat als ‚Glaube an die Schwere', i.e. als Fundamentalismus, fatale Folgen gehabt. Diese Leidenschaft ist nichts anderes als „die demütige Entsprechung des Intellekts zu einer Ordnung der Dinge außer uns" und entspricht dem Verschwinden der Metaphysik in den gravitationellen Realismus der Moderne. Der Realismus teilt diesen Schwermut allerdings mit den vormodernen Religionen. Ihr gegenüber schlägt Sloterdijk einen anderen, ziemlich dramatischen Begriff der ‚Apokalypse des Realen'[26] in der Moderne vor. Als Nachfolger Nietzsches, der schon beschrieben hat „wie die wahre Welt endlich zur Fabel wurde", setzt er auf den neuen ‚Konstruktivismus' und ‚Expressivismus', in dem eine ‚Inversion des Radikalismus' stattfindet: Es geht nicht darum, die Basis umzuwälzen oder wiederherzustellen, um die Dinge im Überbau zu bewegen, sondern um eine Hinwendung zum Ephemeren, Überflüssigen und Wurzellosen, kurz: zum Atmosphärischen. „In Wahrheit kann alle Kritik nur mit einer Kritik der Gravitation beginnen."[27]

5 Das heteronome Subjekt

Aufklärungshumanismus: Freiheit, Verantwortlichkeit und Machbarkeit

Nicht der Humanismus der Renaissance steht in Peter Sloterdijks Werk zur Debatte, sondern vielmehr der Humanismus, der sich auf dem Aufklärungsdenken gründet und der von Kant geprägt und so prägnant mit dem fundierenden Begriff des autonomen Subjekts formuliert worden ist. In der modernen Philosophie versteht man seit Kant den Mensch primär als selbständig erkennende und handelnde Person. Das erkennende Subjekt existiert in der Form des transzendentalen Bewusstseins, welches dem Objekt gegenüber steht; das handelnde Subjekt orientiert sich an einer Sittlichkeit, die in der innerlich verfügbaren Vernunft wurzelt. Subjektphilosophisch bedeutet Modernität deshalb, wie Sloterdijk, der es bereits in der *Kritik der zynischen Vernunft* auf Kant abgesehen hat, sagt: ‚die Entfaltung des Subjektiven zum relativ Objektiven' und ‚des Haltlosen zum sich selbst Haltgebenden'. Der kantianische Rationalismus ermöglicht dies, indem er das Intelligible der Welt mit dem rational Denkbaren, Prüfbaren und Sagbaren identifiziert. Dieses fest in der Welt verwurzelte, selbstsichere Subjekt ist es, auf dem der moderne Humanismus und das Aufklärungsdenken gründen. Die Subjektivität spinnt ihre Netze über die Objektwelten und verwandelt die übermächtige ‚erste Natur' in eine gezähmte ‚zweite'. [KZV 937] Freiheit, Verantwortlichkeit, Machbarkeit und Fortschritt sind dabei auch heutzutage noch die Schlüsselparolen. Ab jetzt belegen wir diesen Zusammenhang, der der ganzen westlichen Modernität, inklusive vieler ihrer Gegenbewegungen zugrunde liegt, mit dem umfassenden Begriff ‚Aufklärungshumanismus'.

Autonomie steht in Kants Philosophie des moralischen Subjekts der Heteronomie gegenüber. Es wird dann von Heteronomie gesprochen, wenn mein Wille durch etwas, das außerhalb meiner selbst als rationales Wesen liegt, bestimmt wird, wie etwa bei körperlichen Neigungen und Begierden. Im Falle von Autonomie wird mein Wille durch universelle Sittengesetze in mir, als rationales Wesen, bestimmt. Autonomie heißt, sich selbst als Subjekt ein Gesetz sein, ohne dass ein Objekt ins Spiel kommt. Sie bildet die Basis für Kants Ethik, da der Kategorische Imperativ einen autonomen Willen impliziert. Er ist zwar nicht beweisbar, muss allerdings bei allen vernünftigen Wesen vorausgesetzt werden, um Sittengesetze zu ermöglichen; und er geht nach Kant auch dialektisch aus der Vernunft hervor, denn der absolut gute Wille ist nur autonom denkbar. Politisch gesehen bedeutet dies, dass das autonome Individuum für sein Handeln verantwortlich gemacht werden kann und soll. Dies wiederum bildet die Grundlage für die Idee einer machbaren Gesellschaft, die sich aus emanzipierten Individuen zusammensetzt, wie Kant sich diese in seinem berühmten Essay *Was heisst Aufklärung?* (1784) vorstellt. Was Kant und die Modernität bei alldem von Descartes und der vormodernen Ära unterscheidet, ist, dass sich seit Kant Humanismus und Rationalität definitiv miteinander verbinden. Seit dem Ende des 18. Jahrhunderts ist der Mensch als autonomes Subjekt und nicht länger Gott der Träger der universellen Vernunft. Demzufolge erhofft sich Kant die Antwort auf seine drei kritischen Hauptfragen in der Beantwortung der zusammenfassenden Frage: Was ist der Mensch?

Nietzsches Subjektkritik steht am Anfang einer Denktradition, die diesen Aufklärungshumanismus radikal in Frage stellt und kritisiert, einer Tradition, die unter anderem über Heidegger und die französischen Differenzdenker bis in Sloterdijks Werk weitergeht. Wie diese Denker hinterfragt Sloterdijk auf vielerlei Weisen die entscheidende Rolle der (menschlichen) Subjektivität im Aufklärungshumanismus. Wir werden versuchen, diese Entwicklung zu verfolgen. Am Ende wird dann deutlich, wie sowohl das epistemologische als auch das moralische Subjekt sich in ihrer selbst gewählten technologischen Explikation verdreht haben, ohne dass jedoch ihre Innerlichkeit und deren Autonomie völlig verloren gegangen wäre. Vielmehr führt ein neues Verständnis vom Standort des Menschen dahin, dass wir jetzt wissen, wie die altehrwürdigen Ansprüche des hochmodernen Subjektglaubens seit jeher schon unrealisierbar waren und in ihrer Überspannung eher kontraproduktiv, das heisst reaktionär, fungiert haben.

Dionysischer Materialismus II

Trotz seines bürgerlichen und humanistisch-wissenschaftlichen Hintergrundes hat Nietzsche das moderne Subjekt schon in seiner Dissertation über *Die Geburt der Tragödie* in Frage gestellt. Aus dem Noumenalen, damals gleichgestellt mit Schopenhauers ‚Urwille', und dem Animalischen treten zwangsweise unpersönliche Größen in der etablierten subjektiven Persönlichkeitsform hervor. Das Subjekt wird allmählich zwischen antagonistischen Kräften und entgegengesetzten Instinkten von Kunst und Schein – das Apollinische – und Natur – das Dionysische – dezentriert. Obschon Kant versucht, die Metaphysik zu bändigen, stellt das Subjekt bei ihm noch eine metaphysische und allzu apollinische Einheit dar, weil die körperlichen Neigungen einfach ausgeklammert werden. Was Sloterdijk dagegen als einen dionysischen Materialismus liest, ist ein Zurückfragen nach dem Körper in der Entstehung von Subjektivität. Mit Recht stellt er dabei fest, dass noch im Unklaren sei, ob damit von einer Auf- oder Abwertung des Subjekts die Rede sei. Es wäre nämlich durchaus möglich, dass der Verlust der metaphysischen Autonomie nur eine andere Form der Subjektivität ermöglicht ‚jenseits von Ich und Wille'. Für den Verlust des apollinischen Anscheins bekommt das Subjekt das Spiel seines Körpers und sein ekstatisches Bewusstsein zurück. „Während das zentrierte Subjekt der Effekt einer Grammatik ist, die das lebendige Bewusstsein zwischen Du-sollst und Ich-will zu Tode hetzt, wäre vielleicht das dezentrierte Subjekt das erste, das zu Recht von sich sagen dürfte: Ich bin." [DB 168-9] Der schon früher genannte ‚Aufstand des Körpers' bedeutet einen Übergang von der Autonomie eines idealistischen Humanismus zu einer ‚dionysischen Autonomie', die in keinerlei Weise der Autonomie, wie diese von Kant postuliert wird, noch ähnlich sieht.

Auch in Nietzsches späterem Werk gibt es keinen Platz für das kantianische Subjekt. Das erste Element in dem Ausdruck ‚Wille zur Macht' soll als ein heterogenes Produkt des Fühlens und Denkens, als befehlender Affekt aufgefasst werden soll. Es geht Nietzsche nicht um eine Umkehrung von Kants Willenskonzept in der Form eines Willensdeterminismus, sondern um dessen Entkräftung. Bei Kant ist der Wille eine Indikation für Autonomie; für Nietzsche bildet der Wille nie eine Einheit, sondern ist immer eine heteronom geprägte Kraft. Affektivität und Subjektivität spielen bei ihm in dem Doppelspiel von physiologischen und moralisch-psychologischen Elementen eine jeweils sich abwechselnde Rolle. Daher Foucaults Annahme, der Körper sei ‚die Einschreibeoberfläche der Ereignisse'. Am Körper löst sich das Ich, das sich gerne eine substantielle Einheit vorgespiegelt hätte, auf. Nur als Wort erweist sich der Wille als eine Einheit. Der Körper, der Kampfschauplatz des Willens zur Macht, erweist sich als der Ort seiner Herkunft. Er birgt mehrere Seelen und Willen in sich.

Nietzsches dionysischer Materialismus hat auf Sloterdijks Subjektkritik großen Einfluss ausgeübt, namentlich durch die Transformation eines moralisch-juristischen Willenszentrums in ein kybernetisches und mediales Phänomen. Schon in seinem Frühwerk wird er als Hebel benutzt, um Kants stringente Trennung von Innen und Außen zu öffnen. Aber auch die Sphäre ist keine Innenwelt, die einer Außenwelt gegenüber steht, sondern eine virtuelle und als solche durchlässige Zwischen- oder Mittelwelt, für welche sowohl das Innerliche als das Äusserliche nur regionale Zustände sind. Sie bildet einen virtuellen und dezentrierten Eigenraum die ontologisch an ihre Teilnehmer (Menschen, Dinge) vorab geht.[1] Gegen diese mediale ‚Subjekthaftigkeit' hebt sich der moralische Subjektivismus der Aufklärung recht naiv ab. Eine kantianische Weltherrschaft der Vernunft, am Ende das Ziel einer jeden Aufklärung, sieht vielmehr der Hysterie ähnlich, ‚einer impotenten Selbstpaarung der apollinischen Illusion'. [DB 170-1] In Nietzsches Werk dagegen sieht Sloterdijk ‚Anfänge einer Rückkehr zu der körperlichen Grundlage der Gerechtigkeit'. [DB 172] Der metaphysische Rest im Aufklärungssubjekt ist idealistischer Natur; er beruht auf der Trennung zwischen Geist und Körper. Das materialistisch-mediale Subjekt besteht aus der Verbindung von beiden Welten. Es ermöglicht die Weitergabe heterogener Affekte. Der Begriff der Freiheit erlangt damit einen gänzlich anderen Sinn. Im Folgenden werden wir immer wieder darauf zurückkommen, was das heißt.

Intermedialität

Mittelmenschen

Für Sloterdijk ist nicht Heidegger, sondern vor allem Nietzsche derjenige, der den Weg in die Zukunft aufbricht und einleitet. [RMP 166] In seinen anthropologischen Werken zeigt er, wie Psychologie und Anthropologie durchaus postmetaphysisch eingesetzt werden können, und Nietzsches Materialismus spielt dabei eine wichtige Rolle. Schon in *Der Denker auf der Bühne* entwickelt Sloterdijk auf dieser Basis einen medialen Subjektivitätsbegriff, eine Subjektivität, die nicht von dem Unterschied zwischen Geist und Körper, sondern von etwas da*zwischen* herrührt. Statt des apollinischen Subjekts der Aufklärung erscheint nun das Subjekt als Kontraktionspunkt am Körper, „als ein Auge, durch welches Dionysos sich selbst betrachtet". [DB 170] Denken, Gerechtigkeit und Kunst erlangen bei Nietzsche eine körperliche Grundlage; nicht wie eine Idee, die einen Körper sucht oder ein Inhalt eine Form, aber streng perspektivistisch als ein intelligenter Körper, als reflexive Materie. [DB 172] Der Begriff Materialismus bedeutet bei Sloterdijk eine nicht-dialektische Versöhnung von Geist und Körper als das Nicht-Andere. Ab Nietzsche kommt die Wahrheit von unten her. Die drei großen Revolutionen des neunzehnten Jahrhunderts – die politische Bewusstwerdung des Proletariats, Frauen, die das Wort ergriffen haben und die Entdeckung des Unbewussten – sind nichts anderes als „das Heraufdrängen von verleiblichten und pluralistischen Wahrheiten, die dank der revolutionären Entlastungen der technischen Zivilisation eine neuartige Ausdrucksökologie zu entwickeln vermochten." [DB 177]

Der Schritt zu Sloterdijks späterer Sphärologie ist hier schnell gemacht. Dort beschreibt er die Geschichte des Menschen aus einer medialen Perspektive. Der von Sloterdijk oft zitierte Gottfried Benn behauptete, dass wir, wenn wir in unser Inneres schauen, entweder eine Leere oder Soziologie vorfänden. Sloterdijk paraphrasiert ihn in *Selbstversuch*, indem er sagt, wir stiessen dabei auf keines von beiden, sondern auf eine Sphäre: ein räumliches Etwas, das uns ständig innerlich beschäftigt, berührt und uns mit einem ausserhalb von uns selbst befindlichen Bereich verbindet. In mir ist etwas, das zugleich auch um mich ist. Nicht nur Anhänger von Dionysos und Besucher von Technopartys befinden sich in einer Ekstase, sondern wir alle sind immer auch in der Außenwelt, egal wo sonst wir uns befinden mögen. Durch Spannungen, Inspirationen und Teilnahmen sind wir immer ein ausserhalb sich selbst ‚schwebender' Pol in Sympathie-Räumen, Stimmungs-Räumen und Anteilnahme-Räumen. Ohne die Voraussetzung deren Existenz können wir kein Wort miteinander reden und sobald wir sie voraussetzen, intensivieren wir sie schon. [SV 70]

Zählen beginnt für Sloterdijk bei der Zahl zwei. Damit geht er, inspiriert durch Gotthard Günthers' Werk *Das Bewusstsein der Maschinen: eine Metaphysik der Kybernetik* (1957), in seinen jüngsten Werken von einer mehrwertigen Ontologie aus, in der Individuen nur als hergeleitete Dividuen gedacht werden können. Sein Denken ist somit ein ‚Zwischenwelt-Denken'. Indem er nicht den Dingen, sondern den Beziehungen dazwischen den ontologischen Vorschub leistet, widersetzt er sich dem ‚Substanzfetischismus' und setzt ein ‚autonomes Zwischen' voraus. Die Konsequenz: Menschen können nur medial verstanden werden. Das punktuelle Subjekt verschwindet und kehrt zurück als eine Zwischen-Instanz in einer Zwischenwelt. Wenn Sloterdijk behauptet, dass der Mensch sich immer in einer ‚starken Beziehung' befindet, dann bedeutet dies ontologisch, dass die Beziehung, oder das Medium, ein höheres Maß an Wirklichkeit besitzt als die beiden Pole in der Beziehung.

Erst die Synthese von Medientheorie, der Wissenschaft von der ‚Besuchbarkeit von etwas durch etwas in etwas', und Anthropologie bildet die Sphärologie. Es handelt sich dabei nicht um Medien im engen Sinne, sondern um Ausdrucksweisen der an und für sich nicht artikulierbaren Mitte, des Medialen, der Koexistenz, der starken Beziehung. Sloterdijk meint, die Tatsache, dass der Mensch selbst an erster Stelle ein Medium und ein Zwischen, ein ‚Mittelmensch' ist, sei uns abhandengekommen. [SV 32] Wir haben schon festgestellt, dass die evolutionäre Menschwerdung an sich schon als mediale Angelegenheit zu verstehen ist. Das Mediale lebt aber weiter in Zuständen der Inspiration, Intensität, Ekstase, Übergabe und Begeisterung. Was in der philosophischen Tradition *Geist* heisst, ist genau diese im Raum geteilte Resonanz, eine mediale Spannung in ‚beflügelten Raumgemeinschaften'. [SI 19, auch bereits DB 144-5] Alle Kreativität und Originalität entspringt zugleich der Inspiration, dass bedeutet: eine Einhauchung von Außen her. Jede sprachliche Äusserung zum Beispiel, ist bereits eine Mit-Teilung. Wir beherrschen die Sprache nicht, wie es manche postkantianischen Sprachanalytiker gerne hätten, sondern unsere Sprache spricht durch uns. In Sloterdijks Frühwerk heißt es daher schon: „Vergewaltigung und Logos gehören zusammen". [DB 144]

Das Sirenenstadium

Sloterdijks Auffassung des medialen Subjekts bringt einige wichtige tiefenpsychologische Folgen mit sich. Wir sahen schon, dass das Werk Lacans für Sloterdijk von großer Bedeutung ist. In *Blasen* versucht er die Psychoanalyse auf seine Sphärologie anzuwenden, widersetzt sich jedoch gleichzeitig einigen Beschränkungen der Psychoanalyse. Der therapeutische Aspekt bleibt dabei aber durchaus unbeachtet. „Die Medikalisierung der Psychologie ist eine Verirrung, eine Kulturkatastrophe." [ST 171] Als Forschungsmethode und als Theorie über psychische Erscheinungen ist die Psychoanalyse dafür umso interessanter.

Lacans Psychoanalyse bietet die Möglichkeit zu untersuchen, wie das Subjekt zustande kommt. In diesem Entwicklungsprozess ist bekanntlich das Spiegelstadium von entscheidender Bedeutung, weil ein Kind sich im Spiegel zum ersten Mal in seiner totalen Ganzheit wahrnimmt. Diese Selbstwahrnehmung gäbe dem Kind einen ersten identifizierbaren Zusammenhang von sich selbst und es identifiziere sich deshalb direkt mit seinem Ebenbild im Spiegel.

Die Theorie des Spiegelstadiums als Phase, in der sich das zusammenhängende Subjekt entwickelt, betrachtet Sloterdijk dennoch als eine ‚glanzvolle Fehlkonstruktion', die aus der abendländischen Präokkupation mit dem Auge folgt. Lacan steht mitten in dem, was Heidegger das Zeitalter des Weltbildes genannt hat. Aber die meisten europäischen Haushalte besaßen vor dem neunzehnten Jahrhundert überhaupt keine Spiegel, und wäre damit die visuelle Erfüllung unserer Identität nicht nur der Moderne eigen? [SI 545-6] Lacan vergisst, so Sloterdijk, dass das Kind bereits vor seiner Geburt in der Gebärmutter ein kohärentes Selbstbild entwickelt. In der Zwei-Einheit der ersten und intimsten Sphäre erfährt das Kind sich selbst schon als Teilhaber an einer Gefühlsgemeinschaft. Dies geschieht nicht so sehr auf visuell-imaginärer Ebene, sondern vielmehr sinnlich-emotionell in Resonanzerfahrungen. Schon lange vor der Geburt hat das Kind auf diese Weise gelernt, was Kohärenz ist, was ‚Ganz-sein-können' bedeutet, und welche seine Stellung im Ganzen einer spannungsvollen Sphäre ist. Das ‚Ich' bezieht sich schon in der Gebärmutter auf sich selbst in der Regung des abwartenden Hörens auf kommende Resonanzen und in der Vorwegnahme deren Ausklingen. [SI 545-6] „Das Ich ist das Organ der Vor-Verlassenheit und des Vor-Abschieds und auch der ‚Vor-Freude'", so behauptet er in *Sphären II* [SII 163-4, ST 171]

Als eine radikal mediale Version von Lacans Spiegelstadium versteht Sloterdijk, was er in *Sphären I* das Sirenenstadium nennt. Er widersetzt sich Lacans optischer Orientierung. Das ‚Ich' entsteht über das Ohr, nicht über das Auge. Es entstammt psycho-akustischen Resonanzen. Wenn die Selbstbildung schon in der Gebärmutter stattfindet, so müssen wir eher von Selbst-Intonierungen als von Selbstbildnissen reden. Bekanntlich ist es die Kunst der Sirene, dem Subjekt beim Äussern des eigenen Verlangens zuvorzukommen, „dem Subjekt seine Selbstaufwallung in die Seele zu legen". Sie ist unwiderstehlich, weil das Subjekt selbst das Zentrum der Hymne bildet. Vom heimgesuchten Ohr her wird das Subjekt zu sich geführt. Odysseus muss sich am Mast festbinden lassen, weil er einfach keine Distanz zu ihrem Lied erschaffen kann. Er befindet sich immer schon in der Mitte des Liedes. Das Lied, der Wunsch und das Subjekt „sind daher genealogische Drillinge" und bilden eine psycho-akustische Einheit.

Das Medium ist die Botschaft; das eine ist nicht früher da als das andere. [SI 487 u.f.]

Auch im Kapitel ‚Zwischen Gesichtern‘ in *Blasen* versteht Sloterdijk das ‚Ich‘ in Anlehnung an Nietzsche als mediales Epiphänomen, indem er auf das englische ‚interface‘ verweist. Im griechischen Altertum wird nur sehr selten von einer ‚fazialen‘ Ich-Identität gesprochen. Alkibiades war die erste historisch identifizierbare Figur, die sich der Überlieferung nach seines Antlitzes bewusst gewesen sein soll. [SI 203] Sloterdijk behauptet, dass nahezu in der ganzen menschlichen Geschichte bis zum neunzehnten Jahrhundert die Menschen ihr Gesicht für andere und nicht für sich selbst hatten, wie u.a. aus dem griechischen Wort für Antlitz, *proposon*, hervorgeht. Das Antlitz hat hier keine einzige selbstreflexive Funktion. [SI 196, SIII 586] Die Innerlichkeit schaffende faziale Selbstbespiegelung gehört eher in Zeiten protestantischer Introvertierung und noch mehr in die ‚egotechnische Innenraumeinrichtung‘ des neunzehnten Jahrhunderts. Der Narzissmythos soll nicht als Geschichte über das natürliche Verhältnis des Menschen zu seinem Spiegelbild gelesen werden, sondern eben als Hinweis auf die Unvertrautheit mit der fazialen Reflexion. [SI 201] Das moderne atomistische Subjekt verdankt sein Entstehen ‚ego-technischen‘ Medien, die den Anschein der Selbstbestimmung in zunehmendem Maße verstärken und durch die die dyadische Struktur einer primitiven Sphäre für den Einzelnen nachgespielt werden kann. Wir verfügen über ‚technische Selbstergänzungsmittel‘ welche die Welt in ein Innen und ein Außen zerlegen und Ich von Nicht-Ich unterscheiden. [SI 209] Der Andere wird aus dem Blickfeld ausgeklammert und internalisiert. Das autonome Individuum ist der Effekt einer medialen Autosymbiose, durch die das ‚Ich‘ sich selbst als hinreichend transzendent zu empfinden lernt. [SIII 587, 598] Das vor-autonome Subjekt ging eher von einer ‚medialen Durchlässigkeit‘ aus [WF 129]; das moderne Selbst ist nur noch von sich selbst erfüllt. Dualismen wie das „Ich‘ und das ‚Nicht-Ich‘ entstehen erst im narzistischen Schein. [SI 207-9]

Nobjekte

Lacan vertritt hinsichtlich Sloterdijks medialer Perspektive eine entgegengesetzte Position. Sein Brennpunkt liegt nicht bei Verschmelzungen, sondern bei Trennungen und Distanz. ‚Ich‘-Bildung in der Psychoanalyse sei, nach Sloterdijk, auf ‚konstruktive Trennungen‘ in Freuds ‚jüdischer Dualethik‘ gegründet, mit Entfernung und Diskretion als wichtigste Werte. In dem eigenen Werk dagegen betont Sloterdijk die konstitutive Kraft der intimen Sphäre. [SI 221] Nur ein schon in der Primärsphäre der Gebärmutter verwahrlostes Kind, dem also eine sonore Identität fehlt, wird sich auch in der erweiterten Außenwelt nur mühsam eine imaginäre Identität, eine schützende Einbettung erwerben können. Deshalb spricht Sloterdijk von Lacans ‚Urpsychose-Dogmatismus' und ‚Fortsetzung des Katholizismus mit scheinbar psychoanalytischen Mitteln': Nach der Erbsünde der Geburt könnten wir nur noch unter dem Joch des symbolischen Gesetzes funktionieren. [SI 547]

Die Psychoanalyse könne, sagt Sloterdijk, die vor-subjektivistische und vor-objektivistische Welt der Mutter-Kind-Dyade nicht begriffsmäßig erschliessen, weil sie immer von Subjekt-Objekt-Beziehungen ausgehe, in denen die Intimität in der Distanz zwischen beiden immer schon verloren gegangen ist. „Nur eine elaborierte Theorie psychosomatischer Medialität könnte es eines Tages dahinbringen, die intimen Gespinste der frühesten Dyadik in einer entsprechend feingewobenen Sprache der Ineinander-Löslichkeit und des Schwebens in einem bipolaren Beziehungsäther abzubilden." [SI 299] Thomas Macho hat einen Entwurf für eine solche mediale Theorie, einschließlich einer alternativen Stadienlehre, entwickelt. Sloterdijk übernimmt dessen Theorie des ‚Nobjekts' um die Phasen des fötalen Zusammenlebens mit seiner fluïdalen Umwelt zu beschreiben. Im Reich des ‚Zwischen' wohnen dem Fötus die Plazenta oder die Nabelschnur oder die Klangwellen auf diffuse Weise inne. Sie bilden keine Objekte, weil ihnen kein Subjekt gegenübersteht, sondern ‚Nobjekte: sphärisch umgebende Mit-Gegebenheiten'. [SI 300]

Das Plazentarblut ist das Medium der frühesten flüssigen dyadischen Kommune zwischen Mutter und Kind. In der zweiten Phase, die einsetzt, wenn sich das Gehör entwickelt hat, wird der Fötus in die Klangwelt des mütterlichen Körpers eingeführt. Die dritte Phase ist die respiratorische Phase. Das Kind lernt, nach kurzer Atemnot, am In-der-Luft-Sein teilzunehmen. Wie das Plazentarblut haben auch die Sonosphäre und später die Luft den Status von Nobjekten. Diese Medien denkt Sloterdijk um einen Schlag wirklicher als ihre Gebraucher. „Von Anfang an ist Selbstgeschichte vor allem Sebstvermittlungsgeschichte." [SI 301] Es ist diese mediale Geschichte, der die Psychoanalyse sowie die ganze Modernität keinen Raum lässt. Es kommt noch schlimmer: „Die Fixierung an die Objekte ist selbst die logische Matrix der Neurose. Unnötig zu erklären, welche Zivilisation es ist, die an ihr wie keine andere leidet." [SI 305] Lacan hat zwar in seinem Konzept des ‚Dinges' (*chose*) so etwas Vor-Objektives zur Sprache bringen wollen, Sloterdijk aber meint, ohne dies näher zu erläutern, dass diese Vorstellung zu zweideutig sei um fruchtbar gemacht werden zu können. [SI 477]

Der Verlust dieser primär gebenen Nobjekte bei der Geburt löst eine Suche des Subjekts nach neuen Nobjekten in der Außenwelt aus, die als Nobjekte dienen sollen. Die anfängliche Intimität kann nach der Geburt nur in der Anwesenheit von und in der Resonanz mit etwas Anderem, welches das Subjekt ergänzt, fortbestehen. [SI 474] Die behaglichen Echos und Resonanzen im Mutterleib, mit der Plazenta oder Nabelschnur als ‚interface' zwischen Mutter und Kind, werden auf immer das Verlangen des Subjekts bestimmen. [193] Neue Nobjekte müssen die Plazenta und die Nabelschnur ersetzen. Zugeich wird das heranwachsende Kind als Folge des Nobjektcharakters dieser Medien schon bald vergessen, was ihm fehlt. Es wird in der Außenwelt nicht mal eine Sprache antreffen, die es an die Existenz dieser ‚Dinge' erinnern könnte. Daher der für manche Leser nur schwer zu bewältigende argumentative Charakter einiger Kapitel in *Sphären I*, in denen Sloterdijk beschreibt, wie dieses Verlangen nach Wiederherstellung der pränatalen Kondition in der Überlieferung formuliert wurde: die Beziehungen zwischen Zwillingen, die Rolle des Schutzgeistes bei den Römern, der platonische Liebesbund, Interfazialität (die Bildung des menschlichen Antlitzes aus dem tierlichen Schnauzen durch sphärische Resonanzen), der Magnetismus und die Hypnose. Von wissenschaftlichen Skrupeln unberührt, tischt er dem Leser lange Ausführungen über Mesmerismus und Augustinus' Sinnen über die Trinität auf. Diese Texte bezwecken allerdings ein wichtiges heuristisches Ziel: die Entwicklung einer neuen Sprache, damit Raum geschaffen wird für eine Tiefenpsychologie, wobei das Subjekt medial als ‚(N)Ego' oder ‚Vor-Subjekt' verstanden wird. [SI 475]

Deshalb verwundert es auch, dass Sloterdijk erst am Ende des Kapitels über das Sirenenstadium auf das Werk Julia Kristevas hinweist, die die Psychoanalyse als Rahmen für die Analyse der Bildung von Geschlechtsidentitäten und hierarchischen sozialen Verhältnissen verteidigt. Sloterdijk rechnet es sowohl Freud als auch Lacan als eine Schwäche an, dass sie die Mutter nicht denken können. [SI 221] Gerade Kristeva hat aber als eine der ersten versucht, die Mutter-Kind Beziehung – insbesondere die Mutter-Tochter Beziehung – zu thematisieren. Wenn der Vater die kalte Distanz des Gesetzes bedeutet, so haben wir bei der Mutter mit einer medialen Intimität zu tun. Weiter hat Kristeva mit der Idee des ‚Semiotischen' genau jene vor-objektiven Elemente lokalisiert, für die es bis dahin keinen begrifflichen Raum gab. Sloterdijk übernimmt diese Idee jedoch nicht. Er zitiert Kristeva nur, um die Inkommensurabilität der medialen Intimität und der symbolischen Ordnung zu bestätigen und um das Risiko des Verflüchtigens der Immanenz des In-Sphären-Sein in die stilistische *performance* als Folge des Versuchs, diese in Worte zu fassen. [SI 542] Das verwundert um so mehr, da er schon in seinem Frühwerk jede Geburt, jedes Zur-Welt-kommen, als ein Zur-Sprache-kommen gedeutet hat. Was ist die Sprache, wenn nicht wie Heidegger es sagt ein bergendes Gehäuse, ein intimes Medium, in dem das Subjekt sich mit-teilt, aber in dem es zugleich mit-geteilt wird?

Verkehrt denken I: Heidegger

Der letzte Denker des agrarischen Zeitalters

Nicht gerettet. Versuche nach Heidegger (2001) heißt der Essayband von Sloterdijk, der manchmal direkt, manchmal auch nur beiläufig einen Kommentar zu Heideggers Werk darstellt. Der Titel geht auf ein Zitat aus dem berühmten Interview im *Spiegel* von 1966 zurück: ‚nur ein Gott kann uns noch retten'. Im Vorwort bemerkt Sloterdijk ironisch, dass der rettende Gott weiter auf sich warten lässt. Das gilt ebenso für die Rettung, die Heidegger mittels des Hölderlin-Zitats thematisiert: „Wo aber Gefahr ist, wächst das Rettende auch". Eine Rettung oder ein Ausweg aus der bereits mehr als zweitausend Jahre alten Geschichte der Metaphysik und Technologie, in der wir als Subjekt die Welt als Objekt ausbeuten, besteht laut Heidegger im Anfang einer neuen Seinsperiode und dem Vollzug der Wahrheit vom Sein im Seienden. Es ist die Wahrheit eines freien, gelassenen Blicks auf die Dinge, der sich nicht nur im Gehirn des Philosophen eröffnet, sondern sich zudem als Einkehr und Umkehr in der Seinsgeschichte zeigt.

Es wird in seinen Essays schnell deutlich, dass Sloterdijk nicht um eine Rettung à la Heidegger verlegen ist. Das wäre eine Art von vormodernem und metaphysischem Denken, so Sloterdijk. Heidegger hat durch seine langsame, ‚katholische' Ontologie, die gleichzeitig zu schnell, zu übereilt gedacht wird, die Verabredung mit der Modernität verpasst. Er ist ‚der letzte Kopf des agrarischen Weltalters'. [ISB 73, ST 351] Die vollendete Zeitform im Titel des oben genannten Bandes deutet an, dass hier hauptsächlich an Heidegger vorbei gedacht wird, ‚mit Heidegger gegen Heidegger'[2]. [NG 154] Bereits in der *Kritik der zynischen Vernunft* wird Heideggers existentielle Ontologie, ganz im Geiste des Kynismus, als eine ‚philosophische Eulenspiegelei' etikettiert. [KZV 391] Was Sloterdijk von Heidegger unterscheidet, ist, dass für den ersteren das ‚In-der-Welt-Sein' schon längst ein Produkt der Industrialisierung ist: eine Sache der Technik und Humanwissenschaften. Die ontologische Differenz, der Unterschied zwischen Sein und Seiendem, fällt mit dem anthropogenen Ereignis zusammen. Die Technologie an sich verlangt bereits eine Ontologie des Ereignisses anstatt einer Ontologie des Seienden. [SIII 214] In Bezug auf seine historisch-anthropologische Revision von Heideggers ‚Lichtung' sagt er deswegen: „Darum ist es legitim, auch eine Geschichte der Lichtung ‚von unten' in Betracht zu ziehen, ohne sich von dem verächtlichen Hinweis der eingeschworenen Heideggerianer beirren zu lassen, dass damit ‚bloß Ontisches' dazu missbraucht würde, Ontologisches zu bestimmen. Und wenn es gerade auf die *Umkehrung* ankäme, die besinnliche Philosophie den verlorenen Zusammenhang mit den forschenden Kulturwissenschaften wiedergewinnen soll?" [NG 159-60, meine Kursivierung]

Für diese Art von ‚verkehrt Denken' bildet Heidegger nach Nietzsche dennoch die wichtigste Inspiration. Sloterdijks Verhältnis zu Heidegger ist daher äußerst komplex. Oft sagt er, dass er sich auf Heidegger berufe, aber jener scheint nur ein Sprungbrett für seine eigenen Ideen zu sein; oft behauptet er auch, mit Heidegger radikal zu brechen, aber es scheint sich nicht um viel mehr als einen Austausch von Metaphern zu handeln. In den nächsten Abschnitten wird Sloterdijks ‚Gynäkologisierung' von Heidegger in *Eurotaoismus* erörtert.

Heideggers Metaphysik-, Technik- und Humanismuskritik

In Heideggers Werk kommt eine andere Art Subjekt-Kritik nach vorne als in der eben besprochenen nietzscheanischen Version. Er entwickelt diese Kritik in seinen Vorlesungen über Nietzsche, von denen *Nietzsches Wort ‚Gott ist tot'* (1943) als Kompendium gelesen werden kann. Dort bezeichnet Heidegger Nietzsche als den letzten großen Metaphysiker. Nietzsches ‚Gott ist tot' besagt zwar, dass die übersinnliche Welt nicht existiert und nur das veränderliche Irdische wirklich sei, doch diese Umkehrung des Platonismus haftet ihm aber gleichzeitig weiterhin an. Heidegger zufolge besteht Nietzsches Metaphysik noch im Formulieren eines höchsten Wertes, einem ewig konstanten Prinzip, nämlich dem ‚Willen zur Macht'. Nietzsches Umwertung aller Werte ersetzt die statische Ideenwelt durch die ständige Selbstbestätigung des Irdischen, wobei sogar das Sein als Wert dargestellt wird. Metaphysik sei nicht so sehr die Lehre eines Denkers, sondern das Denken, das die Wahrheit nur in der Vorstellung des Seienden als Wert sucht und für die Wahrheit des Seins nicht offen steht.

Mit dieser Umwertung aller Werte glaubt Nietzsche den Aufschwung des Nihilismus, das Sinn- und Wertlos-Werden aller Werte als Folge des von ihm bereits wahrgenommenen Untergangs der Metaphysik, überwinden zu können. Doch Heidegger zeigt, dass er gerade auf diese Weise den Nihilismus zu seinem Höhepunkt bringt. Nietzsche würde die Erscheinungen des Nihilismus als dessen Wesen betrachten und sich deswegen nicht vom Metaphysik-Nihilismus-Komplex befreien können. Der Wille zur Macht, die reine Selbstbestätigung des Willens, in der auch das Sein als Wert dargestellt und folglich zu einer vom Willen selbst gestellten Bedingung nivelliert wird,[3] ist die Vollendung der Metaphysik in einem reinen Nihilismus, einer reinen Seinsvergessenheit im vorstellenden Denken. In der Seinsvergessenheit ist all das Seiende zu Gegenständen in der manipulativen Macht von Subjekten objektiviert. Das Vorstellen des Subjekts, als Instanz des Willens zur Macht, wird in einem durch keine einzige Form von Transzendenz gehinderten Willen zur Macht perfektioniert. „Das Seiende wird als das Objektive in die Immanenz der Subjektivität hinein getrunken."[4] Das Subjekt ist *die* Gestalt der modernen Metaphysik: „Der Mensch tritt in den Aufstand"[5].

Der Nihilismus ist der philosophische Ausdruck unseres Zeitalters: das Zeitalter der modernen Technik. Das Subjekt von einer primär aktiven Willenskraft her zu verstehen, bedeutet jedoch nicht, dass das moderne Subjekt eine völlige Autonomie gegenüber den Objekten kennt und die Technik rein instrumentell benutzen kann. In anthropozentrischen Bestimmungen bleibt das Wesen der Technik verborgen, so Heidegger. Dieses Wesen kann nur als eine Form von *a-lethia* verstanden werden, übersetzt: Unverborgenheit. Das Sein ist immer ein ‚entbergend Verbergen', es wird ständig etwas ‚zum Vorschein' gebracht in der Wahrheit des Seins und nur als das im Entbergen Verborgene zeigt sich das Sein. Sprache (*poièsis*), Naturwissenschaft (*physis*) und Technik (*technè*) haben gemein, dass sie in ihrem Hervorbringen dem Sein ‚entsprechen'. Es ist aber das Sein selbst, und nicht der Mensch, das sich durch sie entfaltet. Dies gilt auch für die moderne Technik, obgleich letztere nicht länger etwas Poetisches an sich hat, denn sie ist ein ‚herausforderndes Entbergen'.

In *Die Technik und die Kehre* (1962) stellt Heidegger die von Ernst Jüngers Beobachtung der planetarischen Mobilmachung inspirierte These auf, dass das Wesen der modernen Technik eine Weise des Entbergens ist, wodurch all das Seiende in einem ‚Bestand' von Rohstoffen herausgefordert wird.[6] Den Zusammenhang dieses herausfordernden Entbergens im heutigen Zeitalter, das sämtliche ‚Stellen' nennt er das ‚Gestell'. Im Gestell wird das Seiende zum Nützlichen und Verfügbaren vor- und aufgestellt. Aber auch der Mensch, wie jedes andere Seiende, wird fortwährend herausgefordert und ‚bestellt'. Es ist nämlich die Ironie des Stellens, dass gerade, was sich selber aufstellt, das am meisten Gestellte ist. Lediglich insofern wir bereits herausgefordert sind, das heißt als ‚Sub-jekt' gestellt, besitzen wir Macht über das Seiende. Auch in der modernen Technik ist es noch immer das Sein, das Subjekte aufstellt, die sich zum objektivierten Seienden verhalten. Der Mensch ist denn auch ganz und gar nicht *maître et possesseur de la nature* (Descartes), sondern nur der wichtigste Rohstoff im universellen Prozess des Gestells. Über die Unverborgenheit selbst bestimmt der Mensch nicht;[7] sie ist das große Ungedachte im subjektivistischen Denken.

Der Mensch ist nicht Herr der Technik. Seinsgeschichtlich gedacht ist dasjenige, das der Mensch auf dem herausfordernden, entbergenden Weg der Technik führt, ein ‚Geschick': „jenes versammelnde Schicken, das den Menschen erst auf einen Weg des Entbergens bringt". Es ist das Los, aber nicht im Sinne des Schicksals, das unsere Freiheit begrenzt, denn Freiheit hat nichts mit der aktivistischen subjektiven Willenserfahrung zu tun: „die Freiheit ist der Bereich des Geschickes, das jeweils eine Entbergung auf ihren Weg bringt."[8] Der Mensch verhält sich zum Sein von einer nicht selbstgewählten Lichtung heraus. ‚Dasein' heißt in Heideggers späteren Werk ‚ekstatisches Innestehen in der Lichtung des Seins'. Geworfenheit besagt, dass der Mensch, der ‚Nachbar des Seins'[9], nur existiert insoweit er „das Da als Lichtung des Seins in ‚die Sorge' nimmt".[10] Der spätere Heidegger spricht kaum noch von Sorge, sondern eher vom Hüten des Seins. „Der Mensch, ist der Hirte des Seins. Darauf allein läuft *Sein und Zeit* hinaus, wenn die ekstatische Existenz als ‚die Sorge' erfahren ist."[11] Für dieses Hüten in der Lichtung des Seins ist die Sprache bedeutungsvoll, denn das Wesen der Sprache stimmt mit dem Wesen des Seins überein. Der Mensch, der dem Sein entspricht, macht das immer anhand der Sprache. Er besitzt diese Sprache aber nicht, „vielmehr ist die Sprache das Haus des Seins, darin wohnend der Mensch, indem er der Wahrheit des Seins, sie hütend, gehört."[12] Im Rückzug vom ‚tätigen Leben' in eine wirklichere, das heißt gelassenere Existenz taucht deswegen das *poièsis*-Element wieder auf. Heidegger zitiert im Rahmen seiner Subjektkritik Hölderlin: „Voll Verdienst, doch dichterisch wohnet der Mensch auf dieser Erde".[13]

Heideggers Menschenbild unterscheidet sich stark von der humanistischen Tradition, von der er sich distanziert. Das cartesianische oder kantianische Subjekt, das die Grundlage des Humanismus bildet, ist nicht das Wesen des Menschen. Der Mensch ist kein *animal rationale*. Seine Größe besteht eben in dem, was ihn ontologisch von den Tieren unterscheidet: seiner Ekstase, in der er nicht mit sich selbst zusammenfällt, sondern zum Sein aussteht. Jedoch ist die Frage nach dem Sein und die ontologische Differenz schon von vornherein durch den metaphysischen Gehalt aller Humanismen blockiert. Er will das Wesen (hier im Sinne von Substanz oder Essenz) des Menschen als ein Seiendes, als ein Subjekt festlegen, ohne Rücksicht auf die Wahrheit des Seins. „Gegen den Humanismus wird gedacht, weil er die Humanitas des Menschen nicht hoch genug ansetzt. ... Der Mensch ist vielmehr vom Sein selbst in die Wahrheit des Seins ‚geworfen', dass er, dergestalt ek-sistierend, die Wahrheit des Seins hüte, damit im Lichte des Seins das Seiende als das Seiende, das es ist, erscheine."[14]

Obwohl Heidegger das Geschick von jedem Antropomorphismus befreit hat, birgt es trotzdem eine Gefahr in sich, oder besser: „Das Gestell west als die Gefahr."[15] Heidegger weist auf die Verflüchtigung des Unterschieds zwischen Krieg und Frieden in der planetaren Mobilmachung hin. Was wir Krieg nennen, ist bloß eine zeitliche Ausartung der täglichen Ausbeutung des Seienden in der Seinsvergessenheit. Diese Gefahr wird möglich in dem das Entbergen selbst im Gestell verborgen und so auch die Wahrheit des Seins (Unverborgenheit), die Gefahr selbst, für unser Denken verstellt wird. Heideggers Aufmerksamkeit für diese Gefahr verbindet ihn, wie wir bereits gesehen haben, mit der Kritischen Theorie seiner Zeit. Der Mensch befindet sich auf dem Weg zur vollkommenen ‚Verdinglichung', zum Rohstoff seiner selbst, aber vergisst, dass dies so ist und etabliert sich zugleich als Herrscher über die Welt.

Trotzdem erkennt Heidegger einen Ausweg in einer ‚Kehre', eine Rückkehr der Wahrheit des Seins in das Seiende. Als die Gefahr hat sich das Sein in die Vergessenheit seines Wesens weggekehrt, doch gerade deswegen birgt die Gefahr auch die Einkehr des Seins in sich. Das

Rettende ist für Heidegger das „Einholen ins Wesen, um so das Wesen erst zu seinem eigentlichen Scheinen zu bringen". Ausgerechnet in der Technik sieht er die Möglichkeit, dass die Gefahr sich selbst enthüllt und so die Seinsvergessenheit, die einerseits den Weg zur Wahrheit blockiert und andererseits – seinsgeschichtlich betrachtet – der Ausdruck des Seins ist und also immer ihre Weise des im Entbergen Verborgenen ändern kann, aufgehoben wird. In einem ‚Blitzlicht' beleuchtete sich dann die ‚Lichtung' selbst.[16] Ein neues Geschick bestehe in einer gelasseneren, zaghafteren und zurückhaltenderen Seinsweise. Gelassenheit ist die Grundstimmung dieses neuen reflektierenden Denkens. „Sie lässt das Sein – sein",[17] heißt es in Heideggers Brief *Über den Humanismus*. Man kann die Kehre nicht erzwingen, genauso wie man Revolutionen nicht erzwingen kann. Die Kehre ist niemals Menschenwerk, denn modernes Werk ist etwas aktives und gehört zum Gestell. Die Kehre ist immer eine Einkehr des Seins selbst, und wir können dem Sein in diesem nur gehorchen. Ein gelassenes Warten und Hüten jenseits der humanistischen Ideologie ist alles was uns bleibt.

Philosophische Gynäkologie: geburtlicher Präsentismus

In *Kritik der zynischen Vernunft* und *Eurotaoismus* erkennt auch Sloterdijk das kritische Potential der heideggerschen Ontologie. Man muss sogar konstatieren, dass alles, was Sloterdijk in den 80er Jahren verfasst hat, im Zeichen dieser Ontologie steht. Weil die zwei Hauptformen der Kritik der Frankfurter Schule nie funktioniert haben – Adornos Ästhetik fehlt jedes kritische Momentum und Habermas' kommunikatives Handeln ist zu idealistisch – ist Heideggers Antimetaphysik eine der wenigen übriggebliebenen Möglichkeiten der Kritik: „Es gibt in der Sache noch gar keine Frankfurter kritische Theorie, sondern nur eine Freiburger". [ET 143] Besonders zwischen Adornos Messianismus, verstanden als Erlösung von der Technik [NG 239], und Heideggers wissenschafts- und metaphysikkritischen Auffassungen, nimmt Sloterdijk eine starke Verwandtschaft wahr. Weil Kritische Theorie ein „Codename ist für die Arbeit an der Erlösung des Einzelnen aus der Gefangenschaft in abstrakten Vorstellungs- und Verfügungssystemen", ist Heideggers Antimetaphysik für ihn ein guter Anschluss an die traditionelle kritische Philosophie. [NG 241]

Mit dieser progressiven Heidegger-Interpretation stellt er sich in die französische Tradition der Heideggerrezeption, besonders die von Foucault und Derrida. Bereits in *Kritik der zynischen Vernunft* versteht er die ‚Neue Linke' als eine neo-kynische Linke, das heißt eine existentialistische und letztendlich eine ‚Heideggersche Linke'. Damit distanziert Sloterdijk sich wiederum von Adorno, der in Heideggers Philosophie der Eigentlichkeit die Gefahr der Verabsolutierung und des Faschismus sieht.[18] Er erkennt einen kynischen Impuls innerhalb Heideggers Kritik an der Wirkung des ‚Man', der ohne Wenn und Aber an die Dogmatik der industriellen Entwicklung gebunden ist. [KZV 395] In diesem Kontext schlägt er vor, „die philosophischen Gedanken von Marx und Heidegger zu vereinigen". [ZWK 115] Aber trotz seiner diplomatischen Versuche, die beiden – auf den ersten Blick gegensätzlichen – Denker zusammenzubringen, ist für ihn letztendlich nicht Marx, sondern Heidegger der revolutionäre Denker, mit dem er dem falschen Bewusstsein den Kampf ansagt. [ZWK 122; Im zweiten Kapitel sahen wir bereits, warum Marx noch zu sehr dem metaphysischen System, und damit der Zeit des kopernikanischen Weltbildes angehört.]

In *Eurotaoismus* wird ein vorherrschend apokalyptisches Weltbild konstatiert, von einem Katastrophenbewusstein ausgehend, das nicht im Stande ist, sich selber zu bremsen. Dieses zwangsläufige Untergangsdenken versucht Sloterdijk abzuwehren. Nicht mit einer hysterischen anti-technologischen Haltung, sondern mit einem anti-hysterischen Programm. Hierin schimmert noch eine ähnliche Kritik an dem durch, was in *Kritik der zynischen Vernunft* als aufgeklärtes falsches Bewusstsein definiert wurde. Neu ist aber, dass er dies von einer anthropologischen und phänomenologischen Perspektive aus tut. Der Begriff der Geburtlichkeit, der in seinem späteren Werk von so großer Bedeutung ist, wird hier zum erstem Mal entwickelt.

Im kritischen Rahmen von *Eurotaoismus* präsentiert Sloterdijk eine ‚ontokinetische' Deutung von Heidegger. Dieser hätte eine Ontokinetik über den Prozess der Wahrheit als Entbergung, als das zum Vorschein kommen, als Aufgehen oder ‚Lichtung' geschrieben. Was Heidegger die Vollendung des Nihilismus in der Modernität nennt, heißt bei Sloterdijk ‚ein dionysisch-kinetischer Nihilismus'. Metaphysik, Nihilismus und Technik stimmen in der herrschenden kinetischen Utopie überein. Sie nehmen die vorgefundenen, vergänglichen Zustände nicht ernst und machen sie zugunsten von Überwindungs- und Veränderungsfeldzügen unschädlich. „Der Nihilismus der Transzendenz wird von dem der Immanenz fortgeführt und überboten". Genau wie Heidegger sucht Sloterdijk nach ‚einer nicht-nihilistischen Stellung des bewussten Lebens zu seiner Irreversibilität'. [ET 145] Sein Rezept ist eine andere Auffassung von Zeit: der geburtliche Präsentismus. Darin sollte kein Raum für die historistisch-nihilistische Totalvorstellung der historischen Vergänglichkeit sowie für das metaphysisch Unvergängliche vorhanden sein. „Gegenwart bezeichnet die kinetische Struktur, durch die uns das Anwesende als etwas aufgeht, das in den Begegnungsraum eintritt. Präsenz ist Bewegung im Sinne eines Ankunfts-, Hervorbringungs- und Eintrittsdramas." Menschen sind Ankunfts- und Eintrittswesen par excellence. Mit Heidegger unterscheidet Sloterdijk den Menschen vom Tier, weil der Mensch in seiner ‚Umwelt' nicht zu Hause ist, sondern sich in einem heimatlosen Verhältnis zur ‚Welt' befindet. In ihm kommt das Sein erst zum Vorschein. [ET 147] Präsenz besteht nur dort, wo auch ein menschliches Zur-Welt-Kommen besteht. Aber diese Bewegung ist unendlich: „Präsenz ist der Stachel der unvollendeten Geburt." [ET 149] Sloterdijk übersetzt den klassischen *poièsis*-Begriff mit Geburtlichkeit und ersetzt damit Heideggers ‚Sein-zum-Tode' als fundamentale Bestimmung der menschlichen Existenz. Präsenz ist der Aufenthalt im Offenen, sie merkt, dass sie noch was ‚für sich' [ET 152] hat. Dieses Offene ist nicht die Zukunft, das wäre historistisch-nihilistisches Denken, es ist auch nicht der Raum, wie später in *Sphären*. Es ist die Spannung, die sich um die exzentrische menschliche Positionalität[19] bildet. In dieser Spannung haust für Sloterdijk *poièsis*, das Zur-Welt-Kommen, in dem noch etwas zum Vorschein kommen kann. [ET 145] Dasein ist *poièsis*, Poesie, und fragt um eine ‚philosophische Gynäkologie', die von Sloterdijk bereits in *Eurotaoismus* entwickelt und danach sein ganzes Werk prägen wird, auch in *Weltfremdheit* spricht er zum Beispiel von ‚Kritischen Theorien der Geburt'. [WF 233]

Von der gynäkologischen Perspektive her ist das, was Heidegger das metaphysische Subjekt nennt, eine zweite Geburt, die zwangsläufig auf die erste folgt, der Abschied vom intrauterinen Leben und die Ankunft in der ungeheuren Welt. Das Subjekt ist das Ergebnis einer postnatalen *autopoiesis*: eine Anstrengung, in der Welt, in die es geworfen wird, einen Halt zu suchen, indem es sich ‚lebensspendende Versprechungen' macht. [ET 179] Durch die Einlösung seines Versprechens, eine asketische Enthaltung und ein Sich-Anhalten, hält das autogene Subjekt sich selbst aufrecht. „Subjekt ist alles, was sich seine eigene Welt zu werden und zu sein versucht." [ET 183] Die Selbstgeburt des Subjekts nennt Sloterdijk kinetisch ein Sich-Aufrichten. Mit der Terminologie aus *Sphären*: die Geschichte des Sichanstrengens ist die Geschichte der postnatalen ‚Innenraumdichtung'. Jede Aufrechterhaltung des Subjekts ist nicht von einer bestimmten, gegen die Welt gerichteten Zucht von sich selbst zu trennen – Foucault würde es Selbstsorge nennen.[20] Das Subjekt wird zu seinem eigenen Inhalt.

Doch das Festhalten an der Selbstgeburt, die in der Neuzeit vor allem im Modus der Technik stattfindet, suggeriert einen falschen Heroismus des Subjektes. In *Eurotaoismus* hört Sloterdijk in dieser Beschreibung noch einen überspannten phallozentrischen Tenor heraus: „Der Verdacht drängt sich auf, das Subjekt sei womöglich nichts anderes als eine logisch verschlüsselte Phantasie über die Möglichkeit einer Dauererektion von der Wiege bis zum Grabe." [ET 189] Denn man kann nicht einfach wählen, Subjekt zu werden, weil ein Entschluss eine Art Subjektivität, eine ‚Stellung', voraussetzte. Seinsvergessenheit heißt jetzt Geburtsvergessenheit: das mobilisierte oder gestellte Subjekt versucht mit seiner zweiten Geburt seiner ersten zu entkommen. Autonomie ist Automobilität. In *Kritik der zynischen Vernunft* postuliert Sloterdijk daher, dass in der modernen Zeit Subjektivität und Bewaffnung gleich sind. [KZV 695] Das nicht-gelassene, aktive, moderne Subjekt steht für die gewaltige Anstrengung, über den technischen Weg seine eigene Welt zu schaffen und anhand eines überspannten Weltbildes sich selbst zu genügen. Aber die Flucht in das Gestell hat inzwischen zu einer nihilistischen Lebensmüdigkeit geführt. „Übermüdet, überfordert, verwüstet begegnet es jenseits seiner Grenze noch einmal sich selbst in ent-stellter Form. Da erweisen sich seine Haltungen als unhaltbar und seine Versprechungen als haltlos. Nichts anderes ist die unheimische Stelle im Wald, von der der Held auf seinem Baum das Nichts sich vorwärtsfressen sieht, die Stelle, deren Anblick dem Auge des Subjekts unerträglich ist, weil sie zeigt, dass es mit seinen Anstrengungen am Ende buchstäblich *nichts* ist." Die Technik ist ihm über den Kopf gewachsen und nicht länger die Lösung für dasjenige, wofür sie ursprünglich gedacht war. Das Subjekt versteht allmählich, „wie alle seine selbstgeburtlichen Haltungen auf Vorgaben angewiesen sind, die sich seiner Selbständigkeit entziehen. ... dass auch das Stehen in einer Stellung nur ein Liegen in einer unwahrscheinlichen Lage ist." [ET 197]

In diesem Punkt wird die Heideggersche ‚Kehre' möglich, so Sloterdijk. „Eine *kritische* Bewegung kann nur aus der Selbstabsortion der Mobilmachungswelle hervorgehen, wenn diese sich bis an ihren kritischen Punkt vorwärtsgeworfen hat." [ET 201] Erscheint bei Heidegger das Rettende in der Gefahr, so gilt das auch für Sloterdijks anthropologische, und deswegen ‚ver-kehrte' Auslegung derselben. Falls eine Kehre möglich wäre und der Nihilismus tatsächlich verschwinden würde, dann nicht im nietzscheanischen Sinne einer Überwindung, sondern immer als ptolemäische Abrüstung. Die heideggerianische Gelassenheit „erwächst aus dem Vorteil, nicht gesiegt zu haben." [ET 203] und hat die humanistische Machbarkeit hinter sich gelassen. Bereits in seiner *Kritik der zynischen Vernunft* zeigt Sloterdijk, dass Lassen und Gelassenheit die Bedingungen für jedes ‚vernünftliche Tun' sind. Der Mut, unsere Vernunft zu benutzen, steht oder fällt mit der kynischen Kapazität, dem Zauberkreis von Zielen und Mitteln zu entrinnen. Die zynische Moderne hat sich dagegen in ihrem ‚aktivistischen Ethos der Selbstwahrung' völlig von ‚alteuropäischen Unterlassungstugenden' abgekehrt, die am prägnantesten bei Sloterdijks großem Beispiel, Diogenes von Sinope, hervortreten. [KZV 939-43] In *Der Denker auf der Bühne* heißt es dazu: „Wir haben jedenfalls wenige gleich suggestive Modelle dafür vor Augen, dass nicht ein vernünftiges Handeln, sondern ein vernünftiges Geschehenlassen zur Bedingung für Erkenntnis und Aufklärung werden kann. ... Es geht um nichts Geringeres als um eine sinnvolle Verteilung der Vernunft über die Pole von Subjekt und Prozess." [DB 184] Was seine Interpretation in *Eurotaoismus* innovativ macht, ist seine Hypothese, dass Sterblichkeit, im Vergleich zur ersten und stärksten Variante, der Geburtlichkeit, nur die schwächste Form der Unvermeidlichkeit ist. „Eine nachmetaphysische Zuwendung des Denkens zur endlichen Erde kann nicht im Zeichen der Sterblichkeit stehen, die für immer ein Motiv der metaphysischen Versuchung bleibt, sondern nur im Zeichen der Geburtlichkeit". [ET 205] Das Sein ist in Sloterdijks Auslegung eine Art Mutterschoß geworden und das moderne Subjekt ein Muttermörder. [ZWK 124-5, 141] „Modern ist, wer abstreitet, jemals innen gewesen zu sein." [ST 167]

6 Die Macht über das Leben

„Man kennt nur die Dinge, die man zähmt", sagte der Fuchs. „Die Menschen haben keine Zeit mehr, irgend etwas kennenzulernen." Antoine de Saint-Exupery, *Der kleine Prinz*

Foucault: die Verdoppelung des Menschen

In seiner legendären Rede *Regeln für den Menschenpark*, einer Erkundung der Möglichkeit und Notwendigkeit des Züchtens von Menschen, nimmt Sloterdijk an einem philosophischen Diskurs teil, an dem nicht nur Platon, Nietzsche und Heidegger partizipiert haben, sondern auch französische Autoren wie Foucault, Deleuze und Derrida. Grundlegend ist vor allem Foucaults Konzept der Biopolitik, das für eine disziplinierende, regulierende und sich selbst reproduzierende Macht steht, die, legitimiert vom humanistischen Machbarkeitsideals, auf und durch das Leben (*bios*) selbst ausgeübt wird. Untrennbar von der biopolitischen Problematik ist die Frage nach der Zukunft des Lebens, die durch die zunehmenden Möglichkeiten der Genetik generiert wird.

In *Die Ordnung der Dinge* (1974) kritisiert Foucault den Humanismus direkt auf epistemologische und indirekt auf politische Weise. Seine ‚Archäologie' ist genau wie Kants Werk kritisch in dem Sinne, dass sie sich auf die Explikation der Möglichkeitsbedingungen des Wissens, auf das implizite Wissen (*savoir*[1]) und die Rationalität, die in einer bestimmten historischen Gesellschaft in allen Aussagen des herrschenden Diskurses durchschimmern, richtet. Dennoch unterscheidet sich sein Werk in zwei wichtigen Punkten von seinem Vorgänger: die Denkweisen und die epistemologischen A prioris sind im Laufe der Geschichte dem Wandel unterworfen und die Möglichkeitsbedingungen des Wissens sind nicht an ein Subjekt gebunden, sondern liegen in der Denk- und Wissenschaftspraxis verborgen, in der das Subjekt zustande kommt und in der es keine fundierende Funktion hat. Foucault versucht, das historische epistemologische ‚Raster', in dem eine bestimmte diskursive Praxis besteht und funktioniert, aufzudecken. Das hat einen direkten politischen Grund: wenn herrschende Rationalitäten, dominante Denkweisen und Gedankensysteme diese historische Zufälligkeit vergessen, werden sie dogmatisch und despotisch. Die Vernunft muss sich dann von sich selbst emanzipieren.

Ein entscheidendes implizites Wissen im modernen *episteme*[2] ist der Begriff ‚Mensch' und der damit verbundene Unterschied zwischen dem Menschlichen und dem Unmenschlichen. Foucault spricht vom Erscheinen des Menschen am Ende des 18. Jahrhunderts, um anzudeuten, dass es sich hier um ein neues Phänomen im philosophischen Diskurs handelt. Kant hat diese anthropologische Wende dadurch eingeleitet, dass er seine transzendentale Philosophie mit der neuen Frage „Was ist der Mensch?" zusammenfasst. Die Antwort auf diese Frage ist bedeutungsvoll. Kant erteilt Antwort in der Form des Menschen als ‚empirisch-transzendentale Dublette'. Konnte der Mensch der Klassik sich selber noch auf dem epistemologischen *tableau* in und nach dem Blick des Souveräns (Gott, der die rationale Ordnung gegeben hat) wahrnehmen, so ist nun der Weg durch Gott für den Menschen, der sich selber wahrnimmt, versperrt. Das *tableau* ist zu einem Wechselspiel von einem weltlichen und einem souveränen Blick geworden, beide in einem Wesen reinkarniert, das von diesem Moment an eine Doppelrolle zu erfüllen hat. Ein aporetischer Zirkelschluss charakterisiert den Menschen im modernen Diskurs. Die Frage „Was ist der Mensch?" wird beantwortet, indem auf die Empirie verwiesen wird, obwohl das empirische Wissen eine transzendentale Fundierung braucht, die wiederum empirisch fundiert werden muss, usw. In der Objektivierung des Menschen ist der Mensch als Subjekt einkalkuliert und umgekehrt. Beide Analyseformen beanspruchen an und für sich zu stehen, in Wirklichkeit setzen sie sich aber gegenseitig voraus.[3]

Dass dieses aporetische Verständnis des Menschen lange Zeit als nicht problematisch gelten konnten, erklärt sich aus der legitimierenden Diskursfunktionen der modernen humanwissenschaftlichen Einsichten. Der spätere Foucault verknüpft das Wissen des Menschen mit subjektlosen, disziplinierenden Machtsausübungen. Wichtige politische Konzepte wie Menschenrechte oder Humanität werden von ihrer Schattenseite aus beleuchtet und als Resultate eines gewalttätigen Machtkampfes gesehen. Die Humanwissenschaften fügen diesen eine klassifizierende, disziplinierende und taxierende Legitimierung hinzu. Das ‚Dispositiv'[4] der Moderne beruht so auf zwei Pfeilern: dem Wissen der Humanwissenschaften (*savoir*) und der disziplinierenden Macht (*pouvoir*). Das eine gründet im anderen. Das industrielle Zeitalter kennt eine Disziplinargesellschaft, in der die Disziplinarmacht in Form von Ein- und Aussperrung, sowie das Regulieren von Gebräuchen und kapitalistischen Produktionsmethoden hauptsächlich durch institutionelle Kader ausgeübt und vom humanistischen Ideal der Machbarkeit unterstützt wird. Gefängnisse, Schulen und Krankenhäuser werden dabei zu humanwissenschaftlichen Laboratorien, aber auch zu rationell geordnete Produktionseinheiten. Soziologie, Psychologie, Kriminologie und Wirtschaftlehre liefern die normalisierenden Richtlinien für die Einrichtung aller öffentlichen Institutionen. Jetzt aber postulieren Marxisten wie Hardt & Negri mit Deleuze, dass die Disziplinargesellschaft in eine Kontrollgesellschaft des postindustriellen Zeitalters übergegangen ist. Die Mauern, welche die Disziplinarinstitutionen von der Gesellschaft trennten, sind gefallen, weil im Zeitalter der Massenmedien der moderne Unterschied zwischen öffentlich und privat hinfällig wird. Die Macht wird immer direkter über das Leben ausgeübt; sie wird ihrem sozialen Umfeld stets immanenter.[5]

Wissen ist Macht und dient der Emanzipation des freien Subjektes. Aber die Humanwissenschaften besitzen aus dieser Sicht nicht notwendigerweise die emanzipatorische Wirkung, die ihnen oft zugeschrieben wird. Sicher gibt es eine Beziehung zwischen Wissen und Macht, aber sie ist viel komplexer als die lapidare Gleichstellung, die seit Bacon den Aufklärungsdiskurs bestimmt und so viele Emanzipationen induziert hat. Wissen bildet. Es liefert dem Subjekt nicht nur das instrumentelle Wissen für die freie Selbstentfaltung, sondern fügt es auch in dieses Wissen ein. Jede diskursive Formation formt uns, sobald sie uns informiert. Wenn wir zum Subjekt ausgebildet werden, zum Beispiel in der Schule, werden wir einem bestimmten *status quo* unterworfen: wir sind immer auch ‚Sub-jekt'. So gesehen funktioniert diskursive Macht sowohl repressiv als produktiv. Man fragt sich natürlich, wo oder wann man zu Vernunft kommt und die lautere Disziplinierung von der transzendentalen Freiheit abgelöst wird, aber man kann das Eine nicht vom Anderen trennen. Wiederum haben wir es mit dem Menschen als empirisch-transzendentales Doppelwesen zu tun. Normalisierung und Disziplinierung sind möglich, weil wir über Unmengen empirischer Erkenntnisse des Menschen verfügen, aber das Ideal, die Richtung oder ideale Gestalt, wonach der Mensch gebildet werden soll, wird immer schon als bekannt vorausgesetzt. Unser autonomes Inneres wird einerseits logisch vorausgesetzt und als Subjekt für sein Handeln verantwortlich gehalten, aber zugleich muss diese Innenwelt von außen her streng überwacht, gestraft, geschützt und gelenkt werden. Gerade die Moderne ist die Periode, worin man diese Disziplinierung so energisch und wie selbstverständlich auf sich genommen hat. „Zum Credo des Humanismus gehört die Überzeugung, dass Menschen ‚Tiere unter Einfluss' sind und dass es deswegen unerlässlich sei, ihnen die richtige Art von Beeinflussungen zukommen zu lassen", so Sloterdijk. [NG 309] Der Mensch im modernen Diskurs ist daher nie fertig. Er ist ‚das nicht festgelegte Tier' (Nietzsche), das keine definitive Selbstkenntnis haben kann und zu falschen Urteilen verdammt ist, aber zugleich auch immer dem humanistischen Ideal unterworfen ist. Er ist *l'homme à venir*, wie Derrida es hätte sagen können.

Nach Foucault ist der Mensch im modernen philosophischen Diskurs also eine virtuelle Erscheinung: fiktiv, aber durchaus in der materiellen Wirklichkeit wirksam. Es gibt keinen einzigen Grund, davon auszugehen, dass der Mensch nicht wieder von der epistemologischen Bühne verschwinden wird. Der Mensch wurde am Anfang des neunzehnten Jahrhunderts erfunden und es ist sehr wahrscheinlich, dass er auch wieder verschwinden wird oder längst verschwunden ist. Nietzsche wusste bereits, dass der Tod Gottes auch den Tod des Menschen bedeutet. Foucault führt Nietzsches Übermenschen als Möglichkeit, jenseits des Menschen zu denken[6] ein und weist auf die Möglichkeit hin, dass der Mensch in Zukunft neue Diskurse entwickelt, welche die Trübheit der humanistischen Sprache wieder auflösen werden und so den Menschen „wie am Meeresufer ein Gesicht im Sand"[7] verschwinden lassen.[8] Der ‚Mensch' als empirisch-transzendentaler ‚Seiltänzer', wie Nietzsche sagt, könnte sehr wohl von endlicher Art sein: „müssen wir uns nicht daran erinnern, dass wir auf dem Rücken eines Tigers sitzen?"[9]

Mit Nietzsche und Heidegger widersetzt sich Foucault so dem Existenzialismus in Bezug auf den Menschen in einer humanistischen Ideologie. Nicht weil er die Bestialität befürwortet, sondern weil der Humanismus „die Humanitas des Menschen nicht hoch genug ansetzt". Das Bild vom Untergang des humanistischen Menschen bedeutet den Abschied von einem alten Menschenbild, das uns nicht befreit, sondern eher bei der Gestaltung unserer eigenen Zukunft hindert. Foucault ist den humanistischen Befreiungsphilosophien abgeneigt, aber nicht, weil er die Emanzipation verwirft, sondern weil es in ihnen nicht genug Raum für sie gibt. Er leistet Widerstand gegen die ‚pastorale' Machtsausübung, die das Subjekt bevormundet und kontrolliert. Wenn er das kantianische autonome Subjekt in Frage stellt, geschieht dies genauso mit den (Menschen-) Rechten und Privilegien, die dazugehören. Ein anderes Denken ist für Foucault erst nach dem Verschwinden des Menschen aus dem kritischen Diskurs möglich. Wie Nietzsche betont Foucault die Bedeutung unserer Kreativität und Potenzialität. Die Aufgabe des Philosophierens ist es dann, weniger selbstgefällig über unsere eigenen

Grenzen zu denken – wobei die kantianische Tradition noch nicht ganz verlassen ist.[10]

Terrorismus und Air Conditioning

So wie Foucault die These aufstellt, dass der Humanismus und der humanwissenschaftliche Diskurs aus modernen Disziplinarprozessen entstanden sind, so versucht Sloterdijk zu zeigen, dass auch Terrorismus an der Basis des humanistischen Wissens steht. In *Luftbeben – An den Quellen des Terrors*, das ungefähr ein Jahr nach den Anschlägen auf das World Trade Center in New York erschienen ist, beschreibt er den Terrorismus als eine für das gesamte zwanzigste Jahrhundert kennzeichnende Praktik. Sie geht zurück auf eine im Ersten Weltkrieg begonnene Art von Kriegsführung, in der das direkte Ziel nicht länger der Gegner ist, sondern dessen *milieu*, dessen ‚Lebenswelt'. Giftgase, Feuermeere, Atombomben, chemische und biologische Waffen bedrohen die Atmosphäre, die vorher für die menschliche Existenz selbstverständlich war. Jeder Terrorismus ist daher für Sloterdijk Atmoterrorismus. Es führt zur Explikation der Existenzbedingungen. Die heutigen Humanwissenschaften, das Umweltbewusstsein und *air conditioning* sind direkt aus der im Atmoterrorismus tätigen Explikation der vorhin impliziten Lebensbedingungen entstanden. [SIII 120-1]

Sloterdijk meint daher hyperbolisch, dass die Giftwolkenkunde die erste der neueren Humanwissenschaften ist, entstanden aus dem impliziten Wissen des Ersten Weltkrieges. [SIII 100] Auch im Terrorismus wird die früher so selbstverständliche menschliche Umwelt zum Menschenwerk. Und deswegen kann sogar das sich primär auf eine größere Effizienz und Effektivität der Waffen richtende terroristische Wissen als eine Variante des humanistischen Wissens betrachtet werden. Der Vollzug der Todesstrafe mittels Gas, wie es seit Mitte des neunzehnten Jahrhunderts zum Beispiel in Nevada geschieht, ist human, weil es einen effizienten und schmerzlosen Tod mit wenig Aufwand ermöglicht. [SIII 120] Genau diese Legitimation wird laut Foucault im achtzehnten und neunzehnten Jahrhundert auch für die ‚Humanisierung' des Strafvollzugs angeführt, die das Auftreten der Disziplinargesellschaft und der Humanwissenschaften kennzeichnet. Und selbst Sloterdijks Sphärologie versteht sich als ein direkter Effekt dieser ‚unmenschlichen' Explikationen, denn wenn die menschliche Umwelt immer mehr zu einem menschlichen Produkt wird, wird das große politische Thema der Zukunft ‚Air Conditioning'; „Die Klimaanlage ist das Schicksal. ... Die helle Seite der Aufklärung wird Atmotechnik." [SII 1008-9] Und um die zu unrecht ungedachte Anwesenheit des im Humanismus Ausgeschlossenen, des ‚Unmenschlichen', zu betonen, behauptet er deswegen Oliveira gegenüber: „Kultur ist immer Kultur nach dem Terror" [SV 22, SIII 84] und in *Schäume* „die Dämonie des Expliziten ist die Spur der Zivilisationsgeschichte." [SIII 69]

Regeln für den Menschenpark

In *Regeln für den Menschenpark* hat Sloterdijk zwei weitreichende, obwohl nicht besonders originelle Beobachtungen gemacht: Durch eine mediologische Deduktion der *humanitas* hat er gezeigt, wie Wesen und Funktion des Humanismus erstens in der ‚freundschaftsstiftenden Telekommunikation'[11] und zweitens in der ‚Zähmung' und ‚Züchtung' des Menschen im Medium der Schrift bestehen. [NG 302, 324, SBA 25] Das eigentliche Thema seines Vortrages aber war die unvermeidliche Umstellung des Humanismus auf andere Medien, die von der neueren Informations- und Biotechnologie ausgeht und die möglicherweise das Ende beider biopolitischer Prozesse bedeutet. Auf dem Spiel steht der Status des Humanismus in der Informationsgesellschaft.

In gleicher Weise wie Foucault dekonstruiert Sloterdijk den Humanismus, indem er das Unmenschliche wieder einführt: „Das Etikett Humanismus erinnert – in falscher Harmlosigkeit – an die fortwährende Schlacht um den Menschen, die sich als Ringen zwischen bestialisierenden und zähmenden Tendenzen vollzieht." Er legt den antiken Humanismus von Cicero als ‚Parteinahme in einem Medienkonflikt' [NG 309] zwischen dem Buch und dem Amphitheater aus. Die Antwort auf die Frage, wer der Mensch ist, wird somit zu einem Medienstreit, der seit Cicero fast immer zu Gunsten des Ersteren entschieden wurde. Auch der Humanismus geht davon aus, „dass Menschlichkeit darin besteht, zur Entwicklung der eigenen Natur die zähmenden Medien zu wählen und auf die enthemmenden zu verzichten." [NG 309-10] Es ist aber wiederum klar, dass was menschlich ist und was nicht vom Humanismus von Anfang an als bekannt vorausgesetzt wird.

Die verheerenden Geschehnisse des zwanzigsten Jahrhunderts und das Aufkommen der neuen Medien führen jedoch zu unvorhergesehenen, aber fundamentalen Problemen für diesen klassischen Humanismus. Sloterdijk greift auf Heideggers Brief *Über den Humanismus* zurück, um auf diese Probleme einzugehen. Dieser Brief – kurz nach dem Zweiten Weltkrieg geschrieben – ähnelt in bedeutenden Aspekten kaum noch der humanistischen Literatur. Heidegger schreibt nicht für einen kleinen und abgeschlossen elitären Leserkreis auf nationaler Ebene, sondern versucht, sich am Humanismus vorbei neu zu positionieren.[12] In seinem Brief deckt er die Bedingungen für einen solchen Standpunkt auf und eröffnet auf diese Weise den posthumanistischen Denkraum, in dem sich auch Sloterdijks Antwortbrief verorten lässt.

Heidegger vertrat die Auffassung, dass der Humanismus das Denken unmöglich gemacht hat, weil er der wirklichen Frage nach dem Wesen des Menschen durch voreilige Deutungen aus dem Weg geht. Gleich nach dem Zweiten Weltkrieg, als Humanismus die letzte feste Burg der ideologisch ratlosen intellektuellen Elite war, treibt er darum die Annahmen des Humanismus auf die Spitze, indem er fragt, ob wir den Menschen und seine humanistische Selbstbestimmung wohl erneut als Lösung empfehlen sollten, denn eben in der gerade beendeten Katastrophe hat sich herausgestellt, dass der Mensch selbst, seine metaphysische und militante Selbstüberhebung inklusive, das Problem ist. Wir benachteiligen uns selbst in unserer humanistischen Verblendung. Für ein wirkliches Verstehen des Menschen ist die ontologische Differenz von ausschlaggebender Bedeutung. Durch die Analyse, *was* der Mensch ist, finden wir das Wesen des Menschen nicht, sondern wir müssen untersuchen, *wo* er ist.

Mit dem folgenden Zitat aus Heideggers Brief beginnt Sloterdijk die historisch-anthropologische Revision des ekstatischen offenen Platzes, an dem der Mensch durch das Sein angesprochen wird: die Lichtung. „Vielmehr ist die Sprache das Haus des Seins, darin wohnend der Mensch ek-sistiert, indem er der Wahrheit des Seins, sie hütend, gehört. So kommt es bei der Bestimmung der Menschlichkeit des Menschen als der Ek-sistenz darauf an, dass nicht der Mensch das Wesentliche ist, sondern das Sein als die Dimension des Ekstatischen der Ek-sistenz.“ [NG 315] Die anthropogenetische Revolution, durch welche das *animal sapiens* zu einem *homo sapiens sapiens* wird und seine ekstatische Stelle in der Welt einnimmt, verdient unsere Aufmerksamkeit, da das Zur-Welt-Kommen nicht nur mit dem Einzug in die Sprache als das ‚Haus des Seins‘ verbunden ist, sondern auch mit jenem in die von Menschen gebauten Häuser. Aber in Häusern wird nicht nur gehütet, sondern auch Biopolitik getrieben. Der Mensch lässt sich durch seine Behausung zähmen. Der vernünftige Mensch und Selbstdisziplinierung sind kongenial:[13] „mit der Zähmung des Menschen durch das Haus beginnt zugleich das Epos von den Haustieren. Deren Bindung an die Häuser der Menschen ist aber nicht bloß eine Sache von Zähmungen, sondern auch eine von Abrichtungen und von Züchtungen. ... Die Lichtung ist zugleich ein Kampfplatz, ein Ort der Entscheidung und Selektion. ... Wo Häuser stehen, muss entschieden werden, was aus den Menschen, die sie bewohnen, werden soll; es wird in der Tat und durch die Tat entschieden, welche Arten von Häusern zur Vorherrschaft kommen." [NG 322-3]

Als Nachfolger Zarathustras sucht Sloterdijk hinter dem Horizont der menschlichen Zähmung und Erziehung, außerhalb des Menschenparks eben, nach dem Raum, „in dem unvermeidliche Kämpfe über Richtungen der Menschenzüchtung beginnen werden" [NG 325] Er stellt sich mit Nietzsche die Frage, wer die ‚Züchtungsmonopole' besitzt. [NG 325] Aber genau wie Foucault und im Gegensatz zu Nietzsche (dem monotheistischen Christentum) kann er keinen Souverän, der das Monopol in den Händen hat, finden. Er spricht daher von einer „Zucht ohne Züchter" und einer „subjektlosen biokulturellen Drift" [NG 327]. Es ist die ‚königliche Kunst', Menschen auf eine solche Weise zu züchten und zu steuern, dass in der Gemeinschaft eine optimale Selbstregulation, kurz eine humanistische Biopolitik, entsteht. [NG 333-4] Aber gerade wegen der Absenz eines Souveräns ist die Domestizierung des Menschen in der Geschichte des Humanismus ‚das große Ungedachte'. Es ist, wie Foucault uns lehrt: die Selektion findet auf der Ebene des Diskurses statt. Das Medium des Humanismus ist die Schrift und Sloterdijk stellt daher einen Zusammenhang zwischen ‚lesen' und ‚auslesen', ‚Lektionen' und ‚Selektionen' her [NG 327]. Er schließt sich dadurch auch Nietzsches Perspektivismus an: jede Lektüre, auch die humanistische, ist immer eine Auswahl. Nur so bürgt die richtige Lektüre für die Verwirklichung einer allgemeinen Vernünftigkeit.

Kennzeichnend für unser technisches und anthropotechnisches Zeitalter ist, so Sloterdijk, dass sich immer mehr Menschen auf der aktiven Seite der Selektion befinden, ohne dass sie sich absichtlich in die Rolle des Selektierers zwängen müssen. Es liegt in diesem Kontext nahe, dass Sloterdijk seine angeprangerte, aber fast beiläufige Bemerkung über die Notwendigkeit vom Formulieren eines ‚Codex der Anthropotechniken' anführt. [NG 329] Wir erkennen aber auch die Unmöglichkeit dieser Regeln für den Menschenpark, denn uns stehen Entscheidungen in einer übermenschlichen Problematik bevor, die dennoch unvermeidbar sind. Das humanistische Projekt der Zähmung und Züchtung des Menschen sieht sich durch neue, aber noch immer sehr abstrakte Möglichkeiten der genetischen Manipulation auf zwei zusammenhängende Weisen in der empirisch-transzendentalen Verdoppelung des Menschen gefangen.

Wir müssen uns die Frage stellen ob wir unsere Gene besitzen können. Sind wir *maître et possesseur* über sie? Sind sie Teil unserer eigenen Selbstordnung (Auto-*Nomos*)? Die Antwort lautet, dass wir unsere Gene höchstens auf die Weise besitzen, wie wir auch unsere Bücher besitzen: als heteronome Medien, in denen wir zu dem werden, was wir sind. Wir besitzen sie nur, insoweit als wir auch von ihnen besessen sind. Trotzdem scheinen in der Perspektive des nicht umgestellten Humanismus meine Gene unverfremdbar zu sein, meine Bücher aber vor allem bloße Objekte. Daher müssen wir uns jetzt fragen, wem wir das Schreiben unserer Gene überlassen, wenn jeder Bücher schreiben darf? Meine Gene sind retroperspektivistisch zu Medien geworden. Mit dieser Einsicht ins Wesen der Genetik hat Sloterdijk mit *Regeln für den Menschenpark* eine Diskussion in Gang gesetzt, die direkt anschließt an das oft verschmähte Foucaultsche Misstrauen gegenüber der richtigen Lektüre und denWahrheitsspielen, in denen unsere Subjektivität entsteht. Früher lasen wir Bücher, jetzt auch Gene. Wenn man diese Verbindung übersieht, fehlt einem eine schwerwiegende Einsicht in diese Problematik, nämlich dass die Genetik schon als logische Fortsetzung im Humanismus impliziert ist und zugleich dessen Idealismus inwendig aushöhlt. Es ist bezeichnend für ihre Lage, dass gerade für Humanisten die Selbstverständlichkeit der Möglichkeit des Klonens von Menschen verdächtig geworden ist. Trotzdem muss sie als die auf der literarische Zähmung und Züchtung folgende Stufe im technisch fortschreitenden Bildungsprojekt verstanden werden. Aber sie führt zur Wandlung des humanistischen Menschbildes selbst. Das subjektive Interieur wird in der humanwissenschaftlichen Explikation immer weiter hervorgekehrt und seiner abstrakten Universalität entledigt. Man könnte obendrein postulieren, dass das Transzendentalsubjekt, das eine der letzten Hochburgen des humanistischen Innen ist, durch neue Technologien im Begriff ist, für immer verkehrt niederzubrechen. Indem klar wird, dass selbst das biologische Wesen des Menschen nur eine endliche, mediale Konfiguration gewesen ist, wird es immer schwieriger, das Züchten und Zähmen des Menschen nach einem humanistischen Ideal zu richten. Die humanistische Antwort auf diese Herausforderung, wie zum Beispiel Habermas[14] sie gegeben hat – Abstinenz von genetischen Eingriffen – ist demnach konsequent reaktionär. Für Sloterdijk dagegen ist der Mensch unmenschlich, und gerade das ist seine Chance.

Nach dem modernen Machbarkeitsideal will der Mensch das beherrschen, wodurch er beherrscht wird, und kann sich gerade deswegen selbst nicht zu Rate ziehen. Hat früher die richtige Lektüre uns selbstständige Verantwortungsträger für die Zukunft garantiert [NG 327], mit der Einsicht in die metaphysische Verdoppelung als eine Art gegenseitige aber unfundierte Beratung wird heute jede Garantie unmöglich. Es ist jetzt klar, dass Humanismus nur eine Stellungnahme in einem Streit war und „dass der Mensch für den Menschen die höhere Gewalt darstellt" [NG 329].[15] Man kann diese Gewalt sowohl als Macht als auch als Unmacht kennzeichnen. Im ersten Fall handelt es sich in der Tat um Chancen, die nicht abgelehnt werden können, aber im zweiten Fall geht es um ein Risiko, das sich nicht wirklich kalkulieren lässt. Es ist das paradoxe Merkmal der Spätmoderne oder der Risikogesellschaft, dass wir, trotz aller Machbarkeit, nicht mehr die ganze Verantwortung übernehmen können für das, was wird sind und machen. Wir können nicht immer selbst für die Risiken von dem, was realisierbar geworden ist, die Verantwortung auf uns nehmen. Die Verantwortlichkeit des autonomen Subjekts macht der Zurechnungsfähigkeit Platz,[16] „Versicherung ist Humanismus minus Buchkultur". [NG 150, SIII 260] Die Medialisierung findet empirisch ihren Ausdruck im Versicherungswesen und in der Claim-Kultur. Die Dezentrierung des Subjekts, die Dekonstruktion der Autonomie und der Übergang von Verantwortlichkeit auf Zurechnungsfähigkeit sind die ontologischen, ethischen und juridischen Symptome desselben historischen Prozesses[17].

Doch bleibt am Ende noch eine sozial-politische Dimension übrig, die innerhalb eines, nicht ‚des' Humanismus denkbar bleibt. Der kritisierte Humanismus ist nicht mit Humanität gleichzusetzen. Foucault bleibt ein Nachfolger Kants, insofern er seine große positive Wertung der kritischen Befragung der Gegenwart und uns selber als Haltung und Ethos des Denkens übernimmt, und das gilt auch für Sloterdijk.[18]

7 Humanismus und Technik

Der Mensch als technische Existenz: das scheint mir eine der großen Aufgaben einer philosophischen Anthropologie von morgen zu sein.
Max Bense

Der automobilisierte Mensch

Bereits in *Eurotaoismus* und *Kopernikanische Mobilmachung und ptolemäische Abrüstung* lesen wir, wie der moderne Aufklärungsprozess sich in eine Flucht nach vorne, in eine Mobilisierung um ihrer selbst willen pervertiert hat. Der universelle Prozess der Aufklärung soll uns nun endgültig vor der Konfrontation mit dem Realen bewahren. In Sloterdijks lapidarer Formulierung heißt das: „Wo Natur war, soll Infrastruktur werden." [SIII 554] Die kinetische Utopie der Moderne, Sein-zur-Bewegung und ihre Einbettung in die Technik, zeigt sich besonders in der allgegenwärtigen Automobilisierung, der Mobilisierung des Subjektes selbst (*autos*), oder in „dem Zustand, in dem sich jedes volljährige Selbst am Steuer seiner sich selbst bewegenden Maschine selbst bewegt". [ET 42] Die moderne Emanzipation von unseren natürlichen Hemmungen kommt zustande in einer ‚Autosymbiose', in dem Subjekt, Maschine und Fortschritt sich in einem *perpetuum mobile* miteinander verknüpfen. [SIII 587] „Das Auto ist der technische Double des prinzipiell aktiven Transzendentalsubjekts", heißt es schon in *Eurotaoismus*. [ET 42] Der Mensch und sein Auto bilden eine mediale Zwei-Einheit, in der das Auto die Rolle des besseren Ichs erfüllt. Das Auto ist daher eine Art Nobjekt, ein ‚rollender Uterus'[1] oder ein vor-subjektives und vor-objektives Medium, in dem unsere Subjektivität sich bildet.

In *Weltinnenraum* stoßen wir noch auf eine vergleichbare Deutung der untrennbaren Beziehung von Subjektivität und Aktivität in der Moderne. Subjekt-Werden bedeutet nicht nur eine ‚sub-jektivierung', ein Agent der foucaultschen Selbstkontrolle und -sorge zu werden, sondern mehr noch eine aufrüstende ‚Enthemmung' oder sogar ‚Hysterisierung' des Handelnden. Wenn Kant das Subjekt vom Verdacht der Fremdbestimmung reinigt und behauptet, Handeln sei nichts anderes als das Gehorchen der inneren Stimme der Vernunft, so übersetzt Sloterdijk diese moderne Autonomie zurück in eine ‚Neigung zur aktiven

Aneignung der eigenen Passivität', ohne die sich die neuzeitliche Subjektivität nicht mehr verstehen lässt. [WK 94-5] Wenn Sloterdijk in *Eurotaoismus* das postmoderne *passivum* in das moderne *activum* artikuliert, so macht er das in seinem neuesten Werk noch immer. Das Dispositiv der sich enthemmenden Subjektivität gleicht der Zusammenfügung ,eines Antriebssystems von leidenschaftsartigen (später auch: interessenartigen) Motiven mit einem Steuerungssystem aus vernunftartigen Orientierungen'. [WK 99] ,Autokonsultation' und ,Autopersuasion' dienen unserer Selbstermächtigung, ohne welche, heideggerianisch ausgedrückt, die Stellung des Subjekts unhaltbar würde. Unsere Essenz gleicht dem Modell eines Verbrennungsmotors: ein rationeller Mechanismus, der Brennstoff umwandelt in subjektives Handeln. Das englische Wort für Benzin, *motor spirit*, und das französische *essence* enthüllen, wie unzertrennlich Emanzipation und Motorisierung sind. Essentiell ist alles, was schnell und einfach in aktive Energie transformiert werden kann. Motoren sind die perfekten Sklaven, und Freiheit wird jetzt nach energetischen Regeln bestimmt. [ST 323]

Aber wie müssen wir diese Freiheit verstehen, die darin besteht, dass sich das Subjekt nach dem Gang der Dinge richtet und vom Rhythmus der Motoren und Explosionen bestimmt wird? Enthemmung und Selbstbestimmung haben sich im Laufe der Zeit so ineinander verschlungen, dass sie kaum noch zu unterscheiden sind: das Mittel (Geschwindigkeit) wird zum Ziel (Selbstbestimmung), das ,Medium' wird zur ,Botschaft'. Wir sind mobiler als mobil: in Kommunikations- und Transportmitteln eingebettet, überall zu jedem Augenblick erreichbar und verfügbar. Es wäre jedoch ein Anachronismus, von einer Technik*sucht* zu sprechen, so wie es in der vorherrschenden humanistischen Technikkritik üblich ist. Freiheit ist eine Frage der Technik, die Autonomie, die wir am Steuer oder beim Surfen auf den Wellen des World Wide Web erfahren, ist authentisch. Das Technische ist uns nicht fremd, sondern dient zur Erweiterung unserer ,Autopraxis', zur Einrichtung des spezifisch menschlichen Raums.

Der niederländische Philosoph Henk Oosterling schlägt deshalb in *Radicale Middelmatigheid* (2000) ein neues Überdenken des Humanismus vor. Der heutige Mensch ist radikal ,mittel-mäßig' geworden. Der Unterschied zwischen Existenz- und Genussmitteln oder Natur und Kultur ist diffuser denn je. Es ist schon längst nicht mehr so, dass Medien nur als Instrumente unseres autonomen Willens funktionieren, „eigentlich vereinnahmen sie uns und (be)dienen wir (sie)ihnen."[2] Die neueste IT bietet uns keinen transparenteren Blick auf die Wirklichkeit, sondern fügt ihr etwas hinzu oder ändert sie auf fast unsichtbare Weise. Interfaces werden selbst zur Botschaft, zum Beispiel in der Gentechnologie. Befreiung, Verfremdung, Autonomie, Verantwortlichkeit und Sucht sind für unsere heutigen Beziehungen zu den Medien keine angemessenen Begriffe mehr. Abgesehen von den letzten Technophoben richtet sich jeder in der westlichen Welt nach dem Maß der Mittel, auch diejenigen, die glauben Maß halten zu können. Jede Kritik daran ist hypokritisch, und radikale Kritik bedeutet Selbstdestruktion. Rationalität, schon immer die Frage der richtigen *ratio*, ist jetzt eine Frage der Technik.[3]

Wie Oosterling erkennt auch Sloterdijk diese nicht zu leugnende Macht: „Wenn das Medium zur Umwelt geworden ist, lässt sich die Frage, ob ein Medium böse oder gut ist, nicht mehr beantworten." [SIII 569] Die biopolitischen Konsequenzen dieser Einsicht hat er verarbeitet in *Regeln für den Menschenpark*; die Folgen auf Erfahrungs- und Legitimierungsebene sind vor allem in der Reihe von Vorträgen, die er als *fellow* am ‚Kolleg Friedrich Nietzsche' in Weimar gehalten hat und in *Weltinnenraum* zur Sprache gekommen.

Der operable Mensch

Welchen Status nimmt der Mensch in epistemologischer und politischer Hinsicht ein? Soll eine menschliche Willenserfahrung in seiner Autonomie, in seinen Trieben oder in seiner Medienabhängigkeit situiert werden? Wenn der Humanismus die herrschende politische Ideologie ausmacht, bisher aber den Erwartungen nicht genügt hat, welcher Schritt soll dann der nächste sein? Inwiefern gibt es zwischen Technologie und Willensmetaphysik einen Kurzschluss?

In *Regeln für den Menschenpark* untersucht Sloterdijk die Relevanz des Humanismus für die Informationsgesellschaft. Er stellt fest, dass durch den Aufschwung der Massenkommunikation und des Internets der Bildungshumanismus hinsichtlich der Bildung eines Menschen keine bedeutende Rolle mehr spielt. Menschliche Autonomie wird immer weniger durch eine ‚menschenwürdige' Ideologie und immer mehr durch Wissenschaft und Technik bedingt. Zugleich wird das Machbarkeitsideal mehr und mehr wörtlich aufgefasst. Gentechnologie, ebenfalls eine Form von IT, bietet uns die Möglichkeit uns weiter als je von unseren menschlichen Körpern zu emanzipieren. Die Forschungspraktiken werden allerdings noch immer mit humanistischen Werten legitimiert. Sloterdijk greift auf Heideggers Brief *Über den Humanismus* zurück, um sich die ethische und politische Frage zu stellen, ob wir den Menschen und seine humanistische Selbstbestimmung noch als Lösung anpreisen sollten, wenn sich gerade in den Katastrophen des vorigen Jahrhunderts der Mensch selbst, einschließlich seiner metaphysischen und militanten Selbsterhebung, als Problem erwiesen hat. Heidegger zeigt uns, wie wir den Menschen in unserer humanistischen Verblendung benachteiligen. Auch für Sloterdijk bildet diese Verblendung im Umgang mit neuen Technologien eine große Gefahr. Man soll sich der ‚falschen Harmlosigkeit' erwehren, mit der vorausgesetzt wird, dass dieses neue Erzeugungsverfahren automatisch in richtige Bahnen geleitet wird, sobald es der Mensch selber ist, der dieses Verfahren beherrscht und legitimiert. Mit Heidegger deckt er die Ohnmacht des Humanismus in bezug auf das System auf, das mehr Beherrschung und Berechenbarkeit verspricht, als es verwirklichen kann. Aber noch einmal: diese Skepsis betrifft eher das Ausweichen vor diesen Problemen in einen sich unendlich ausdehnenden Legitimierungsdiskurs durch Diskussion à la Habermas als einen Zweifel an den Verheißungen der Gentechnik.

Sloterdijks oft missinterpretiertes Plädoyer für einen ‚Codex von Anthropotechniken' kann in diesem Licht nur als Ironie verstanden werden. Die Frage muss gestellt werden, ob die anstehenden Herausforderungen überhaupt noch im Modus der Ethik prozessiert werden können, sofern damit die altehrwürdige Verbindung zwischen Freiheit, sittlichem Handeln und Subjektautonomie gemeint ist. Wegen dieser in der Menschenpark-Rede nur implizit anwesenden Frage waren es vor allem die heute allgegenwärtigen Bioethiker, die sich über die Forderung eines Kodexes empört haben. Während der Kontroverse in den Medien, die seinem Vortrag folgte, ist Sloterdijk zwar auf die Frage eingegangen, worin wohl der Inhalt dieses Kodex von Anthropotechniken bestehen sollte – in seinem *Offenen Brief an Thomas Assheuer* (Die Zeit 37/1999) erklärt er, ihm gehe es um die Grenze ‚zwischen legitimen, genmedizinischen Optimierungen für die Einzelnen und illegitimen Biopolitiken für Gruppen' – in einem Interview mit *De Groene Amsterdammer* vom 6. Mai 2000 heißt es aber: „Wir sollen zunächst über die Ontologie und die Logik sprechen, und erst danach über die Ethik. Die ethischen Maßstäbe ändern sich nicht. ...“[4] Einige der wichtigsten Merkmale einer solchen neuen Ontologie und der dazugehörigen Logik haben wir bereits im vorigen Abschnitt erörtert. Auf den nächsten Seiten konzentrieren wir uns vor allem auf einen relativ unbekannten aber entscheidenden Vortrag aus dem Jahr 2000 mit dem, einer Äußerung des Jesuiten Karl Rahner entnommenen Titel *Der operable Mensch – Anmerkungen zur ethischen Situation der Gen-Technologie*, in welchem dieser ontologische Rahmen entwickelt wird.

Sloterdijk bedient sich wieder des Heideggerjargons, wenn er behauptet, in der IT-Ära sei der Mensch endgültig aus dem Haus des Seins, das sich aus dem ‚humanistischen Schein' und der Sprache zusammensetzt, vertrieben worden. Alle häuslichen Illusionen werden untergraben. „Sprechen und Schreiben im Zeitalter der digitalen Codes und der genetischen Umschriften haben keinen irgendwie häuslichen Sinn mehr; die Schriftsätze der Technik entwickeln sich ausserhalb der Übertragung und rufen keine Anheimelungen und Äusserlichkeitsbefreundungseffekte mehr hervor. Sie steigern im Gegenteil den Umfang des Äusseren und Nie-Assimilierbaren." [NG 213] Daher Sloterdijks Aussage, der neue virtuelle Raum sei das modernisierte Außen, dem nicht länger ein Innen entspricht. [SI 61] Aber auch Heidegger hegte nicht die Illusion, ein vollständiges ‚Zu-sich-kommen' – nach Hegel das Ziel der Geschichte – gehöre zu den Möglichkeiten. Für Heidegger sei gerade der Irrtum die epochale Konstante, die sich immer wieder mit dem Menschen verbinden lässt. In der kommenden Epoche, in der wichtige gentechnologische Entscheidungen gefällt werden müssen, werden sowohl Spannung als auch Verblendung nur noch zunehmen, weil der Mensch selbst die Frage beantworten muss, „ob das, was er da kann und tut, auch wirklich er selbst sei und ob er in diesem Tun bei sich ist". [NG 215]

Sloterdijk fragt sich jedoch, ob Heidegger wohl konsequent seinshistorisch denkt, wenn dieser den menschlichen Irrtum als eine Konstante in der Seinsgeschichte postuliert. Die Gleichsetzung von ‚Ge-Stell' und ‚Ge-Häuse' schliesst dies jedenfalls aus. An Hand des Hegelkenners und Kybernetikers Gotthard Günther sucht Sloterdijk daher nach einer Erweiterung von Heideggers Ontologie.[5] Günther ersetzt die zweiwertige Logik (Negation und Affirmation) und eine einwertige Ontologie (Sein) der klassischen Metaphysik entsprechend durch eine dreiwertige Logik und eine zweiwertige Ontologie. Damit können kulturelle Phänomene wie Geräte, Zeichen, Kunstwerke, Maschinen oder Normen und Werte als ‚Zwitter' mit einer materiellen und einer geistlichen Komponente verstanden werden. [NG 217] Diese Zwitterhaftigkeit setzt eine zweiwertige Grammatik von Wahrheit und Irrtum ausser Kraft und ermöglicht uns zugleich einen Blick in die Reflektivität der Materie. [NG 218] Nur so kann die wachsende Künstlichkeit unseres Daseins und die ontologische Verfassung von Information als etwas Nicht-Materielles und Nicht-Geistiges, verstanden werden. Günther: „In der bisheringen Geschichte der Technik ist das Verhältnis von Subjekt und Objekt insofern irrtümlich beschrieben, als das klassische Denken dem Bereich der Seele noch eine überquellende Fülle von Eigenschaften zuweist, die in Wirklichkeit auf die Dingseite gehören und dort als Mechanismen höherer Ordnung begriffen werden können." [Zitiert von Sloterdijk in NG 383] Schon Hegel erlaubt es uns, Artefakte als ‚objektiven Geist' zu betrachten. Und auch für Sloterdijk gilt jede technologische Innovation als eine Explikation oder, um mit Hegel zu sprechen, die Objektivierung eines bestimmten Wissensstandes. Objektiver Geist ist nichts anderes als ‚das Prinzip Information', ein Drittes zwischen dem ‚Reflexionspol' und dem ‚Dingpol', zwischen Geist und Materie. Maschinen und Artefakte bilden die Verneinung des Zustands, der vor der Einprägung oder ‚in-formatio' in den Träger bestand. [NG 218]

Erst mit dem Satz „Es gibt Information" entsteht Raum für eine andere Grammatik, die zum Beispiel den Satz „Es gibt Gene" zulässt. Dasjenige, was im Christentum als besessen und im Marxismus als entfremdet gilt, ist im Grunde nur die Folge der praktischen Anwendung einer schon seit Platon benutzten Grammatik, die auch im modernen humanistischen ‚Fundamentalismus' eine entscheidende Rolle spielt. [TB 10] Der Humanismus ist, so Sloterdijk, reaktionär geworden. Er hat sich als eine nur zum Protest geeignete Position erwiesen, in der aber nicht länger adäquat über den Menschen nachgedacht werden kann. Die Technik zwingt uns, weiter zu blicken. Materielle Modifikationen unserer Subjektivität durch psychotrope und nöotrope Substanzen (zum Beispiel Anti-Depressiva und Drogen) und vor allem durch genetische Technologien und Neurophysiologie machen die neue Ontologie und Logik notwendig. Gerade in der materiellen Basisstruktur lebendiger Wesen, wie diese von Genen repräsentiert wird, lässt sich nichts Dingartiges mehr vorfinden, denn Gene sind nichts anderes als Befehle für die Synthese von Eiweissmolekülen. Mit dem Verlust des Dingcharakters von Objekten wächst zugleich die Angst vor dem Einbruch der Technik in das Subjekt. Nach der alten Ontologie verschwindet das Selbst als Folge des zugenommenen technischen Wissens allmählich in Dinghaftigkeit und Äusserlichkeit. Aber der Mensch ist ein Mittelwesen, irgendwo zwischen Geist und Materie, Subjekt und Objekt, Aktivität und Passivität, Herr und Sklave, und muss sich da stets aufs Neue ‚sammeln' und die Welt ‚dichten', wie Heidegger es sagt. In diesem informationellen Zwischen-Sein, Heidegger's ‚*inter-esse*'[6], erblickt Sloterdijk neue Möglichkeiten den *homo humanus* zu verstehen. Heidegger gibt „den Übergang zu der Deleuzeschen Lehre von den Vielheiten frei". Der Mensch ist nicht eine Instanz, die zwischen Ganz-bei-sich-sein und Ganz-ausser-sich-sein wählen muss, so Sloterdijk, sondern „eine regionale Möglichkeit von ‚Lichtung' und eine lokale Energie der Sammlung". Das ist es, was mit der oben bereits besprochenen existentialistischen Deutung des Daseins als ‚ekstatischer Immanenz' gemeint ist. Der Mensch „kann sich ebensowenig zwischen totaler Selbstdurchleuchtung und völliger Selbstverfehlung entscheiden wie zwischen absoluter Sammlung und restloser Zerstreuung." Technophobie verschwindet von selbst, wenn wir uns des metaphysischen Gehalts der Zweiteilung zwischen ‚Selbst' und ‚Umgebung' bewusst werden: der Mensch befindet sich dazwischen; er ist nicht mehr als ein Sammelplatz von Wissen und Können und nicht weniger als eine dauerhafte ‚Kompositionschance', wie auch Nietzsche schon wusste. [NG 222-3]

Noch einmal: Wer Subjekt ist, lebt, „ob er zustimmt oder nicht", in einem auto-operativ gekrümmten Raum. Der Mensch verkehrt mit sich selbst, wie ein Chirurg mit seinem Patienten. „Ich kann neuzeitlich nicht mehr authentisch, ..., ich selbst sein, solange ich mich von meinem potentiellen Operateur abstrahiere." [SIII 73] Wir müssen uns umstellen ‚vom Subjekt zum Projekt', wie Vilèm Flusser es sagt, und so mit den Gründern des ursprünglichen, renaissancistischen Humanismus die Potenzialität des Menschen weiter führen. Deshalb behauptet Sloterdijk in *Kränkung durch Maschinen. Zur Epochenbedeutung der neuesten Medizintechnologie* (2001): „Man muss Kybernetiker werden, um Humanist bleiben zu können." [NG 365] In der Ethik heisst das, dass wir nach einem neuem, posthumanistischen ‚Kompromis zwischen Kybernetik und Personalismus' suchen müssen, in dem wir ‚uns selbst übernehmen'. [NG 223]

Homöotechnik

Mit der Vorstellung der real existierenden Gedächtnisse oder der selbstorganisierenden Systeme wird die metaphysische Unterscheidung von Natur und Kultur hinfällig, „weil beide Seiten der Differenz nur regionale Zustände von Information und ihrer Prozessierung darstellen." [NG 218-9] Der Mensch als selbstorganisierendes System bildet keine geschlossene Einheit, sondern eine durchlässige, zeitbedingte Singularität, die nicht von der Natur getrennt werden kann. Auch wenn

Sloterdijk unser Dasein als einen Aufenthalt in Treibhäusern beschreibt, so verändert er damit das Verhältnis zwischen Menschen und der Natur: die Natur, die als nicht-äusserlicher Hausgenosse zu beschreiben ist, gehört immer schon zur Einrichtung unserer Treibhäuser. Wir täuschen uns selbst, wenn wir uns fragen, auf Kosten welcher Umwelt sich der Mensch hat erheben können. „Tatsächlich bezieht sich die Verdrängung der werdenden Menschengruppe nicht auf ihr natürliches Habitat, die afrikanische Graslandschaft, sondern auf ihre eigene herkömmlich tierische Art und Weise des In-Seins im naturalen Milieu." [SIII 492-3] Jeder Humanist muss zugeben, dass die Natur nie ganz ausgeklammert und ebensowenig auf die Umwelt zurückgeführt werden kann, sonst gäbe es gar keinen Grund für Sorgen über neue ‚Anthropotechniken'. Aber ebensowenig reduzieren wir uns selbst auf bloße Natur, wenn wir anfangen über das Klonen zu spekulieren. Im Gegenteil, gerade die Gentechnik führt eine Explizitierung der grossen Bedeutung der Technik herbei und zeigt sowohl Mensch als auch Natur als deren abgeleitete, variable Grössen.

Man muss hier mit Sloterdijk allerdings zwischen zwei Arten von Technik unterscheiden. In erster Instanz scheint die heutige Technologie durch eine Vereinfachung der Natur ermöglicht zu werden. Durch die damit möglich gewordene Verschwendung wird die Natur erschöpft. Dies ist die erstickende kontranaturale Technik, so wie sie Heidegger angegriffen hat, von Sloterdijk ‚Allotechnik', eine Technik des Fremden genannt. Die Angst vor dem Klonen gründet in Hochrechnungen für die Zukunft auf Grund von Erfahrungen mit dem, was bisher unter Technologie verstanden wurde. Die Gentechnologie aber bildet die Schwelle zu einer neuen Phase von Technik, in der zum ersten Mal die Simulation oder Verdoppelung statt der Erschöpfung der Natur ermöglicht wird. Folglich wird es Zeit für eine ‚Ontologie der prothetischen Realität'. [NG 361] Prothetische Geräte und technische Machbarkeit haben mit den uralten Ambitionen der Magie und Alchemie gemein, dass sie Natur produzieren und ergänzen, statt diese nur manipulieren zu wollen. Aber erst jetzt, mit den heutigen life-sciences, wird der Übergang von Maschinen zu Naturen in der Technik wissenschaftlich unterstützt. Die neue Technik, von Sloterdijk spekulativ angedeutet unter dem Titel ‚Homöotechnik', brauche nicht länger so etwas wie Rohstoffe, sondern besteht in einer ‚neuen Allianz mit dem Naturarbeiter'[7] [WK 45]. In dieser vorerst noch utopischen Vorstellung ist der Mensch selbst-operabel, aber nicht einfach wie ein ‚Rohsubjekt', sondern als Ko-Produktion und Ko-Produzent. „Die Naturgeschichte der Naturvergegenständlichung ist die eigentliche Affaire des Menschen". [NG 293] Und nicht nur Menschen, sondern alle menschliche Hervorbringungen sollten sich in einer Homöotechnik an das natürliche Kontinuum des ‚Zum-Vorschein-Bringens' anschliessen. Alles ‚Material' würde dann stets aus seiner Eigensinnigkeit verstanden und auf deren eigenen Grundlage bearbeitet. [ST 330-2] Dies ist für Sloterdijk nicht nur eine überspannte Spekulation im Stil spätromantisch-idealistischer Naturphilosophie, sondern das implizite Leitmotiv aller modernen technischen Wissenschaften.

Gentechnik sowie andere neuere technologische Explikationen von bis vor kurzem implizit gegebenen Lebensumständen, sind Teil einer Explikationsbewegung, deren Einblick in die Homöotechnik, so hofft Sloterdijk, zu einem ‚Atmosphärenbewusstsein' führen wird, in dem wir der Natur als neu entdeckte, aus dem menschlichen Bereich nicht länger ausgeklammerte Größe eher gerecht werden. [SIII 505] Bis jetzt hat es der (Allo)Technik gegenüber zwei Verhaltensweisen gegeben: entweder aggressive Aufklärung oder Religion, d.h. ‚ungelassene Unterwerfung'. [NG 205] Zu jener Heideggerschen Gelassenheit, wie sie noch von Sloterdijk in *Eurotaoismus* befürwortet wird, ist der Mensch empirisch gesehen denn auch wohl kaum imstande. Das ist nicht erstaunlich, so Sloterdijk, weil wir in der ‚Lichtung' nicht mit leeren Händen, als Hüter stehen, sondern als Produkte der Technikanwendung. Die ‚Lichtung' ist selbst schon technogen. Genauso, wie Heidegger Sartre paraphrasiert, in dem er behauptet: „nous sommes sur un plan où il y a principalement l'Etre", so paraphrasiert Sloterdijk Heidegger: „nous sommes sur un plan où il y a principalement la technique". [NG 225] Er plädiert daher in *Nicht gerettet* für eine andere, endgültig post-agrarische Form von Gelassenheit, „von der bäuerlichen Ergebung ins Unverfügbare des Wetters zum unternehmerischen Gefasstsein auf Markt-Chaotik." Es handelt sich hier nicht mehr um eine Rückkehr zum Kynismus oder asiatischen Gelassenheitsübungen. So wie bereits die Gynäkolisierung von Heideggers Technikkritik in *Eurotaoismus* zu einem aus heideggerianischer Perspektive verkehrten Denken führte, so wird jetzt klar wie wir auch durch die Technik selbst bereits auf Seinshöhe zurückkehren können. Das Vorbereitetsein auf das, was kommen wird, deckt sich mit dem Moment des Einblicks in die nicht-häusliche Homöotechnik. Die posthumanistische Technik datiert sich nach der Kehre. Indem Sloterdijk Sein durch Technik ersetzt, ändert sich die Gelassenheit des Hörens auf Nachrichten aus dem Sein in eine Aufgeschlossenheit für neue technologische Entwicklungen.[8] „Dem Sein, als Differential von Offenkundigem und Verhülltem, auf angemessene Weise ‚entsprechen' hieße aber: sich auf weitergehende Offenbarung oder Entdeckung – sowie auf immer neue Anlässe zu verdächtigen –

gefasst machen, zugleich mit der Wiederverhüllung von gegenwärtig Offenliegendem.“ [NG 205] Solche Sätze klingen unleugbar viel zeitgenössischer als Heideggers ‚hüten‘ und ‚gehorchen‘, und doch: sowohl für Heidegger als für Sloterdijk ist das Entwerfen die Primäraktivität des Daseins. Das wirklich Neue in Sloterdijks Aufsätzen über Heidegger ist, dass er dessen Phänomenologie in einen eher von Deleuze inspirierten Konstruktivismus übersetzt. Mit anderen Worten: dass sich die ontologische Differenz genauso gut vom Ontischen als vom Ontologischen her fassen lässt. Ob diese Ontologie sich verstrickt in einer ‚Verkehrung ihrer eigensten Absicht‘ und den Sinn von Sein nicht zureichend erklärt, wie Heidegger uns warnt[9], sei dahingestellt. *De facto* verschwindet damit aber der kritische Unterschied zwischen Gelassenheit und Aktivismus, denn das Denken folgt nicht auf das Sein, sondern „liegt mit ihm gleichauf“ [WK 113]. Wenn das Sein in das bislang aus der Vergessenheit seiner Wahrheit wesende Sein selber einkehrt, so entsteht eine konstruktivistische Offenheit und Alterität, die in keiner Weise mehr an die Anthropomorphismen und Subjektmetaphysik des humanistischen Technikverständnisses erinnert. Sloterdijk zeigt, wie auch über den Weg der Anthropologie und Technologie eine Ankunft in der Ontologie möglich ist. Selbst ein von der Technologie fazilitierter Konstruktivismus muss jetzt als eine Art *poièsis* verstanden werden. Homöotechnik bietet uns die Möglichkeit, dass die immer fortwährende künstliche Selbstgeburt mit der ersten natürlichen Geburt zusammenfällt. Im Idealfall wird die *natura naturans*, die schöpfende Natur, zum kulturellen Ereignis, in dem Konstruktivismus und Evolutionismus zusammenfliessen.

Transhumanismus

Homöotechnik ist die künstliche Simulation des natürlichen Entbergens in der Evolution und somit eine Art Intelligenzbeschleunigung. Ingenieure sind zunehmend Manipulatoren des Tempos der Naturierung. Diese Vorstellung ist nicht, wie Heideggers Diagnose des technischen Zeitalters, geprägt von der Herrschaft des offensiven Subjekts, das Objekte zu eigenen Zwecken in Form einer Operation instrumentell benutzt. Wir sollten, wie Sloterdijk sagt, eher von einer Kooperation sprechen. „Techniken entwickeln heisst künftig: in den Partituren der verkörperten Intelligenzen lesen und deren ‚eigenen Stücken‘ zu weiteren Aufführungen verhelfen. Die äussersten Situationen der Homöotechnik sind Ernstfälle der Ko-Intelligenz." In dieser kooperativen Intelligenzbeschleunigung erblickt Sloterdijk eine ‚Matrix eines Humanismus nach dem Humanismus'. [NG 226-31] In diesem Paragraphen soll Sloterdijks Position mit einer gegenwärtigen Strömung im Denken, an der nicht nur viele Philosophen teilhaben, sondern vor allem auch Techniker, Physiker, Biologen und IT-Experten, dem Transhumanismus, in Zusammenhang gebracht werden.

Transhumanismus ist ebenso wie Humanismus ein Sammelbegriff für verschiedene Bewegungen, die in einigen wichtigen Ausgangspostitionen, deren wesentlichste das Gebot der Vernunft und die Freiheit und Machbarkeit des Menschen sind, dem Humanismus entsprechen. Dennoch gibt es einen wichtigen Unterschied: Transhumanisten steht eine weitaus radikalere Version der Machbarkeitsidee vor Augen als den traditionellen Humanisten. Technischer Fortschritt ist ihnen nicht etwas Bedrohliches, sondern bietet dem Menschen im Gegenteil immer mehr Möglichkeiten zur Selbstentfaltung. Die Nanotechnologie, kryogene Suspension (das Einfrieren von Menschen), genetische Manipulation und das Klonen dienen uns zur Selbstverbesserung. Dabei ist die darwinistische Evolutionstheorie von grosser Bedeutung. Der Mensch ist Teil der Natur, entwickelt sich nicht nach einem bestimmten Konzept, sondern vielmehr durch Zufallseinwirkung. Diese sich exponentiell beschleunigende Entwicklung führt zu einer wachsenden Komplexität von Lebensformen. Die menschliche Kultur kann als der Versuch, den Zufall darin zu bezwingen, betrachtet werden. *Genetical engineering* ist dessen Radikalisierung, aber auch AI (*Artificial Intelligence*) und *cyborgs* – teils organische, teils maschinelle Zwischenformen – tragen dazu bei. Auf Informationsmatrizen gegründete Technologien gehen nicht von einem Bild der Welt aus, wie diese ist, sondern wie sie sein könnte. Mit dem Hervorbringen neuer Natur durch Menschen, die im Begriff sind ihre eigenen evolutionären Nachfolger und vielleicht sogar völlig neue Lebensformen zu entwickeln, ist es notwendig geworden, den Ausdruck vom ‚Ende des Menschen' wortwörtlich aufzufassen. Folglich ist es auch nicht verwunderlich, dass Nietzsche im Transhumanismus eine bedeutende Position einnimmt. Behauptete er nicht schon, dass der Mensch etwas sei, das überwunden werden soll? Dass die Produkte unseres Konstruierens sich in zunehmendem Maße unserer Beherrschung entziehen werden, scheint nur aus der anthropozentrischen Perspektive heraus, die auf einer statischen natürlichen Ordnung beruht, eine Gefahr. Evolutionär gesehen können und müssen wir dafür keine Verantwortung übernehmen. Wenn das

Aufklärungsprojekt, getrieben durch Selbstübersteigung, die Entwicklung des Übermenschen vorantreibt – was haben wir, unscheinbare Menschen, denn dagegen einzuwenden?

Sloterdijk schreibt in *Regeln für den Menschenpark*, dass sich bei derartige Fragen „der evolutionäre Horizont vor uns zu lichten beginnt" [NG 330]. Im großen und ganzen teilt er in seiner medialen Perspektive die Prämissen und Zukunftsphantasien des Transhumanismus. Wie Foucault bezieht er sich beim Rückblick auf die „zurückliegenden tausendjährigen Prozesse, in denen bisher dank intimer Verschränkungen von Züchtung, Zähmung und Erziehung Menschenproduktion getrieben wurde – in einem Betrieb freilich, der sich weitgehend unsichtbar zu machen wusste und der unter der Maske der Schule das Projekt Domestikation zum Gegenstand hatte" – wie auch beim Denken eines ‚Weltalters tief über die Gegenwart hinaus' auf Nietzsches ‚Übermenschen'. [NG 326] Letzteres sollten wir allerdings beim Wort nehmen. Die technologische Verbesserung des Menschen führt möglicherweise zur biologischen Veränderung des transzendentalen Subjekts. So entsteht nicht nur eine neue Kombination von Möglichkeiten, sondern das biologisch Machbare selbst ändert sich! Sein Essay *Der operable Mensch* beginnt Sloterdijk mit einer Paraphrasierung von Sartres Worten: „Es ist weder unser Fehler noch unser Verdienst, wenn wir in einer Zeit leben, in der die Apocalypse des Menschen etwas Alltägliches ist." [NG 212] Die kritische Frage, die er dabei stellt und die hinsichtlich des bei ihm immer wieder auftauchenden, gleichfalls nietzscheanischen (Schreckens)Bilds vom letzten Menschen auch auf der Hand liegt, lautet: Wollen wir den Übermenschen oder den letzten Menschen? ‚Wollen' ‚wir' die riskante Steigerung menschlichen Potentials oder die Bändigung ‚unmenschlicher' Tendenzen in behutsam abgesicherten ‚Parks'?

8 Rezeption und Kritik

Anti-Dialektik

Der für ein philosophisches Debüt enorme Erfolg von Sloterdijks *Kritik der zynischen Vernunft* – das Werk ist mit einer Auflage von 120.000 Exemplaren das bestverkaufte deutschsprachige philosophische Buch nach dem Zweiten Weltkrieg – ist vor allem dadurch zu erklären, dass es sich sehr eng an den Zeitgeist der 80er Jahre anschließt und von einem genialen ‚Fingerspitzengefühl' für die unausgesprochenen Erfahrungen seiner Generationsgenossen zeugt. Sogar die Literaturprominenz (Günther Grass, Martin Walser) ist enthusiastisch. Das Buch kommt unerwartet, aber ist längst fällig, wie es in *Spiritus Lector. Die Zerstreuung des Zeitgeistes* (1987), der amüsanten und sehr gewissenhaften Rekonstruktion der Rezeptionsgeschichte von Otto Kallscheuer, bestätigt wird. Durch die vielleicht übertrieben große Medienbeachtung wird Philosophie zu einem kulturellen Ereignis, bei dem das alternative Milieu, das in den Ruinen nach dem ideologischen Kampf von '68 übrig geblieben ist, Bilanz zieht. Kallscheuers auf Bourdieus Kultursoziologie festgelegte Analyse kommt zu folgender Schlussfolgerung: „Die im Prozess seiner literarischen Rezeption konstruierte soziale Relevanz des Sloterdijkschen Buches lebt von ihrem Verweis auf einen spezifischen sozialen Habitus, der in seinen charakteristischen Merkmalen – *gnadenlos* kritisch, aber *sanft* freundlich – eine spezifische Ambivalenz ‚verkörpert': Ambivalenz der sozialen Einstellung, aber auch Ambivalenz (sprich: Nicht-Verortbarkeit, wenn gleich Identifizierbarkeit) des sozialen Milieus."[1]

Ambivalent äußern sich auch die Rezensenten. Alle loben sie Sloterdijks Gelehrsamkeit und Fähigkeit, den Zeitgeist zu deuten. Über seine Wortakrobatik sind die Kritiker schon weniger begeistert: „Allerdings bietet (Sloterdijks Werk) nicht durchweg den frechen Witz, den es verheißt. Kalauer ... sind kein Ersatz dafür. Die Begriffe sind mitunter unpräzise oder modisch. ... Trotzdem ist Sloterdijk eine bedeutende Leistung gelungen. Er hat das Zeitalter der ‚Doppelbeschlüsse' auf einen prägnanten Begriff gebracht."[2] Über den eigentlichen Inhalt scheinen die Meinungen sehr auseinander zu gehen. Im Besonderen der Unterschied zwischen Zynismus und Kynismus steht unter Beschuss. „‚Kyniker' contra ‚Zyniker' – die neueste Finte unserer Intelligentia" lautet der Untertitel der Rezension von Armin Mohler in *Criticon*;[3] „Sloterdijks Bubenstreich besteht im Dahingestelltbleiben von Kriterien, die es uns erlauben, ohne jegliches Fehlerrisiko zwischen dem Zynismus und dem Kynismus zu unterscheiden.", schreibt Jacques Le Rider in *Le Monde*.[4]

Wie auch immer: Sloterdijks Philosophie war von Anfang an umstritten. Eine nicht unbedeutende Besonderheit in der frühen Rezeption des Werks *Kritik der zynischen Vernunft* ist, dass *Der Spiegel*, als Reaktion auf den anfangs positiven Konsens der großen Presse (*Die Zeit*, *Frankfurter Allgemeine Zeitung*, *Süddeutsche Zeitung*, *Frankfurter Rundschau*), eine vernichtende Kritik veröffentlicht.[5] Von diesem Moment an bis zum heutigen Tage wird dort eine Art permanente Kontroverse geführt, die mit jedem neuen Werk neu belebt wird. Wir brauchen nur den *Spiegel* vom Dezember 2002 aufzuschlagen, um festzustellen, dass sich wenig geändert hat: „Schon Jürgen Busche, der damals im Feuilleton der *FAZ*[6] Sloterdijk als Schriftsteller ‚Schopenhauer und Spengler ebenbürtig' sah, stimmte der ‚hochpathetische' Schluss ‚eher bang'. Doch das war erst der Anfang. Seitdem nähert sich der Prediger des Kynischen und Dionysischen immer mehr dem Duktus seines Vorbilds Friedrich Nietzsche, der in *Ecce Homo* einst ganz unironisch schrieb: ‚Und allen Ernstes, niemand wusste vor mir den rechten Weg, den Weg aufwärts: erst von mir gibt es wieder Hoffnungen, Aufgaben, vorzuschreibende Wege der Cultur – ich bin deren froher Botschafter.'"[7] Sloterdijks Gegner sind in der Regel keine Nietzsche-Freunde; der Philosoph mit dem Hammer scheint noch immer eine sehr prekäre Stelle in der deutschen Geistesgeschichte einzunehmen. Im selben Artikel von Mohr, *nota bene* auch der Autor des Beitrages im *Spiegel*, der am Anfang des Menschenpark-Skandals stand[8], werden dem ‚Felix Krull der Intellektuellenszene' dann auch dieselben Vorwürfe von Frauenhass und Antisemitismus wie Nietzsche damals gemacht. Dem wird nun die dritte europäische Untugend – der Anti-Amerikanismus – hinzugefügt. „Bei Frauen und Juden hält Sloterdijk sich noch zurück – was die Amerikaner angeht, hat er bald nach dem 11. September 2001 alle Hemmungen abgelegt."

Seit dem Zweiten Weltkrieg gibt es eine sehr starke Tradition der Kritischen Theorie, in der wenig Raum für nietzscheanisches Denken bleibt. Bereits in seinen Debatten mit den französischen Philosophen zu Beginn der 80er Jahre kann man die anti-nietzscheanische Haltung von Habermas nachlesen.[9] Dennoch ist Habermas' anfängliche Besprechung der *Kritik der zynischen Vernunft* nicht ausschließlich negativ.[10] In Sloterdijks essayistischem Stil sieht er noch kein Problem: „Die literarisch glanzvolle Verbindung von philosophischer Essayistik und Zeitdiagnostik ist sonst eher in Frankreich zu Hause. Den Blick fürs Physiognomische und die Begabung fürs Konstruktive, Sloterdijk erprobt beides an sehr deutschen Phänomenen." Der außersprachliche kynische Impuls hat dabei seine Vorteile: „Die argumentfreie Methode hat den Vorzug, den Selbstwidersprüchen zu entgehen, in die sich die von Nietzsche bis Foucault durchgespielten Versuche einer argumentativen Liquidierung der Vernunft verstricken." Jedoch reicht dies nicht aus: „Dieser Vorzug fordert aber den Preis, dass sich der Kyniker schlechthin abhängig machen muss von der Produktivität seiner Gegner: er lebt als Parasit von den Behauptungen der anderen und läuft Gefahr, an Langeweile zu sterben, sobald Sokrates aufhört, zu sprechen und zu widersprechen." Es leuchtet ein, dass Habermas diesen Vorwurf benutzt, denn die Möglichkeit zu Kritik steht oder fällt bei ihm mit dem begrifflichen Argument im Dialog, aber es ist sehr fraglich, ob diese Gefahr tatsächlich besteht. Sloterdijk legt sich nicht so sehr auf eine argumentfreie Methode fest; er übersetzt (im Sinne von sprachlich machen und ‚trans-latio' [FEE 34], buchstäblich: ‚über-tragen') im Gegenteil die kynischen Aspekte der Philosophie, nicht um sie als Gebärde dessen zu belassen, was sie sind, sondern um sie in spezifische Kontexte der Argumentation einbringen zu können.[11]

Im 1987 erschienenen Band *Peter Sloterdijks ‚Kritik der zynischen Vernunft'*, in dem auch Kallscheuers Rekonstruktion der Rezeptionsgeschichte publiziert wurde, erschienen unter anderem Essays und Kommentare von Heinrich Niehues-Pröbsting, Thomas Macho und Peter Glotz. Ein häufig wiederkehrender Kritikpunkt lautet, dass der Kyniker zu weit außerhalb der Gesellschaft steht, um konstruktive Kritik äußern zu können.[12] Die Dialektik zwischen Individuum und Gesellschaft ist aber kaum ein zentrales Problem in Sloterdijks Debütwerk.[13] Der Kynismus steht nicht für einen Rückzug aus der Gesellschaft, sondern für eine permanente, nicht-dialektische Distanz.

1993 veröffentlicht Wulf Noll die bislang einzige ausführliche Studie über Sloterdijks Werk: *Sloterdijk auf der ‚Bühne'*. Er stellt Sloterdijks Werk in einer größeren Zusammenhang unter dem Aspekt der Dialektik der Aufklärung und der daraus folgenden Fragen nach der Anerkennung und Fortsetzung des Aufklärungsprojektes und der Modernität. Es leiste zwar keinen Beitrag zur dialektischen Methode, wohl aber zu ihrer Anwendung auf die wichtigsten Probleme dieser Zeit.[14] Die dialektischen Wurzeln gingen bis in die 70er Jahre zurück, nämlich bis in die Zeit seiner Arbeit an seiner Dissertation *Literatur und Organisation von Lebenserfahrung* (1976).[15] Dass Sloterdijk bereits

1972 einen Essay über die radikal nicht-dialektische Geschichtsphilosophie Foucaults, *Michel Foucaults strukturale Theorie der Geschichte* (1972) veröffentlicht hat, ignoriert er. Auch Sloterdijks rückblickende Kommentare in späteren Werken weisen eine stark von den französischen antidialektischen Differenzdenkern beeinflusste Distanzierung von fast jeder Form der Dialektik auf. [RMP 168] Sloterdijk ehrt in *Selbstversuch* tatsächlich Hegels Diktum „Philosophie ist ihre Zeit in Gedanken erfasst" [SV 9] und in *Im selben Boot* heißt es schlicht „um so schlimmer für die Tatsachen" [ISB 14]. Aber damit ist er noch kein Dialektiker. Bereits das kritische Denken der *Kritik der zynischen Vernunft*, das wir hypokritisch genannt haben, spiegelt eher das Gegenteil wider.

Das Motto des zentralen Kapitels ‚Transzendentale Polemik' in der *Kritik der zynischen Vernunft* bilden Heraklits berühmte Wörter „Der Kampf ist der Vater aller Dinge" [KZV 652]. Hier ist keine Aufhebung der Spannung möglich. Alle europäischen Dialektiken nach Heraklit dagegen, so Sloterdijk, sind allesamt nicht mehr als ‚Siegerphantasien'. [KZV 681] In Hegels Dialektik zum Beispiel beruht die Selbstbestätigung des Subjektes auf der Aufhebung von allem, was sich von diesem unterscheidet. Dies ist auch der Fall mit Marx' materialistischer Dialektik, ungeachtet dessen, dass diese als subversive Reaktion auf den hegemonialen Idealismus Hegels gemeint ist. Für beide gilt, dass eine Befreiung immer die Form eines Diktatfriedens annimmt. Adornos negative Dialektik ist eine Umkehrung dieser Tradition und ein erster Schritt auf dem Weg zur ‚Wiederherstellung der Allgemeinen Polemik'. Sie bildet eine Dialektik, die nicht auch noch eine Legitimitätstheorie für die Herrschaft eines angeblich versöhnendes Subjekts ist. Kurz: „Die Kritische Theorie war der Versuch, das Erbe der Dialektik anzutreten, ohne Siegerphantasien zu spinnen." [KZV 679, 687] Sloterdijk möchte aber noch weiter zurückgehen, zu einer heraklitischen Philosophie von Polaritäten, eine ‚Rhythmik oder Polaritätsphilosophie' [KZV 690], die den rationalen Kern der sowohl ‚positiven' als auch ‚negativen' Dialektik ausmacht, aber davon getrennt wird, weil sie nur zur Beschreibung der Wirklichkeit gedacht ist, ohne jede ontologischen Forderung eines Denkers, der von den Phänomenen, die er untersucht, getrennt ist. „Wenn es überhaupt richtig ist, solche Polaritätsphilosophie Dialektik zu nennen, so handelt es sich jedenfalls um eine kosmologisch-kontemplative Theorie, und in ihr gibt es nichts, was an das modernere ‚dialektische' Subjekt-Objekt-Verhältnis erinnert." Adorno sitzt nach Sloterdijk noch in der Falle der Subjekttheorie, die ein zentrales Element in der Dialektik ist. Er bringt das zwar ans Licht, aber er ist noch nicht imstande, ihr zu entkommen. Sloterdijk schreibt das Wort dialektisch, wenn es um sein eigenes Denken geht, stets in Anführungszeichen. Die ‚Allgemeine Polemik', von Adorno eingeführt, tritt bei Sloterdijk an die Stelle der Polemik zwischen Subjekten, an Stelle also der dialektischen Polemik. Statt des bewaffneten Subjekts in militärischen, politischen und ideologischen Feindschaften bleibt für den Menschen in der polären Spannung kein ‚Selbst' mehr übrig. [KZV 692] Nur darin besteht noch die Möglichkeit eines ‚Werden', allerdings im heraklitischen Sinne, nicht im hegelschen. „Sofern aber die Verflüssigung der Subjekte, um die es in inspiriertem Denken stets gegangen ist, die entscheidende Aufgabe der praktischen Vernunft bleibt, gewinnt auch die Philosophie als Theorie der Vernunft hieran ihre letzte Norm. Eine Rationalität, die sich in den Dienst von Subjektverhärtungen gestellt hat, ist schon nicht mehr vernünftig. Vernunft, die uns erhält, ohne uns zu erweitern, war bereits keine. So kann reife Rationalität dem ‚dialektischen' Werden nicht entgehen." [KZV 695]

Mit diesem letzten Punkt schließt er sich wieder der Kritik an Hegels Dialektik an, wie sie auch von Adorno und den Differenzdenkern in Worte gefasst wurde. Dass Adorno sich dabei noch nicht ganz der Dialektik entzieht, kommt zuletzt daher, dass er die Vielheit noch mittels einem identifizierendem Denken zu affirmieren versucht. Er schließt das Andere noch in seine Kategorie des Nicht-Identischen ein und unterscheidet sich so von den späteren Differenzdenkern.[16] Er kann die Vielheit noch nicht an sich affirmieren und scheint so noch in Kants bewusstseinsphilosophischem Paradigma wie auch im Idealismus, wogegen der Kyniker sich so wehrt, gefangen zu sein. Wenn Noll postuliert, dass Sloterdijk zur Tradition der negativen Dialektik gehört, dann kann dies also nur der Fall sein, insoweit diese bereits eine Brücke zwischen der deutschen Kritischen Theorie und den französischen Differenzdenkern bildet.

Die unerträgliche Leichtigkeit der Theorie

Es ist nicht übertrieben, zu sagen, dass die Rezeption des späteren Werks ihren Höhepunkt in der sogenannten ‚Sloterdijk-Affäre' gefunden hat. Seit dem Sommer 1999 hat Sloterdijk, neben Habermas, den Status *des* deutschen Philosophen.[17] In der Öffentlichkeit jedenfalls, denn in der Welt der akademischen Philosophie ist Sloterdijk noch nie zitierfähig gewesen. Die oft geäußerte Kritik an *Regeln für den Menschenpark,* dass Sloterdijk nicht wirklich argumentiere, kursiert bereits seit seinem Erstlingswerk. Er schreibe in einem typisch deutschen Diskurs, der auf Nietzsche, Spengler und Heidegger zurückgeht, eine Denktradition, „die sich durch die Tiefe des Gedankens, Dunkelheit der Rede und Verachtung der Argumentation auszeichnet“.[18] Provokationen und Ambiguität machen ihn unbeliebt. In den Medien dagegen ist er sehr präsent; seine einfallsreichen Formulierungen besitzen Unterhaltungswert. Sein Brief an Habermas wurde in einen redaktionellen Rahmen gestellt, Habermas‘ Antwort dagegen erschien nur zwischen den Leserbriefen. Obwohl Sloterdijk den Medien Oberflächlichkeit infolge Konkurrenzdrucks vorwirft, kommt er Kritikern zufolge darin trotzdem überraschend gut weg. Sagt er nicht selbst schon: „Ich begrüße den Skandal als eine Produktionsform, in der sich die bürgerliche Öffentlichkeit daran erinnert, wofür sie da ist.“[19] Trotz seiner Abscheu vor der Expertenkultur wird er in deutschsprachigen Feuilletons ständig zitiert und nach seiner Meinung gefragt. Seit zwei Jahren hat er zusammen mit Rüdiger Safranski monatlich seine eigene Diskussionsshow im ZDF mit mehr als einer halben Million Zuschauern pro Sendung.

Sloterdijk ist ein Poseur, so Karl Heinz Bohrer[20]. Obwohl diese letzte Aussage kaum als sachlicher Vorwurf verstanden werden kann, tritt diese Anklage in fast allen jüngeren Artikeln über Sloterdijk immer wieder auf.[21] Seine regelmäßigen Fernsehauftritte haben dies nur noch verstärkt. *Sphären* wurde von den Kritikern außergewöhnlich skeptisch empfangen, vor allem nach der Debatte um *Regeln für den Menschenpark*, die zwischen der Veröffentlichung von *Sphären I* und *II* stattfand. Bohrers Kritik im *Merkur* vom November 1999, „Mythologie, nicht Philosophie. Das Phänomen Sloterdijk“, ist dafür exemplarisch. Nach Bohrer ist Sloterdijk kein philosophischer Autor, sondern ein Hersteller von Mythen. Dessen *Kritik der zynischen Vernunft* sei eine ‚Hippie-Mythologie‘. Sloterdijk schreibe mit Bildern, nicht mit Argumenten. Auch wenn er Bilder interpretiert, bleibt es bei ‚einem mystischen Fund‘. „Er reflektiert nicht eigentlich, argumentiert nur materiell, sondern setzt die Raum-Bilder und sich vor dem Adressaten in Szene (wie auch in der Adresse an Habermas)“[22].

Was könnte es sein, dass für viele Kritiker noch immer so unverdaulich ist? Vielleicht gibt es in diesem Werk einen Grundton, von dem viele Kritiker sich allzu leicht haben irritieren lassen, der sich aber bereits im Frühwerk wiedererkennen lässt? Der oft erwähnte Vorwurf, Sloterdijk habe sich in seiner gentechnologischen Vorfreude und seinem Lob des Überflusses vom Kyniker zum Zyniker gewandelt[23], verschleiert eine Kontinuität in diesem Werk, die von essenzieller Bedeutung für das Verständnis dessen ist, was dort philosophisch auf dem Spiel steht, jenseits der Ebene von Meinungen, Stellungnahmen und Aktualitäten: das Recht auf Leichtsinn, auf kontemplative und produktive Affirmation der Fülle des immanenten Lebens, ohne jede Verpflichtung zur Hypokrisie oder Hypochondrie.

Wir haben bereits erwähnt, dass in der Modernität das Glück und die Theorie einander ausschließende Größen sind. Philosophischer ausgedrückt, bedeutet dies, dass seit Kant Kritik und Affirmation nur schwer vereinbar sind. Kritik konstituiert im Wesentlichem das philosophische Projekt der Moderne; Affirmation bildet eine subversive Tradition derselben. Erstere hinterfragt die Fundamente unserer Erfahrung und unseres Weltbildes; die zweite hebt vor allem die Kreativität und Immanenz unseres In-der-Welt-Seins hervor. Die Kritik verhält sich parasitär zum Leben, wie Michel Serres[24] es uns gezeigt hat. Sie ist der primäre Reflexionsmodus des Für-die-Welt-Seins von Transzendentalsubjekten, die dem Glauben an das Wohlwollen der Welt entsagt haben. Erst seit dieser Trennung erfahren wir die Natur als Quelle grausamer Knappheiten und die Sozialwelt als Weltkrieg. [KZV 942] Ein solches Für-die-Welt-Sein kann zu nichts anderes als Zynismus führen und es ist diese ‚Logik', die Sloterdijk zu entschärfen versucht, indem er in der *Kritik der zynischen Vernunft* die Philosophie gegen sich selbst kehrt. Bereits in diesem Buch ist er auf der Suche nach einer ‚Aufklärung ohne Kritik'[25], denn der Kynismus ist nichts anderes als der unartikulierbare aber nicht desto weniger philosophische Leichtsinn, der jeden schwermütigen Rationalismus von vornherein verlacht.

Aber wie können wir dann erklären, dass Kritik immer wieder eine so zentrale Rolle in den Texten Sloterdijks einnimmt? Sei es selbst wieder als Objekt von Kritik oder sei es in programmatischer Bedeutung, wie es schon der Titel seines Erstlingwerks, aber auch in der ‚Kritik der politischen Kinetik' in *Eurotaoismus* und neulich in seiner Inauguralrede in Strasbourg, der ‚Kritik der extremistischen Vernunft'[26], zum Ausdruck gekommen ist? Für eine Antwort müssen wir zurück zu Nietzsche, der als erster moderner Philosoph die Kritik selbst zum Objekt seiner genealogischen Kritik gemacht und zugleich den Nihilismus dieser doppelten Negation in eine affirmative Philosophie umzuwandeln versucht hat. Der Tanz Zarathustras ist ein Spiel mit den Gravitationsgesetzen, das die Erde statt als ‚Grund' als ‚die Leichte' bejaht und das, statt von einem zentripetalen ‚Geist der Schwere' zu ihr hinuntergezogen zu werden, sie deterritorialisiert. Auch im Werk 'hypokritischer' französischer Autoren, wie Foucault und Deleuze, kann man beobachten, wie philosophische Kritik selbst affirmativ wird. In dieser jüngeren Strömung findet eine post-kritische Rückkehr zur affirmativen Philosophie des 18. Jahrhunderts statt, die, wie wir nun wissen, im Bemühen besteht, die Postmoderne zu überwinden. Ihr müssen wir auch das Werk Sloterdijks zuordnen. Genau dieser nietzscheanische Sinn für das Leichte hat den Weg von Diogenes' nackter Wahrheit über die mystische Affirmation in *Eurotaoismus* bis zur optimistischen Explikation des Aufwärtsdrucks der Moderne geprägt. Vom Kynismus bis zu der 'Antigravitationsdynamik des Realen', der 'himmlischen Linken' und ihrem 'Konstruktivismus' erkennen wir den unablässigen Versuch, über die vorhandenen negativen Definitionen hinauszugehen. Es wäre ein Irrtum, die irdische Nüchternheit des Kynikers in scharfem Kontrast zum Leichtsinn des Sphärologen zu betrachten, denn auch der Kyniker, trotz seinem Materialismus, war fern von einer Dialektik, die im Unterbau den Motor der Geschichte lokalisierte. Bereits in der *Kritik der zynischen Vernunft* geht es Sloterdijk um eine Neubewertung der Intimität von kritisierendem Subjekt und kritisierter Welt, die außerhalb jedes seriösen akademischen Diskurses steht. Wenn wir in den letzten Werken Sloterdijks noch einen kritischen Impuls finden können, so hat der nur noch wenig mit dem der Kritischen Theorie zu tun, denn „sie üben Kritik im alten Stil, indem sie die Leichtigkeit des Scheins im Namen der Schwere des Realen enthüllen. In Wirklichkeit, meine ich, konnte durch das Ereignis des Überflusses in der Moderne das Schwere in Erscheinung treten – und das 'Essenzielle' verweilt nunmehr in Leichtigkeit, in der Luft, in der Atmosphäre. Sobald dies verstanden wird, ändern sich die Bedingungen der Kritik maßgeblich. Marx behauptete, dass alle Kritik mit der Kritik der Religion anfängt, ich würde stattdessen sagen, dass alle Kritik mit der Kritik der Schwerkraft beginnt."[27]

Es sind die esoterischen Töne einer solchen Formulierung, von denen die Kritiker sich womöglich allzu leicht haben irritieren lassen. Sloterdijk beutet die Frivolität des Schaumbildes weitschweifend aus, jedoch mit einer klaren Absicht. Schäume sollten nicht als oberflächlich Schillerndes und aufgeblasene Akzidenzen, die nicht solide genug für unsere Aufmerksamkeit sind, abgetan werden. [SIII 28-9] Es ist keinesfalls das verlockende Luftschloss, das wir nicht schwer nehmen zu brauchen, weil davon nichts übrig bleibt beim leisesten Zugriff. Der traditionelle Standpunkt der Kritischen Theorie zu dieser Traumwelt wird zum Beispiel von Virilio in *Ground Zero* artikuliert, wenn er unsere Welt kritisch als eine, „die resolut akzidentell ist – dass heisst, ein

Feind seiner eigenen Substanz“[28], beschreibt. Sloterdijk dagegen beruft sich auf den aufmerksamen Betrachter, der für eine ‚neue Empirie‘ des Virtuellen, nicht geprägt von einer moralischen Technikphobie und frei vom Geist der Schwere, aufgeschlossen ist. Folgerichtig und in sphärologischen Begriffen ausgedrückt, ist die Modernität ein Aufwärtsdruck, der zur Verschäumung führt. Im niederländischen *Verlichting* und im englischen *Enlightenment* kommt noch klar zum Ausdruck, wie die Mobilmachung unseres Daseins im Geiste der Technologie uns vor jeder Konfrontation mit der Wirklichkeit verschonen kann. Anstelle der terrestrischen Kugel erobern wir nun auch den Luftraum und das Universum mit Wolkenkratzern, Flugzeugen und Spaceshuttles – ‚Eigenräume‘, in denen das Klima komplett künstlich geworden ist. [SI-II 722] Der neue Reichtum ist Folge der Aufklärung und muss als eine umfassend durchgeführte Aufhebung der Belastung durch die umgebende ‚Umwelt‘ ausgelegt werden. Nur eine solche Entlastung erklärt das Entstehen der typisch menschlichen, von der Außenwelt abgekehrten Eigenräume. Die Beseelung unserer Lebensbereiche ist nur durch anti-gravitationelle Kräfte möglich, denn Menschen sind zuerst ‚Schwebewesen‘.

Leichtigkeit ist so nicht nur Thema der sphärologischen Analyse sondern auch deren Existenzbedingung. Erst wenn die Leichtigkeit explizit geworden ist, erscheinen menschliche Gegebenheiten *sub specie* als Aufhebung. „Anthropologie ist ... nichts anderes als die Wissenschaft vom Leichtsinn“, heisst es bereits in *Eurotaoismus*. [ET 180] Mit dem Übergang von der romantischen zur kybernetischen Ironie ist eine neue theoretische Leichtigkeit entstanden, ohne die sich die Virtualität der Sphäre nicht artikulieren lässt. Zur Erinnerung: Die Sphäre ist virtuell, denn sie besteht letztendlich aus Sprache, Imagination, Fiktion, Religion usw. Der virtuelle Raum ist kein physisch lokalisierbarer Platz, sondern ein Non-Platz, ein Ort, den Michel Serres *hors-là*[29], außerhalb-von-dort, genannt hat. Es ist wichtig, nochmals auf den unwirklichen oder unsubstanziellen Charakter von Schaum hinzuweisen. Schaum ist nämlich sowohl in physischer als auch in metaphorischer Hinsicht nicht mehr als die dynamische Gleichgewichtslage *zwischen* autogenen Spannungen. Wenn wir die Frage nach dem Zement in der Gesellschaft noch einmal stellen, so will dieser selbst medientheoretisch verstanden sein. Schaum ist nicht eine Substanz wie Zement, sondern ein trübes Medium, in dem das Leben entsteht. [SIII 38] Mittels Kommunikation im starken Sinne erschaffen wir uns Plätze zwischen Plätzen; wir sorgen dafür, dass wir zugleich hier und dort sind. Wir heben auf, steigen von der Erde und den massiven Körpern in eine virtuelle, aber genauso wirkliche Welt der Fluide oder Gasartige Welt auf. Wir können und dürfen uns hierin nicht länger ernst nehmen, ‚schwer' nehmen. Das gilt auch für die Aufklärung und ihre Emanzipationsdiskurse an sich, die immer das Dogmatisch-Werden der eigenen Anmaßungen verhüten müssen. Diese Schlussfolgerung lässt Sloterdijks Darlegung so provozierend und nahezu ‚unerträglich' für jeden erscheinen, der noch immer die Kraft der Schwere spürt. ‚Sphärologie' ist letzten Endes ohne jede Grundlage: sie ist radikal anti-fundamentalistisch. Sloterdijk scheint keinen Grund zu haben, um diesen Abgrund oder was Deleuze den ‚Ungrund'[30] dieser neuen Theorie nennt, noch weiter zu problematisieren. In der Tat vermeidet die Sphärologie jenes, was Nietzsche den Humanismus oder Positivismus mit seinem bodenständigen ‚Fatalismus der *petit faits*'[31] nennt, sondern sucht nach einem wirklich freien Denken jenseits des Realitätsprinzips. [Vgl. auch ST 107 und 114, wo der Humanismus als ‚Fundamentalismus der westlichen Kultur' bezeichnet wird.] Sie ist paradoxerweise noch eine große Geschichte, aber nun ohne den Willen etwas zu begründen. Dasselbe kann sonst nur von wenigen Strömungen der Systemtheorie oder des Konstruktivismus des 20. Jahrhunderts gesagt werden, in denen Sloterdijk die Entdeckung der vollständigen Gewichtslosigkeit wiedererkennt, weil diese als erste bis dahin Untolerierbares und Irrationelles theoretisiert haben. *Escapology*, der Titel des Robbie-Williams-Albums von 2003, den Sloterdijk anführt, um den postmodernen Hedonismus des Lebens in Schäumen auf einen Nenner zu bringen, fasst auch das Eigentümliche dieser neuen Wissenschaften zusammen. Wenn die Bedeutung von Kybernetik wächst, dann deshalb, weil sie das Leben als etwas untersucht, dass vorher nur als ein reines Surplus, als Abschaum des Wirklichen gesehen werden konnte, welcher lediglich in einer leeren Selbstreferenz besteht und sofort verfliegen würde, wenn man ihn mit den schweren Instrumenten einer Wissenschaft von Substanzen oder einer fundamental(istisch)en Kritik konfrontierte. [SIII 30, 736-8]

Sloterdijk und die Öffentlichkeit

Aus dem Nachspiel seiner *Menschenpark*-Lesung zeigt sich Sloterdijks ambivalente Haltung der Presse gegenüber. Einerseits weiß er ganz genau, wie er mit den Medien umzugehen hat, andererseits hat er aus seiner Verachtung für den Journalismus nie einen Hehl gemacht. Wir haben bereits gesehen, dass das freie Denken für ihn immer ein Abenteuer ist. Wir können also davon ausgehen, dass die ,Sloterdijk-Affäre' für ihn nicht ausschließlich eine Last gewesen ist: „Die Philosophen haben der Gesellschaft nur verschieden geschmeichelt; es kommt darauf an, sie zu provozieren." [VM 62-3] Viele Themen aus dem Spektrum der deutschen Empfindlichkeiten – Nietzsche, Heidegger, Faschismus, Antisemitismus, Elitarismus – wurden bemüht, um Sloterdijk in Mißkredit zu bringen.[32] Es wäre aber unplausibel, davon auszugehen, dass nur seine Elmauer Rede all diese Wunden wieder geöffnet hat. Viel besser lässt sich dieser Ausbruch an Vorwürfen als Reaktion auf die ,anti-philosophische' Philosophie Sloterdijks erklären, durch die vor allem die traditionell starke Kritische Theorie und ihre Subdisziplinen ständig provoziert werden. Befremdlicher ist, dass die Rede auch von Bio-Ethikern als philosophisch zu leicht befunden wurde, denn die Rede hat wohl kaum etwas mit dem zu tun, was heutzutage unter ,Ethik' verstanden wird, und lässt sich nur erklären aus einem schwerwiegenden *category mistake* zwischen Ontologie und Demokratie seitens der Ethiker, die damit weit über ihr philosophisches Mandat hinausgegangen sind.[33]

Viel interessanter für uns ist die Umwandlung des Skandals in einen Metaskandal, die Sloterdijk in seinen offenen Briefen an Thomas Assheuer und Jürgen Habermas inszenierte. Am 9. September 1999 überrascht er seine Kritiker mit einer aussagekräftigen an Assheuer gerichteten Erwiderung. Korrigierte er anfangs nur dessen selektive Lesung, so gerät er mit dem Vorwurf von journalistischem ,Alarmismus' auf eine andere Ebene. Alarmschlagen scheint in zunehmendem Maße die Haupttätigkeit des journalistischen Gewerbes zu sein. „Nicht wenige Journalisten, darunter auch Sie, haben die Zeichen der Zeit erfasst: den Tod der Kritik und ihre Transformation in Erregungsproduktionen auf dem eng gewordenen Markt der Aufmerksamkeitsquoten. Sie bieten seither ihre Dienste immer unverhohlener an: entweder als Publicity-Macher oder als Skandalisten, was strukturell dasselbe ist." Der zweite Teil desselben Briefes ist an Habermas gerichtet, der die beteiligten Journalisten heimlich und nachweisbar – sein Brief an Assheuer wurde später am 16. September in der *Frankfurter Algemeinen Zeitung* veröffentlicht – mit einer ,expliziten Anleitung zum Falschlesen' und dem Auftrag zum Alarmschlagen bedrängt hat. Sloterdijk arbeitet seine These, dass die Kritik tot sei, weiter aus, in dem er das kommunikative Handeln mit beißendem Spott à la Heine bedenkt. Die Frankfurter Schule ist zu einer ,sozialliberalen Version der Tugenddiktatur' mit ,jakobinischen' Zügen geworden. Auf Assheuers Artikel in *Die Zeit* hinweisend schreibt ihm Sloterdijk: „Die Kritische Theorie ist an diesem 2. September gestorben. Sie war seit längerem bettlägerig, die mürrische alte Dame, jetzt ist sie ganz dahingegangen. Wir werden uns versammeln am Grab einer Epoche, um Bilanz zu ziehen, aber auch, um des Endes einer Hypokrisie zu gedenken."[34]

In diesen Äußerungen begegnen wir der 1999 bereits siebzehn Jahre alten Kritik an der Kritischen Theorie. Auch die Kritik an der Wirkung der Massenmedien ist eine Konstante in seinem Werk. Für Sloterdijk konvergieren die beiden in einer totalitären Konsensusmaschinerie, deren verblödende Wirkung schon in der *Kritik der zynischen Vernunft* zur Sprache gebracht wurde. [KZV 893-7] Pragmatischer Zynismus, lähmende Indifferenz und Pseudo-Egalitarismus sind seitdem die Schlüsselwörter in seiner Diagnose der massenmedialen Gesellschaft.[35] Sie sind die kennzeichnende Eigenschaften derer, die Nietzsche als die letzten Menschen bezeichnet hat. Diese bilden eine Masse, beherrscht von einem Ressentiment und einem selbstgefälligen Narzissmus, das mit jedem ‚Lüstchen' und ‚Lästchen' zufrieden ist. Ihr Wille zu Unterhaltung und Infotainment ist nützlich, um die kleinen Mengen an Spannung durch unbedeutende Alternativen und Launen abzubauen. Sie werden dabei von eigennützigen Maximalisierungsstrategien beherrscht, wodurch sie zur Frivolität verurteilt sind. [VM 61] „Wir leben in einem Mischklima aus intellektueller Resignation und offensiver Medienclownerie." [SV 134] Das große Problem ist Sloterdijk zufolge, dass wir noch nicht wirklich verstehen, was wir mit den neuen elektronischen Telepathien anfangen sollten. Ein Kafka-Zitat fasst für ihn den Zustand der modernen Presse zusammen: „Sie wurden vor die Wahl gestellt, Könige oder Kuriere zu sein. Nach Art der Kinder wollten sie alle Kuriere sein, deshalb gibt es lauter Kuriere. Und so jagen sie, weil es keine Könige gibt, durcheinander und rufen einander selbst ihre sinnlos gewordenen Meldungen zu. Gerne würden sie *ihrem* elenden Leben ein Ende machen, aber sie wagen es nicht wegen des Diensteides." [MT 93, SV 33-4]

Was Karl Mannheim einst ‚die Bedeutung der Konkurrenz auf dem Gebiete des Geistigen' nannte, hat eine neue Kombination aus ungenauem Lesen und Opportunismus zur Folge. „Die neue anti-ironische Stimmung im Westen will von der Komplexität des Anderen nichts mehr hören." [ST 296] In Hinsicht auf Deutschland hängt diese Stimmung nach Sloterdijk stark mit der schon behandelten großen Enttäuschung der Linksliberalen nach '68 zusammen. Auch die Literaturkritik, die daraus hervorgeht, vergleicht er mit dem ‚Pranger', einem mittelalterlichen Strafsystem, bei dem das Zuschaustellen des Täters zugleich die Strafe ausmachte. [SV 114] Der übermächtige Trend in den Medien ist eine Umschaltung von Information auf die Produktion von Sensation. Simplifizierungen, Generalisierungen und Massenpsychosen sind die Folge einer ‚Journalistik der umstrittene Ausdrücke'. [RMP 47] Er redet sogar von der Rückkehr der römischen Arena, der ‚tendenziellen Verwandlung der zeitgenössischen Gesellschaft in eine Zuschauerkulisse für das neue Theater der Grausamkeit' und ‚Entertainmentfaschismus', die nur ein einziges Ziel haben: so viel Aufregung wie möglich zu produzieren. [ST 119-20]

Die Verachtung der Massen. Versuch über Kulturkämpfe in der modernen Gesellschaft (2000) ist Sloterdijks ausgesprochen polemischer Versuch, um ein Jahr nach der Menschenpark-Debatte die aktuelle Kultur der Sensation und des Egalitarismus philosophisch zu deuten. Kurz gesagt: in der Postmoderne ist an die Stelle des ‚Führer-Kultus' der ‚Star-Kultus' getreten. Beide Kulte haben für Sloterdijk gemeinsam, dass das Beispiel genauso borniert ist wie seine Bewunderer. Das Gemeinsame kommt von unten, und so ist Hitler, postmodern betrachtet, der erfolgreichste ‚Performance-Künstler' des zwanzigsten Jahrhunderts. [VM 17-25, WK 230] Mittels einer Genealogie des Konzeptes ‚Masse' beschreibt Sloterdijk, wie sich der Zynismus zur Selbstverachtung des letzten Menschen weiterentwickelt hat. Für Hobbes, einerseits, waren die Unterwerfung des Individuums und seiner Selbstachtung dem allmächtigen Souverän und das auferlegte Stillschweigen des Stolzes sowie des zwanghaften Antriebs jedem, der bereit ist zu hören, zu beichten, vom grössten Belang. Unterwerfung, ein Subjekt-werden, heisst laut Hobbes eine Privatperson werden, während das Geschichtemachen den Anderen überlassen wird. Die Moderne andererseits zeigt ein entgegengesetztes Subjekt-Werden der Massen. Im Grunde genommen, ist in unserer Massenkultur alles Teil der Öffentlichkeit geworden. Das moderne massenmedialisierte Subjekt saugt nun mühelos seine Umgebung in seiner opaken Immanenz auf und bleibt vollständig gleichgültig der Geschichte gegenüber. Um diese erstickende Indifferenz zu kritisieren, unterscheidet Sloterdijk zwischen zwei Arten von Verachtung: eine subjektive, formuliert durch Spinoza, und eine objektive, formuliert durch Nietzsche.

Was die Verachtung der Masse beinhaltet, können wir zuerst bei Spinoza lernen, unbestreitbar dem ersten Demokrat in der Philosophiegeschichte und Sloterdijk zufolge ‚der ewige Anti-Journalist', wenn wir mit Sloterdijk im nächsten Zitat das Wort ‚Ding' durch ‚Masse' ersetzen: „*Verachtung* ist die Vorstellung eines Dinges, die den Geist so wenig berührt, dass der Geist durch die Gegenwart des Dinges mehr bewegt wird, sich das vorzustellen, was an dem Ding nicht ist, als was an ihm ist." [VM 45] Die Massen verkörpern all jenes, was nicht besonders, was nicht bemerkenswert ist. Darum ist die Massenkultur stets genötigt, das Uninteressante als das Interessanteste weiterzuentwickeln. Aus dieser Sicht zielt die Verachtung der Massen auf alles, was speziell und nicht indifferent ist.

Der andere grosse Theoretiker der Verachtung ist natürlich Friedrich Nietzsche. Er hat uns als erster gezeigt, dass das Verächtliche nicht nur etwas Subjektives ist, etwas das verschwindet, wenn die subjektive Verachtung aufhört zu verachten, sondern etwas Objektives. Das objektiv Verächtliche ist die obszöne Zufriedenheit des Letzten Menschen mit sich selbst und seinen unbedeutenden Wünschen. Somit ist das Objekt Nietzsches eigener Verachtung die Verachtung der Massen für alles, was ihren Horizont übersteigt.

Die Masse verpflichtet und jede Kritik an ihr erscheint unzeitgemäß. Ihre gleichgültige Mediokrität hat deutlich totalitäre Züge und ihre Medien drücken diese aus. Dies erklärt zum Beispiel die obszöne Einfältigkeit von Michael Moores Dokumentarfilmen: die Emanzipation der Massen heißt die Konvergenz von Freiheit und Banalität. Sie reflektieren die obszöne Wahrheit, Gleichgültigkeit und Nachgiebigkeit des multinationalen und multikulturellen Kapitalismus. Die Massenmedien sind tatsächlich so mittelmäßig, dass sie in Bezug auf Terrorismus völlig zweideutig funktionieren. Alles, was über den Terrorismus gesagt wird, verstärkt seinen Effekt, zugleich aber ist es unmöglich, rationelle Gründe zu schweigen anzuführen. Wegen des Primats der Massenmedien ist es nahezu unmöglich geworden, zwischen Tätern und Opfern, Terroristen und Geiseln, Sympatisanten und Kritikern zu unterscheiden. In diesem theoretischen Kontext müssen wir auch das Unbehagen über die überkommunikative Beschaffenheit unserer Welt in *Im Weltinnenraum des Kapitals* verstehen. Massenhysterie ist die fatalste aller massenmedialisierten Kommunikationen in einer Welt, in der alles gegenseitig ist und die von Sloterdijk mit dem topologischen Terminus ‚Dichte' bestimmt wird. Die Kommunikation ist das Opfer ihres eigenen Erfolgs. Die Welt der Schäume, in der der Unterschied zwischen öffentlichen und privaten Verkehrsmitteln weitgehend verschwunden ist, ist nur möglich, wenn Hemmungen im Handeln und im Kommunizieren Priorität vor den Initiativen und Äußerungen haben. Statt der Romantik der Nähe und des Anderen, wie sie von manchen Kommunikationstheoretikern der dritten Generation der Frankfurter Schule oder hypermoralischen Ethikern wie Emmanuel Lévinas propagiert wird, schlägt Sloterdijk eine neue ‚Dichtevernunft' vor, [WK 27, 277, VM 18-9] die an den Umgang mit dem makrosphärischen Immunparadoxon erinnert. Gerüche – ‚das erste Massenmedium' [WK 349] – und Gerüchte nötigen zu einer ähnlichen Logik der Öffentlichkeit. Wenn es in der Zukunft eine Sphäre geben wird, in der Politik fortbesteht, dann wird sie kein Raum sein, in welchem jeder an Tsunamis von Emotionen, Hysterie und Gewalt teilhaben kann. Sie wird ein Ort mit einer eigenen Vernunft sein: eine vermittelnde Sphäre, die weder transparent ist noch ignoriert werden kann, und die, statt auf gleichgültige Weise die Äusserungen ihrer Bewohner zu absorbieren, selbst eine Differenz macht. Ein ‚Pathos der Distanz' soll die massenmediale ‚Telepathie' ergänzen. Wir brauchen einen neuen Strukturwandel der Öffentlichkeit, dem Zeitalter der vollständigen Medialisierung gemäß, so dass deren neuen leitenden Qualitäten es ihr erlauben, als Austragungsort von Meinungen und Interessen zu funktionieren und ebenso als Relais, das uns vor einer allzu begeisterten Metaphysik der Anwesenheit bewahren soll. Wenn Sloterdijks Analyse der Öffentlichkeit stimmt, dann wird man dem Leben in der vernetzten Welt nur dann gerecht, wenn man nicht lediglich auf die Kommunikationsbereitschaft ihrer Teilnehmer setzt, sondern auch die Notwendigkeit des Nicht-Öffentlichen und der jeweiligen Abwesenheit im Schlaf der Welt zu verteidigen bereit ist.

Ein Franzose aus Karlsruhe

Neonietzscheanismus

In einer Rezension der *Kritik der zynischen Vernunft* behauptet Habermas: „Die literarisch glanzvolle Verbindung von philosophischer Essayistik und Zeitdiagnose ist sonst eher in Frankreich zu Hause." Jahre später, in einem Gespräch anlässlich der Affäre um die *Regeln für den Menschenpark*[36], stellt Éric Alliez fest, dass Sloterdijk immer noch einstimmig als der französischste der deutschen Philosophen gilt. Wir wollen hier das Warum dieser Feststellung zu erklären versuchen. Mit Alliez gehen wir davon aus, dass mit ‚französisch' das Denken der '68er gemeint ist, wie Ferry und Renaut dies kritisch positionierten und was heutzutage mit dem Begriff ‚Poststrukturalismus' zusammengefasst wird. Die bekanntesten Philosophen dieser Gruppe, mit deren Werk wir jenes von Sloterdijk kurz vergleichen wollen und schon verglichen haben, sind Foucault, Deleuze und Derrida. Besonders die beiden ersten sind in diesem Rahmen von großer Bedeutung.

Zwei Jahre nach seiner scheinbar lobenden Rezension von Sloterdijks Debüt veröffentlicht Habermas *Der philosophische Diskurs der Moderne* (1985), in dem er sich als Kritiker der Poststrukturalisten *par excellence* profiliert. Ihr Philosophieren ginge auf unkritische Weise in Literatur über und widerlege die eigenen Ausgangspunkte. Sie erwiesen sich als Neo-Nietzscheaner, die sich in ‚Aporien einer selbstbezüglichen Vernunftkritik‘[37] verfingen. Allerdings rechnet sich auch Sloterdijk dieser neo-nietzscheanischen Strömung zu. Sie ist ‚die kalte Strömung im Denken‘ und ‚der kristallene Himmel über dem humanwissenschaftlichen Diskurs‘. [RMP 167] Die französischen Nietzscheaner spielen in der Entwicklung von Sloterdijks Denken und in seiner Entdeckung von Nietzsche – in der Zeit, da er diesen zu lesen beginnt, ist das in Deutschland kaum denkbar – eine große Rolle und sind schuld daran, dass er sich schon weit von Habermas‘ philosophischer Position entfernt hat, als sein Debütwerk erscheint.

Was Sloterdijks kritische Position anbelangt, haben wir diese Trennung schon im zweiten Kapitel ausführlich erörtert. Dort haben wir gesehen, dass sein Werk viele nietzscheanische Züge aufweist: die kynische Betonung der Satire und der Körperlichkeit, das Verwischen der Grenze zwischen Philosophie und Literatur, die Kritik als Selbstunterminierung und die Dezentrierung des Subjektes als Kritik an der Aufklärungsmetaphysik[38] und dem Humanismus. Kurz, all jene Eigenschaften, die in der Regel gleichfalls unter dem Nenner Postmoderne zusammengefasst werden. In *Kopernikanische Mobilmachung und ptolemäische Abrüstung* suggeriert Sloterdijk demnach sehr postmodern die Möglichkeit ‚eines anderen „philosophischen Diskurs der Moderne"‘ – ohne Theorie – der keinen Wettbewerb mit anderen Diskursen eingehe und ebensowenig *einem* alle Vorstellungen überragenden Diskurs unterliege. [KMPA 123] Dass es sich hier um einen ‚Ästhetischen Versuch‘ handle, ist kein Zufall. Die Inspiration durch die Kunst ist es auch, welche die Neo-Nietzscheaner miteinander verbindet. So ist es nicht schwer, die Einleitung zu *Sphären II* als eine *hommage* an Foucault zu lesen, der sein *Die Ordnung der Dinge* ebenfalls mit einer inzwischen berühmten Interpretation einer Abbildung beginnt.[39]

Wir sahen auch schon, dass wir es in Sloterdijks Werk mit einer Form der Kritik zu tun haben, die wir Hypokritik genannt haben. Die postmoderne Haltung bedeutet, dass jede Kritik zugleich hypokritisch ist, und dass radikale Kritik auf Selbstdestruktion hinausläuft. Sloterdijk bedient sich, nach dem Vorbild der erwähnten französischen Autoren, eines hypokritischen Ganzen von einander gegenseitig inspirierender Ontologie, Epistemologie und Methodologie. Diese bilden einen effektiven Begriffsapparat, der zwar nicht mehr auf einer Grossen Erzählung (Humanismus) beruht, wohl aber auf einer ‚starken Erzählung'. Für diese Erzählung gibt es keine Bezeichnung wie Humanismus oder Transhumanismus mehr, denn sie geht in erster Linie von der Beantwortung der Heideggerschen Frage „Wo ist der Mensch?" aus. Sowohl die Antwort als auch die Beantwortungsweise lauten: intermedial. Typisch französisch daran ist, dass Sloterdijk den Menschen nicht als autonome Innenwelt oder innere Quelle des Denkens und Handelns, sondern als Kraftvektor oder Knotenpunkt eines Netzwerks begreift. Das Subjekt als Kontraktionspunkt ist kein präkonstituiertes Individuum, sondern vielmehr ein ‚mit-teilbares' Dividuum. Aus dieser Sicht lässt sich zum Beispiel beschreiben, wie unsere Subjektivität als Knotenpunkt oder ‚Sammelstelle' von medialisierten Strömungen ‚von Signalen und Kapitalen' in einem gegenwärtigen IT-Dispositiv, der mit dem von Foucault beschriebenen modernistischen humanwissenschaftlichen *episteme* bricht, zustande kommt.

Mit seinen französischen Kollegen teilt Sloterdijk die Vorliebe für und Abneigung gegen bestimmte Denker in der Geschichte der Philosophie: Die ‚Meister des Mißtrauens' (Ricoeur) – Marx, Nietzsche und Freud – bilden auch für ihn den Ausgangspunkt eines Philosophierens gegen die ‚falsche Harmlosigkeit' im rationalistischen Aufklärungs-humanismus. Seine Empfänglichkeit für Aporien und für das Ausgeklammerte oder Andere im Denken ist die Ursache dafür, dass er sich, genau wie die Poststrukturalisten, gegen Hegels Dialektik auflehnt. Heidegger als Erfinder der ontologischen Differenz bietet dazu die Möglichkeit. Meinte dieser nicht schon, dass das Denken an der eigenen Sache scheitern müsse?[40] Natürlich liegen die Wurzeln von Sloterdijks Denken in einer Tradition, die man typisch deutsch nennen könnte. Jünger, Benn, Bloch, Adorno, Horkheimer, Canetti und Günther gehörten bis weit in die siebziger Jahre nicht zum französischen philosophischen Kanon. Dennoch sind die Unterschiede nicht gravierend. In einem Interview mit Gérard Raulet meint Foucault 1983, dass bis in die sechziger Jahre hinein fast keiner von der deutschen Kritischen Theorie gehört habe, das Verständnis zwischen den beiden ‚Schulen' aber durchaus möglich und nützlich sei.[41]

Trotzdem widersetzt sich Sloterdijk 1986 in *Der Denker auf der Bühne* der modischen ‚Dunkelheit als Gattung der schönen Künste' der Franzosen. [DB 179-80] Noch in den *Sphären* nimmt er von diesen „Denk-Paparazzi, Dekonstruktivisten, Innenraumleugnern, Kognitionswissenschaftlern, Komplizen einer Lethe-Plünderung ohne Grenzen“ Abstand. Der Mißbilligung dieses ‚Beobachtergesindels‘ lässt er aber unmittelbar die Frage folgen, ob „wir denn nicht selbst längst zu ihm gehören, in den meisten Belangen, in den meisten Momenten?“ [SI 77] Auch hier ist anscheinend die Rede von Hypokritik. Die Kritik richtet sich größtenteils gegen Derridas *il n'y a pas de hors-texte*. Das Einverständnis mit Foucault und Deleuze wird in Sloterdijks späterem Werk nur noch expliziter. Besonders was Deleuze betrifft, ist das interessant. [SI 89, SII 411, 545, 554, SIII 605, VM 74, NG 223] Die übergrosse Zahl an Interpretationen nach dessen Tod im Jahre 1995 ist von Sloterdijk nicht unbeachtet geblieben. Rückblickend auf sein frühes Werk kann er daher sagen, dass er das Werk von Deleuze bis weit in die neunziger Jahre ‚einfach verfehlt‘ habe. [RMP 168]

Einer der wenigen Aspekte, in welchem sich Sloterdijk der Differenzphilosophie Derridas und vielleicht mehr noch die von Levinas und seinen Nachfolgern widersetzt, betrifft die einseitige Begeisterung für das Andere, die im ‚Differenzkult der aktuellen Gesellschaft‘ wurzelt und nur zu einer ‚pathetischen Nicht-Unterscheidung‘ führt. Ihr moralischer Imperativ lautet: „Wo Identität war, soll Indifferenz werden, sprich eigentlich differente Indifferenz.“ Aber man soll davon absehen Identität und Indifferenz als Synonyme zu verstehen, wie schon Adorno wusste und wie auch Sloterdijks Analyse der Massenkultur uns lehrt. [VM 86]

Ein anderer Punkt, an denen Sloterdijk die Poststrukturalisten explizit kritisiert und womit er sich auch tatsächlich von dieser Gruppe unterscheidet, finden wir in *Sphären II*. Er wirft ihnen dort eine zu grosse Betonung der Diskontinuität in der Zeit vor, wodurch der Zugang zur Kontinuität verwehrt wird. Diese Kritik bezieht sich hauptsächlich auf Foucault, der in *Die Ordnung des Diskurses* (1970) Diskontinuität als methodologische Forderung seiner genealogischen Analyse voraussetzt. Die Weltgeschichte, wie sie Sloterdijk in *Sphären* beschreibt, soll vielmehr als ein ‚Kontinuum von Kontinuitäten und Diskontinuitäten‘ gelesen werden. [ST 200] Sie ähnelt der Geschichtsschreibung Spenglers mehr als der Foucaults. Letzterer wirft Spengler in *Die Ordnung der Dinge* vor, ein zu lineares und eschatologisches Bild vom Lauf der Geschichte gegeben zu haben.

In *Theatrum Philosophicum* (1970), seiner Besprechung von Deleuzes *Differenz und Wiederholung* (1969) und der *Logik des Sinns* (1968), suggeriert Foucault, dass wir das zwanzigste Jahrhundert eines Tages als ein *age deleuzienne* charakterisieren werden. Obwohl diese Vorhersage verschieden interpretiert werden kann, ist es nicht abwegig, Sloterdijks Diagnose der Heimatlosigkeit mit Deleuzes nomadologischer Methode des Philosophierens zu verbinden. Deleuzes *philosophie virtuelle* ist also eine wichtige Inspirationsquelle für *Schäume*, das, im Gegensatz zu Band I und II von *Sphären*, die Gegenwart zum ‚Objekt' hat. Der Verlust der Mitte in der sich durch Strömen von ‚Kapitalen' und ‚Signalen' virtualisierenden und globalisierden Welt führt zu einem hybriden Netzwerk von singulären Positionen und Bewegungen; der angehäufte ‚Schaum' deterritorialisiert sich über ‚Tausend Plateaus'. Die Liste der Übereinkünfte zwischen den beiden ist nahezu unendlich; über die Wirkung von Deleuzes Werk äußert sich Sloterdijk denn auch wie folgt: „Unnötig zu sagen also, wie nützlich diese Begegnung für ein besseres Verständnis dafür ist, wonach ich philosophisch auf der Suche bin, ohne je die Gewißheit dies gefunden zu haben [...] Man wird erkennen, wie ich die biophilosophischen Propositionen der französischen Autoren mit meinen Ideen einer allgemeinen Morpho-Immunologie (oder Sphärologie) zu verknüpfen versuche." [RMP 170]

Poetik des Zwischens

Wenn wir fragen, wo der Mensch ist, statt, was der Mensch ist, impliziert das eine Exilierung des Menschen aus dem theoretischen Zentrum. Heidegger, aber nicht weniger auch Foucault, machen den Weg dazu frei. Die topologische Frage wird durch das, was letzterer in einem Essay über Blanchot ‚das Denken des Außen'[42] nennt, ermöglicht. Das Außen wird hier zum ersten Mal als das Nächste, das Eigenste und Innerste verstanden, und alles, was innen ist nur als eine ‚Falte des Außen'. Wir sollten die Agoraphobie im alten Denken der Transzendenz durch die gnostische Klaustrophobie eines Denkens ersetzen, wobei das Innerste exzentrisch gedacht wird. Es ist ein Denken nach dem Sphärenbruch. Die sphärologische Übersetzung von „Gott ist tot" lautet: „die Kugel ist tot." Das Ende der klassischen, globalumfassenden Sphäre fällt mit dem Ende der ‚klassischen Metaphysik' zusammen; das bedeutet: ‚Verlust des Randes, Inflation der Mitte, Irrfahrt der Punkte'. [SII 133-4] Und mit Gott verschwindet auch der Mensch, wie Foucault schon wusste. Die zukünftige Philosophie – eine ‚transgene Philosophie' [SII 136] – wird die Beseelungsmöglichkeiten in post-globalen

Zeiten aufweisen müssen und das Werk der französischen Nietzscheaner besteht eben in einem derartigen Suchen nach ‚einer neuen Poetik des immunisierenden Raums‘. [RMP 164]

Daher Sloterdijks Absicht, in *Schäume* die insistierende, gnostisch inspirierte Frage „Wo sind wir, wenn wir im Ungeheuren sind?“ zu beantworten. Die Metapher ‚Schaum‘ beschreibt das Entstehen, Verschwinden und Ineinanderübergehen von angehäuften Blasen als dynamische regionale Zustände, die das Ergebnis einer Kreativität und Reziprozität sind, und in denen es kein absolutes Außen mehr gibt. Das Außen besteht in der Vielheit von Innenräumen, die zwar als Falten des Außen verstanden werden können, aber nur in sofern als das Außen immanentisiert wird. Schaum besteht nur aus einer Anhäufung von Spannungsverhältnissen oder Intensitäten zwischen beiden Regionen. Foucault, ausgenommen vielleicht sein Spätwerk, lässt jedoch noch keinen Raum für dieses ‚Zwischen‘, sondern nur für das Fremde, das Außen. Bei Deleuze und jetzt bei Sloterdijk sehen wir, wie das Außen zum ‚Zwischen‘ wird: wenn man das Außen denken kann, ist es schon drinnen, wenn auch nicht in dialektischer Weise, sondern in differentieller Weise. Statt jenem, welches sich an beiden Seiten der Differenz befindet, kommt nun die Grenze oder der Ort selbst als ‚autonomes Zwischen‘ zur Bedeutung. [ST 150, SII 664] Genau das ist mit der ‚Emanzipation des Akzidentellen‘ gemeint. In der Sphärologie erkennen wir, genauso wie bei Deleuze, die romantische Entdeckung des Zwischen in einer ‚Metaphysik des Schwebens‘ (Novalis) und die Entwicklung einer angemessen Sprache. Sloterdijk versucht immerfort in einem „Außen, dass für immer einen radikalen Vorsprung auf jede Konstruktion eines Innen haben wird“ zu denken. [RMP 164] Mit Deleuze können wir diese ‚Quasi-Position‘[43] auch die Mitte nennen. Sie ist nicht eine neue Position, sondern geht jeder Position voraus und ermöglicht sie. Aus dieser Vorliebe für das Zwischen erklingt ein Mißtrauen gegen alle Positionen, weil diese immer eine Position in einer Opposition bilden.

Sloterdijk lokalisiert die eigentliche menschliche Existenz nicht als Pol einem anderen Pol gegenüber, sondern gerade in der ekstatischen differentiellen Spannung einer polarisierten und membranhafte Sphäre. Das Oxymoron ‚ekstatische Immanenz‘ bezieht sich auf diese radikal dezentrierte, sphärische Non-Position des Menschen. Er befindet sich am Rande von Etwas, das ihn ermöglicht und das er zugleich übersieht. Jede Ekstase impliziert eine Enstase; der Mensch ist eine topologische Differenz. Genauso wie die Differenzdenker bevorzugt Sloterdijk die Realität der Differenz vor dem ‚Paradigma der zweiwertigen Welterklärungen', das für die klassische Metaphysik so charakteristisch ist. [ST 134, 314-5] Statt von Günthers *tertium datur* können wir darum vielleicht besser von einem *primum datans* sprechen. Sloterdijk verweist direkt auf Platos *chora*-Begriff und Derridas Dekonstruktion desselben, wenn er die Sphäre als ‚Matrix für Dimensionen überhaupt' und als ‚Hebamme des Werdens' definiert.[44] [NG 172] Genauso wie Derrida dekonstruiert Sloterdijk jede Opposition weder indem er die Elemente analysiert, noch dadurch, dass er die Opposition als Ganzes erfasst, sondern indem er dasjenige expliziert, das zwischen den Elementen oder Positionen stattfindet und diesen ontologisch vorangeht. Sloterdijk deutet diese Vorrangstelle der Differenz vor den Identitäten allerdings anthropologisch und nicht linguistisch: Unsere Existenz heißt nichts Anderes als der Vollzug dieser Differenz. [ST 218]

Verkehrt denken II

Was Deleuze von Derrida unterscheidet und bewirkt, dass Sloterdijk sich ersterem viel mehr als letzterem verpflichtet, ist Deleuzes radikal atheistische Vorstellung der Immanenzebene. Es handelt sich dabei nicht um einen Begriff und schon gar nicht um einen Meta-Begriff, sondern um die unsichtbare, nicht zu benennende Lichtquelle, von der aus sich die Dinge gegenseitig hervorheben. Es ist die Stelle, an der das Empirische und das Transzendentale, das Außen und das Innen sich völlig ineinanderschlingen. Die Immanenz bilde das intimst Denkbare und zugleich das absolute Außen, so Deleuze und Guattari.[45] Wenn Sloterdijk den ersten Band von *Sphären* mit der Frage abschließt: „Wo sind wir, wenn wir im Ungeheuren sind?", so fragt er sich, was es heißt, sich auf einer solchen Immanenzebene aufzuhalten. [SI 644]

In der Geschichte des Denkens seit der Renaissance wächst die Bedeutung der Immanenz auf Kosten der Transzendenz. Der Antihumanismus von Foucault und Deleuze fördert den Säkularisierungsprozess des Humanismus aus der Renaissance oder genauer gesagt: die Entdeckung der Immanenzebene. Während Nikolaus von Kues und Marsilius von Padua die Allmacht Gottes über die Natur (und den Menschen) in Frage stellen, bekämpfen Foucault und Deleuze die Allmacht des modernen Menschen der Natur gegenüber. Die alten Humanisten übertrugen die göttliche Transzendenz auf den Menschen; Nietzsche, Foucault und Deleuze sprechen auch dem Menschen seine Transzendenz ab. In beiden Fällen handelt es sich um ein Herabsetzen der Transzendenzformen auf ein Immanenzniveau oder auch um die Dekonstruktion des Gegensatzes zwischen den beiden. In *Der operable Mensch* weist Sloterdijk, ebenso wie Deleuze, auf Spinoza als den ersten neuzeitlichen Philosophen hin, der das Potential dieses Denkens erkannt hat. Schon Spinoza räumt Gott oder dem Menschen sowohl in politischer, epistemologischer so wie ontologischer Hinsicht keinen separaten Status neben der Natur mehr ein, sondern bestimmt ihn nur als eine von vielen möglichen Modalitäten der Natur. In *Sphären I* verbindet Sloterdijk das ‚ungeheure' Außen mit dem Materialismus Julien Offray de la Mettries, einem Schüler Spinozas. In De la Mettries Theorie des Menschen als Maschine ist das Innere ein Effekt äußerlicher Natur. Dadurch soll menschliche Freiheit radikal anders verstanden werden. De la Mettrie sah in seinem Materialismus das Glück der menschlichen Emanzipation. Dieser ermöglichte es ihm, das innere Joch der religiösen Moral durch das, was Sloterdijk eine ‚Ethik der Intensität' nennt, zu ersetzen. Es wird erkennbar, wie das Denken des Außen auf diese Weise mit dem auf körperlichen Genuss ausgerichteten Materialismus des Kynikers Diogenes konvergiert. De la Mettries Bild vom Menschen als Maschine wurde nach Sloterdijk für alle Formen nichtdialektischen Materialismus in der Philosophie bis einschließlich Deleuze zum Modell. [SI 138] Auch sein eigener dionysischer oder vitalistischer Materialismus, den er stark anthropologisch als eine psychosomatische Immanenz auslegt, passt in diese Tradition. In diesem Immanenzdenken, in dem der Innenraum als Außen gedacht wird und eine schon sehr alte Tradition des Widerstands gegen jede Form der Transzendenz fortgesetzt wird, bekommen die Fragen der Biopolitik und der neuen Medien, unter anderem aufgeworfen in *Regeln für den Menschenpark*, ihre Brisanz. Die Möglichkeit des Menschenklonens hat buchstäblich ungekannte Folgen für die Ausstattung des Innen. Das kantianische Transzendentalsubjekt, das Sloterdijk mit den babylonischen Stadtmauern vergleicht und das eine der wichtigsten Festungswerke des Innenraums bildet, ist im Begriff, auf immer – durch die Möglichkeit künstlicher Intelligenz und des Klonens – ‚umgeklappt' zu werden [siehe für dieses Bild auch schon KZV 937: „Subjektivität hat sich völlig in Praxis herausgestülpt."]. Explikation heißt jetzt eine Umstülpung unserer Innenräume, in dem sie immer mehr von Design, Technik und Politik bedingt werden. Wir nehmen uns selbst verkehrt herum wahr. Die Bedeutung für die Philosophie ist enorm: im Moment, da wir anfangen über die eigenen biomechanischen Voraussetzungen nachzudenken, ist das gedachte Objekt dem denkenden Subjekt paradoxer Weise voraus. Um Mißverständnissen vorzubeugen: das Aufdecken der eigenen Bedingungen in der auto-operativen Verkehrung macht das Ungeheure nicht nur geheuer, sondern das Geheure ebenso ungeheuer. Aufdeckung führt am Ende nicht zum Zu-sich-Kommen von Hegels absolutem Geist. Vielmehr entsteht mit dem Verschwinden oder der ‚Verkehrung' des Menschen in eine Immanenzebene, die Möglichkeit dafür, was Foucault die ‚Sorge um sich' nennt: „Sobald wir unsere posthumanen Körper und Geister erkennen, sobald wir uns als die Affen oder Cyborgs, die wir sind, betrachten, müssen wir die *vis viva* erkunden, die schöpferischen Kräfte, die uns ebenso beseelen wie die gesamte Natur und die unsere Möglichkeiten verwirklichen. Das ist Humanismus nach dem Tod des Menschen"[46]. Wenn Deleuze, um mit Foucault zu sprechen, das Subjekt, das Produkt der ‚Selbstsorge', als eine ‚Falte des Außen' beschreibt, können wir das mit Sloterdijks Definition des gegenwärtigen ‚In-Seins' als ‚dem Ungeheuren einwohnen' übersetzen. [SI 643, SII 664] Das ‚ungeheure' Außen ist darin durch Explikation oder Entfaltung zur tagtäglichen Erfahrung geworden. Das Subjekt will und kann nie nur Innenwelt sein, sondern wird in erster Linie immer von der Außenwelt berührt und bestimmt. Seine ekstatische Lage nimmt ihm aber keineswegs seine Freiheit. Sloterdijk drückt es so aus: „Wer ‚Subjekt' ist, lebt, ob er zustimmt oder nicht, in einem auto-operativ gekrümmten Raum. Ich kann neuzeitlich nicht mehr authentisch, das heisst mit dem Kulturniveau kohärent, ich selbst sein, solange ich von meinem potentiellen Operateur abstrahiere." [SIII 73] Die Ursache, das Kennen oder die Explikation der Ursache und derer Manipulation sind drei Aspekte derselben Beziehung. Wie Spinoza es ausdrückt: *causa seu ratio*. Die Beziehungen zwischen Sein und Denken sind nicht theoretisch – und lassen sich ebensowenig als solche repräsentieren – sondern rein praktisch. Das Subjekt ist das ständige Resultat eines *ethos*, einer Lebens- und Seinsart. Das Konzept Sphäre, in der der Mensch sich zur Welt aussetzt, beschreibt darum nicht wie zuvor eine implizite und zeitlose Allumfassenheit, sondern die unaufhörliche kreative Spannung einer immer gegen die Außenwelt gerichtete Selbstsorge. In dieser Selbstsorge sehen Hardt & Negri einen ‚antihumanistischen Humanismus'. Diese Typisierung trifft auch auf das Werk Sloterdijks zu. Für ihn gilt es, aus der Kälte des Außen heraus wieder die Möglichkeit eines Innen zu untersuchen. Wir sollen uns dessen bewusst sein, dass auch das Außen ein Produkt unseres Handelns ist. In *Sphären I* heisst es daher: „Der virtuelle Raum der kybernetischen Medien ist das modernisierte Außen, das auf keine Weise mehr unter den Formen des göttlichen Interieurs vorgestellt werden kann; es wird als technologische Exteriorität gangbar gemacht – als ein Außen mithin, dem von vorneherein kein Innen entspricht.“ [SI 67] Nur durch ein prä-reflexives, radikales Immanenzdenken oder durch Konstruktivismus, denn das liefe auf dasselbe hinaus, in dem das Innen nicht mehr dialektisch gegenüber dem Außen, sondern als ‚eine Falte des Außen‘ gedacht wird, sind wir noch imstande, uns ein Interieur in der technologischen Exteriorität vorzustellen. Dabei soll uns der Gedanke beruhigen, dass keine Explikation einer Revolution oder einer totalen Umkehrung gleichkäme. Die Metapher der Entfaltung macht klar, dass es sich nie um den kompletten und unmittelbaren Verlust eines Interieurs, sondern vielmehr um ‚Ausstülpungen ins Virtuelle‘ [SI 72] handelt. Die ursprüngliche Differenz ist nicht länger die zwischen Sein und Seiendem[47], sondern die zwischen Innen und Außen. Wir müssen uns Innenräume wie geschützt von einem Kleidungsstück vorstellen, dass unendlich modifiziert, aber nie völlig von innen nach außen gekehrt werden kann und in welchem auf jede Falte stets eine nächste Falte folgt. Dieses Gewebe ist geformt wie ein unendliches Möbiusband: eine topologische, kontinuierliche Oberfläche, die Innen und Außen mit einander verbindet. In dieser Topologie des Denkens können die Grenzen von Innen und Außen und von Behälter und Behaltenem immer wieder neu gefaltet und verkehrt werden. Die Textur der Welt bildet eine irreduzible, sich aber ständig verschiebende Mannigfaltigkeit. Sie besteht aus Vielheiten von Innenräumen, die wir selbst von innen aus einrichten müssen und werden, aber in denen wir uns immer auch außerhalb unserer selbst befinden. Diese Explikation unserer nomadischen oder ‚projektilen‘ Existenz [WK 112] macht die Neubewertung unserer Weltfremdheit notwendig, die Sloterdijk schon 1993 angefangen, und in *Schäume* weiter vollendet hat. Denn der Weg der Neuzeit in die Immanenz führt zu einem neuen Denk-Motiv, „ohne welches der Ideenhaushalt der Moderne unvollständig wäre: dass Leben nicht so sehr durch Teilhabe am Ganzen sich im Dasein hält, sondern sich mehr noch durch Selbstschliessung, und selektive Teilhabeverweigerung stabilisiert. … Für die Intelligenz, die sich an der Front der Entwicklung bewegt, beginnen die Lehrjahre der Nicht-Hingabe.“ [SIII 195]

Sloterdijks Denken ist ein verkehrtes Denken. Dabei ist aber das Gegenteil von dem gemeint, was man als eine ‚Philosophie verkehrt‘ – eine Philosophie ohne Folgen aus Angst vor irrationellen Exzessen – bezeichnen könnte. Vielmehr wird zuerst an Sloterdijks Vorschlag für eine widerspenstige und lebensfreudige, unphilosophische Philosophie gedacht, so wie wir sie in seinen Frühwerken finden und wie sie vor kurzem noch im Leichtsinn einer ‚philosophischen Gynäkologie' ihren Ausdruck gefunden hat. Zweitens handelt es sich um ein verkehrtes Denken im Heideggerschen Sinne, ein konstruktivistisches Denken nach der ‚Kehre', in der das Verhältnis zwischen dem Ontischen und dem Ontologischen zu jeder Zeit umgekehrt werden kann. Ebenso zielt dieser Begriff auf das, was man im Nachhinein als das ontologisch-epistemologische Leitmotiv von *Sphären* verstehen kann: Explikation. In diesem Konzept wird die Geschichte des Denkens bezüglich des Seins von Sloterdijk nicht länger als Ausdruck von (Kopernikanischen) Revolutionen, sondern als eine Art Eversion verstanden. Es beschreibt den nie zu Ende gehenden Versuch der neuzeitlichen Wissenschaften, das Gewebe der Wirklichkeit zu entfalten, indem das implizit Innerste nach außen gekehrt und auch die eigenen Bedingungen verkehrtherum wahrgenommen werden. Zuletzt markiert Verkehr eines der Schlüsselkonzepte in Sloterdijks Analyse der globaliserten Welt. Im expliziten Sinn bedeutet es Kontrolle über reversible Beziehungen, während man die wenig kontrollierten und einseitigen Bewegungen besser als Expeditionen bezeichnen sollte. Es ist die Bezeichnung für unser Unterwegs-Sein jenseits von Entdeckungen und Geschichte schreibenden Missionen, in dem oft auch kognitiv jede Hinfahrt minus Rückfahrt gleich Null ist. Über die Explikation in der *posthistoire* konnte bereits T. S. Eliot in *Four Quartets* dichten: „[...] both a new world, / and the old made explicit [...] / / We shall not cease from exploration / And the end of all our exploring / Will be to arrive where we started / And know the place for the first time."[48]

Bibliographie

Achterhuis, Hans (2002). „De Utopie van Peter Sloterdijk: ‚Regels voor het mensenpark'" in *Tijdschrift voor Filosofie*, 64/2002, S. 451-478.

Adorno, Theodor W. (1982). *Negative Dialektik* (1966). Frankfurt a. M.: Suhrkamp Verlag.

Assheuer, Thomas (1999). „Das Zarathustra projekt" in *Die Zeit*, Nr. 36, 2-9-1999, S. 31-2.

Badiou, Alain (2003). *Ethik*. Wien: Turia + Kant.

Bohrer, Karl Heinz (1999). „Mythologie, nicht Philosophie. Das Phänomen Sloterdijk" in *Merkur. Zeitschrift für Europäisches Denken*. November 1999, S. 1116-21.

Deleuze,. Gilles (1992). *Differenz und Wiederholung* (1969). München: Wilhelm Fink Verlag.

Deleuze, Gilles & Guattari, Félix (2000). *Was ist Philosophie?*(1993) Frankfurt a. M.: Suhrkamp Verlag.

Deleuze, Gilles & Guattari, Félix (1992). *Kapitalismus und Schizophrenie : Tausend Plateaus* (1980). Berlin: Merve Verlag.

Deleuze, Gilles (2000). *Die Falte. Leibniz und der Barock* (1988). Frankfurt a. M.: Suhrkamp Verlag.

Derrida, Jacques (1976). *Randgänge der Philosophie* (1972). Frankfurt a. M. : Ullstein.

Derrida, Jacques (2002). *Politik der Freundschaft* (1994).

Foucault, Michel (1995). *Die Ordnung der Dinge* (1966). Frankfurt a. M.: Suhrkamp Verlag.

Foucault, Michel (1995). *Überwachen und Strafen.* (1975). Frankfurt a. M.: Suhrkamp Verlag.

Foucault, Michel (1989). *Sexualität und Wahrheit.* Bd. 1 *Der Wille zum Wissen* (1976). Frankfurt a. M.: Suhrkamp Verlag.

Foucault, Michel (2005). *Schriften, Dits et Ecrits.* 4 Bde. Frankfurt a. M.: Suhrkamp Verlag.

Günther, Gotthard (1963). *Das Bewußtsein der Maschinen* (1957). Krefeld: Agis Verlag.

Habermas, Jürgen (1990). *Strukturwandel der Öffentlichkeit: Untersuchungen zu einer Kategorie der bürgerlichen Gesellschaft* (1962). Frankfurt a. M.: Suhrkamp Verlag.

Habermas, Jürgen (1983). „Sloterdijk zwischen Heine und Heidegger. Ein Renegat der Subjektphilosophie?" in *Peter Sloterdijk* (1988, kein Hrsg.), Stadt- und Universitätsbibliothek Frankfurt a. M., S. 24-5.

Habermas, Jürgen (1985). *Der Philosophische Diskurs der Moderne. Zwölf Vorlesungen.* Frankfurt a. M.: Suhrkamp Verlag.

Habermas, Jürgen (2005). *Die Zukunft der menschlichen Natur. Auf dem Weg zu einer liberalen Eugenik?* Frankfurt a. M.: Suhrkamp Verlag.

Hardt, Michael & Negri, Antonio (2002). *Empire* (2000). Frankfurt a. M: Campus Verlag.

Heidegger, Martin (1993). *Sein und Zeit* (1927). Tübingen: Max Niemeyer Verlag.

Heidegger, Martin (1994). *Holzwege* (1943). Frankfurt a. M.: Vittorio Klostermann. Heidegger, Martin (2000). *Über den Humanismus* (1946). Frankfurt a. M.: Vittorio Klostermann.

Heidegger, Martin (2004). *Vorträge und Aufsätze* (1954), Stuttgart: Klett-Cotta.

Heidegger, Martin (2002). *Die Technik und die Kehre* (1962). Stuttgart: Klett-Cotta.

Heidegger, Martin (2004). *Wegmarken* (1976). Frankfurt a. M.: Vittorio Klostermann.

Heidegger, Martin (1989). *Beiträge zur Philosophie*. Frankfurt a. M.: Vittorio Klostermann.

Horkheimer, Max & Adorno, Theodor W. (2002). *Dialektik der Aufklärung: philosophische Fragmente* (1944). Frankfurt a. M.: Suhrkamp Verlag.

Kusters, Wouter en Smeets, Dimphy (2003). „Peter Sloterdijk pleit voor onbescheidenheid" in *Filosofie Magazine*, 9/2003.

Latour, Bruno (1988). „The Enlightenment Without the Critique: A Word on Michel Serres' Philosophy" in: A. S. Griffiths (hrsg.), *Contemporary French Philosophy*, S. 51-77. Cambridge University Press.

Leibniz, Gottfried Wilhelm (2002), *Monadologie und andere metaphysische Schriften*, Hamburg: Felix Meiner Verlag.

Lyotard, Jean-François (1994). *Das postmoderne Wissen: ein Bericht* (1979). Wien: Passagen Verlag.

Mohr, Reinhard (1999). „Züchter des Übermenschen" in *Der Spiegel*, 36-1999, S. 268-71.

Mohr, Reinhard (2002). „Der Herr der Blasen" in *Der Spiegel*, 52-2002, S. 156-7.

Moser, Peter (1999). „Der Fall Sloterdijk" in *Information Philosophie*, Nr. 4, 1999, S. 20-30.

Nennen, Heinz-Ulrich (2003). *Philosophie in Echtzeit, Die Sloterdijk-Debatte: Chronik einer Inszenierung. Über Metaphernfolgenabschätzung, die Kunst des Zuschauers und die Pathologie der Diskurse*. Würzburg: Königshausen und Neumann.

Niehues-Pröbsting (1988). *Der Kynismus des Diogenes und der Begriff des Zynismus* (1979). Frankfurt a. M.: Suhrkamp Verlag.

Niehues-Pröbsting (1980). „Der ‚kurze Weg': Nietzsches ‚Cynismus'" in *Archiv für Begriffsgeschichte*, XXIV, 1, S. 103 e.v.

Nietzsche. Friedrich (1999). *Sämtliche Werke. Kritische Studienausgabe in 15 Bänden* (1988). Hrsg. Giorgio Colli und Mazzimo Montinari. München: De Gruyter/dtv.

Noll, Wulf (1993). *Sloterdijk auf der ‚Bühne'; zur philosophischen und zur Philosophiekritischen Positionsbestimmung des Werkes von Peter Sloterdijk im Zeitraum von 1978 bis 1991*. Essen: Die Blaue Eule.

Oosterling, Henk (1996). *Door schijn bewogen. Naar een hyperkritiek van de xenofobe rede*. Kampen: Kok Agora.

Oosterling, Henk (2000). *Radicale Middelmatigheid*. Amsterdam: Boom Essay.

Oosterling, Henk (2001). ICTology and Local Interesse. Desacralizing Derrida's chora. In: Nagl, Ludwig (2001). *Essays zu Jacques Derrida and Gianni Vattimo, Religion*. Frankfurt a. M.: Peter Lang Verlag. S. 109-129.

Oosterling, Henk (2001). „Zelfverzekerd bestaan: victiem overleven of interesse", in: Jolique Ribbers & Marc Schuilenburg (2001, hrsg.). *Monopolie, Risk & Stratego. Spelregels voor Justitie in de 21e eeuw*. S. 10. Den Haag: Ministerie van Justitie.

Perniola, Mario (1995). *Enigmas: Egyptian Moment in Society and Art* (1990). London: Verso.

Peter Sloterdijks ‚Kritik der zynischen Vernunft', (1987, kein Hrsg.). Frankfurt a. M.: Suhrkamp Verlag.

Peter Sloterdijk (1988, kein Hrsg.), Stadt- und Universitätsbibliothek Frankfurt am Main.

Plessner, Helmuth (1982). *Mit anderen Augen. Aspekte einer philosophischen Anthropologie*. Stuttgart: Philipp Reclam.

Serres, Michel (1987). *Der Parasit* (1980). Frankfurt a. M.: Suhrkamp Verlag.

Serres, Michel (2005). *Atlas* (1994). Berlin: Merve Verlag.

Sloterdijk, Peter (1976). *Literatur und Organisation von Lebenserfahrung. Autobiographien der zwanziger Jahre*. München: Hanser verlag.

Sloterdijk, Peter (1983). *Kritik der zynischen Vernunft*. Frankfurt a. M.: Suhrkamp Verlag.

Sloterdijk, Peter (1986). *Der Denker auf der Bühne. Nietzsches Materialismus*. Frankfurt a. M.: Suhrkamp Verlag.

Sloterdijk, Peter (1987). *Kopernikanische Mobilmachung und ptolemaïsche Abrüstung. Ästhetischer Versuch*. Frankfurt a. M.: Suhrkamp Verlag.

Sloterdijk, Peter (1988). *Zur Welt kommen – Zur Sprache kommen*. Frankfurter Vorlesungen. Frankfurt a. M.: Suhrkamp Verlag.

Sloterdijk, Peter (1989). *Eurotaoismus. Zur Kritik der politischen Kinetik*. Frankfurt a. M.: Suhrkamp Verlag.

Sloterdijk, Peter (1990, hsrg.). *Von der Jahrtausendwende. Berichte zur Lage der Zukunft*. Frankfurt a. M.: Suhrkamp Verlag.

Sloterdijk, Peter (1990). *Versprechen auf Deutsch. Rede über das eigene Land*. Frankfurt a. M.: Suhrkamp Verlag.

Sloterdijk, Peter & Macho, Thomas (1993, hrsg.). *Weltrevolution der Seele. Ein Lese- und Arbeitsbuch der Gnosis von der Spätantike bis zur Gegenwart*. Frankfurt am Main: Artemis & Winkler.

„Rollender Uterus". Interview mit Peter Sloterdijk in *Der Spiegel*, 8/1995, S. 130.

Sloterdijk, Peter (1993). *Im selben Boot. Versuch über die Hyperpolitik*. Frankfurt a. M.: Suhrkamp Verlag.

Sloterdijk, Peter (1993). *Medien-Zeit. Drei gegenwartsdiagnostische Versuche*. Stuttgart: Cantz.

Sloterdijk, Peter (1994). *Falls Europa erwacht. Gedanken zum Programm einer Weltmacht am Ende des Zeitalters ihrer politischen Absence*. Frankfurt a. M.: Suhrkamp Verlag.

Sloterdijk, Peter (1994). *Das soziale Band und die Audiophonie. Anmerkungen zur Anthropologie im digitalen Zeitalter*. Wiesbaden: ZFS.

Sloterdijk, Peter (1996). *Selbstversuch. Ein Gespräch mit Carlos Oliveira*. München: Carl Hanser Verlag.

„Man muss sich von allem freimachen..." Interview mit Peter Sloterdijk in *Information Philosophie*, Nr. 1, 1999, S. 34-9.

Sloterdijk, Peter (1998). *Der starke Grund, zusammen zu sein*. Frankfurt a. M.: Suhrkamp Verlag.

Sloterdijk, Peter (1998). *Sphären I. Blasen*. Frankfurt a. M.: Suhrkamp Verlag.

Sloterdijk, Peter (1999). *Sphären II. Globen*. Frankfurt a. M.: Suhrkamp Verlag.

Sloterdijk Peter (2000). *Die Verachtung der Massen. Versuch über Kulturkämpfe in der modernen Gesellschaft*. Frankfurt a. M.: Suhrkamp Verlag.

„Schandalen maken mensen dommer". Interview mit Peter Sloterdijk in *De Groene Amsterdammer*, 6 mei 2000, S. 8-11.

Sloterdijk, Peter (1997). „Chancen im Ungeheuren. Notiz zum Gestaltwandel des Religiösen in der modernen Welt im Anschluss an einige Motive bei William James" in James, William (1997). *Die Vielfalt religiöser Erfahrung* (1902). Frankfurt a. M.: Inselverlag.

Sloterdijk, Peter (2000). *Regels voor het mensenpark. Kroniek van een debat*. Amsterdam: Boom.

Sloterdijk, Peter (2001). *Über die Verbesserung der guten Nachricht. Nietzsches fünftes ‚Evangelium'*. Frankfurt a. M.: Suhrkamp Verlag.

Sloterdijk, Peter & Heinrichs, Hans-Jürgen (2001). *Die Sonne und der Tod. Dialogische Untersuchungen*. Frankfurt a. M.: Suhrkamp Verlag.

Sloterdijk, Peter (2001). *Nicht gerettet. Versuche über Heidegger*. Frankfurt Suhrkamp Verlag.

Sloterdijk Peter (2001). *Tau von den Bermudas. Über einige Regime der Einbildungskraft*. Frankfurt a. M.: Suhrkamp Verlag.

Sloterdijk, Peter (2004). *Sphären III. Schäume*. Frankfurt a. M.: Suhrkamp Verlag.

Sloterdijk, Peter (2005). *Im Weltinnenraum des Kapitals*. Frankfurt a. M.: Suhrkamp Verlag.

Sloterdijk, Peter (2006). „Was geschah im 20. Jahrhundert? Unterwegs zu einer Kritik der extremistischen Vernunft". Einleitungsvorlesung, Chaire Emmanuel Levinas, Strasbourg, 4. März 2005. In: Van Tuinen (2006, Hrsg.), „What Happened in the 20th Century according to Peter Sloterdijk", Spezialausgabe von *Cultural Politics*, Nr. 3/2006.

Timmermans, Jeroen (2006, unveröffentlichtes Manuskript). „Das Rationalitätsparadox der Moderne: Vernunft und Mediokrität".

Tuinen, Sjoerd van (2005). „The Obscene Voice. Terrorism, Politics and the End of Representation in the Works of Baudrillard, Žižek and Sloterdijk" in *Pli. Warwick Journal of Philosophy*. 17/2005.

Tuinen, Sjoerd van (2006). „Die andere Freiheit. über Heteronomie, Intimität und Versicherung" in *Zwischen Inflation und Moralin* (2006, Hrsg. Prakisch, Alexandra und Ruckenbauer, Hans-Walter). Wien: Peter Lang Verlag.

Ven, Bert van der (2002). "Sferen en Globalisering. Ethische aspecten van Sloterdijks bijdrage aan het globaliseringsdebat" in *Tijdschrift voor Filosofie*, 64/2002, S. 479-507.

Virilio, Paul (1999). *Der negative Horizont* (1984). München: Hanser Verlag.
Virilio, Paul (2002). *Ground Zero*. New York: Verso.
Werntgen, Cai (2004). *Martin Heidegger & Gotthard Günther; europäisches Denken zwischen Orient und Okzident*. Karlsruhe: Hochschule für Gestaltung, Diss.
Weyembergh, Maurice & Van den Bossche, Marc (1995, Hrsg.). *Het einde van de geschiedenis? Over Francis Fukuyama en Peter Sloterdijk*. Nijmegen: SUN.

NACHWEISE

1

[1] http://www.humboldtgesellschaft.de/inhalt.php?name=sphaeren.html

[2] Vgl. Fellinger, Raimund in seiner Laudatio „Eine Physiognomie des Philosophen Peter Sloterdijk“ aus Anlass der Verleihung des ‚Christian-Kellerer-Preises‘ an Peter Sloterdijk, am 9. September 2001 in Karlsruhe. http://www.suhrkamp.de/au to ren/sloterdijk/laudatio.htm

[3] Sloterdijk, 2001, http://www.humboldtgesellschaft.de/inhalt.php?name=sphaeren.html.

[4] Leibniz, 2002, Monadologie Nr. 61, in: *Monadologie und andere metaphysische Schriften*, S 137, Felix Meiner Verlag, übers. von Ulrich Johannes Schneider.

[5] Heidegger, „Moira“, in: Heidegger, 1954, *Vorträge und Aufsätze*, S. 235-61, Vittorio Klostermann. Hier sei auch an das berühmte Deleuze-Zitat aus dessen Leibniz-Buch erinnert: „Wir entdecken neue Weisen zu falten und neue Hüllen, wir bleiben aber Leibnizianer, weil es immerzu darum geht zu falten, zu entfalten, wieder zu falten.“ Deleuze, 2000, *Die Falte – Leibniz und der Barock* (1988), Frankfurt a.M.: Suhrkamp Verlag, S. 226

2

[1] Adorno, *Negative Dialektik*, Suhrkamp, 1982, S. 27.

[2] Begriff übernommen von Baudrillard und systematisch verarbeitet von Oosterling, 1996, und Oosterling, 2000. Siehe auch ZB 70.

[3] Den modernen Zynismus sieht Sloterdijk in Heideggers ‚Man‘ personifiziert. [KZV 369]

[4] Dieses Ausweichen in der nackten Wahrheit ist später von Sloterdijk als eine ‚Romantik des Widerstands‘ abgelehnt worden. Sloterdijk, 2003, in Gespräch mit Wouter Kusters und Dimphy Smeets: ‚Peter Sloterdijk pleit voor onbescheidenheid‘ in *Filosofie Magazine*, 9/2003. Wahrheit ist nicht länger etwas das erreicht wird indem die Erscheinung ausgekleidet wird, sondern ihr bleibt immer etwas Rätselhaftes anhaften. Die Idee der nackten Wahrheit wäre auch für Denker wie Nietzsche, Heidegger oder Deleuze eine unphilosophische Banalität oder eine Metaphysik der Gegenwärtigkeit. Wahrheit ist für sie zwar etwas Oberflächliches, aber trotzdem immer verkleidet oder in den Falten der Oberfläche eingewickelt. Siehe auch: Perniola, 1995, S. 7, 12.

[5] Sloterdijk verweist auf unterschiedliche Satiriker wie Petronius, Juvenal, Voltaire und Pasolini. In ihren Satiren, die auf die philosophische Plauderei und die feminine Poesie am Hofe Neros anspielen und so auch Medium einer politischen Opposition waren, verspotten Juvenal und Petronius in manchmal bitterem und sarkastischem Ton all das, was prätentiös, verfeinert, und intel-

lektuell ist, von derben ordinären Ausdrücken, weitschweifigen und äußerst detaillierten Beschreibungen von Banalitäten und politisch sehr inkorrekten Ansichten.

6 Deleuze & Guattari, zitiert nach: Oosterling, 1996, S. 478.

7 Nietzsche, KSA 4.202.

8 Nietzsche, KSA 6.286.

9 Lethen, 1987, ‚Von Geheimagenten und Virtuosen. Peter Sloterdijks Schulbeispiele des Zynismus aus der Literatur der Weimarer Republik', in: *Peter Sloterdijks ‚Kritik der zynischen Vernunft'*, S. 324-355.

10 Sens, 1987, ‚Tun und Lassen. Stichworte zur Kritik des kynischen Handelns', in: *Peter Sloterdijks ‚Kritik der zynischen Vernunft'*, S. 252-263.

11 Man kann dies sogar noch als die Wiederholung einer Einsicht von Foucault verstehen, denn genau der schreibt 1974 in *Die Ordnung der Dinge*: „all diesen Formen linker und linkischer Reflexion kann man nur ein philosophisches Lachen entgegensetzen – das heißt: ein zum Teil schweigendes Lachen." Foucault, 1974, S. 412.

12 Siehe zum Beispiel Heideggers Aussagen über Jüngers Einfluss in „Zur Seynsfrage" in *Wegmarken*, S. 391. Für eine Anwendung des Begriffes Mobilmachung, siehe die *Beiträge zur Philosophie*, 1989, S. 143.

13 Diese militaristische Sicht auf den mobilen Menschen teilt Sloterdijk mit Virilio, der z.B. in *Der negative Horizont* (1989) die moderne Mobilisierungsgeschichte als von einer Ökonomie der Gewalt und einer Physik der Freiheit gesteuert betrachtet. Dennoch: Gelassenheit ist keine absolute Trägheit, die uns überzeugen soll, die Errungenschaften der modernen Zeit loszulassen, sondern ein Resultat einer Hypokritik an oder Dekonstruktion von demjenigen, das uns am meisten bestimmt, nämlich dem einseitigen Optimismus gegenüber der Bewegungszunahme. Postmoderne Gelassenheit wird möglich in der Bereitschaft ‚die stolzen Aktivsätze der Moderne in Passivsätze oder in unpersonale Wendungen' umzuformen. [ET 28].

14 Vielsagend ist auch der Titel eines sozialtheoretischen Klassikers aus dieser Zeit: Ulrich Becks *Risikogesellschaft* (1986).

15 In *Weltinnenraum* werden auch die Globalisierungsgegner als diejenige dargestellt, die es vorgezogen haben, Ptolemäer zu bleiben. Sloterdijk weist ihre Position jedoch von der Hand. [WK 256]

16 zum Beispiel Stahl, 1987, „Im Konzert der Spatzen", in: *Nürnberger Nachrichten*, 19 Oktober 1987, zitiert nach: *Peter Sloterdijk*, 1988 (kein Redakteur), S. 33: „Die Fragwürdigkeit, mit der Sloterdijk die Vormoderne als Nachmoderne propagiert, wird noch stärker offenbar, wenn man André Glucksmanns Macht- und Totalitarismuskritik aus ‚Die Meisterdenker' zum Vergleich heranzieht. Das Versagen von Institutionen und Organisationen in geschichtsentscheidenden Situationen und die Mitverantwortlichkeit von Denkern wie Fichte, Hegel, Marx und Nietzsche ‚kopernikanisch' erklären zu wollen, käme einer groben Verharmlosung gleich."

3

1 Heidegger, 2000, S. 23.

2 Man denke z.B. an Sartres *Bei geschlossen Türen* (1949).

3 In *Weltinnenraum* macht er einen Unterschied zwischen zwei extremen Positionen, an denen sich die Struktur des sozialen Feldes in gleichsam experimenteller Zersetzung ablesen lässt: die eines Selbst ohne Ort (zum Beispiel Heines Tora, die er andernorts als ,portatives Vaterland' bezeichnet hat) und die eines Ort ohne Selbst (zum Beispiel reine Transit-Räume wie Lufthäfen). [WK 235-7]

4 Existenzialia beschreiben in Heideggers Phänomenologie die ontologischen Bedingungen des Daseins, analog zu Kants Kategorien, welche die ontologischen Bedingungen von Gegenständen beschreiben.

5 Heidegger, 1993, S. 1.

6 Sloterdijk zitiert aus *Sein und Zeit* die phänomenologische Beschreibung des Platzes, wo ,Denken' und ,Ausdehnung' einander begegnen (es handelt sich um eine Kritik der kartesianischen Metaphysik): [NG 396-403, SI 336-47]

7 Heidegger, 1993, S. 134-5.

8 Vgl. Safranski im *Spiegel*, Nr. 45, 1999, S. 282-5

9 Das Wort Raum verweist folglich bei Sloterdijk nicht nur auf den physikalischen Begriff des Raums, der gewöhnlich als ein einfaches, auffangendes Reservoir vorgestellt wird, sondern er sollte vor allem als ein sich selbst wölbendes, autogenes Gefäß interpretiert werden. Dabei ist wohl eine Leibnizsche Inspiration im Spiel, die auf seine klassische Opposition zu Newton, bezüglich eines leeren Universums und einer erfüllten Welt zurückgeht.

10 Leibniz' Monaden sind bekanntlich auf nichts weiter reduzierbare Substanzen, wobei jede von ihnen die ganze, gleiche Welt in sich einschließt. Diese Inklusion ist nur möglich, weil jede Monade ,fensterlos' ist. Jede Monade erschliesst die gleiche Welt (Harmonie), hat aber eine einmalige Perspektive auf diese Welt. Siehe für eine brillante Übersetzung von Leibniz' Ideen in eine konstruktivistische Philosophie Gilles Deleuzes *Die Falte. Leibniz und der Barock*, 2000.

11 Dies erklärt auch, dass wir ,nie revolutionär gewesen' sind [SIII 86 u.f.], auf jeden Fall nicht im marxistischen Sinne, wo die Armut des Proletariats gerade die direkte Aufforderung zu revolutionären Entwicklungen war.

12 Zum Beispiel in Kapitel 37 von *Weltinnenraum*, wo der ,Kristallpalast' unserer ,Komfortzivilisation' als ein mütterliches Luxusinterieur mit fünf ,Stockwerken der Entlastung' beschrieben wird, möchte die anthropologische Verwöhnungstheorie – ironischerweise ganz wie die enthemmende Beratung eines Unternehmensberaters, der als Nachfolger der Ideologen zu gelten hat [WK 105] – „die kulturelle Navigationsfähigkeit der Verwöhnungssubjekte in ihrem riskanten und weitgehend unverstandenen Milieu optimieren, indem sie konzeptuelle Orientierungen für das Dasein in stark entlastungsgeprägten Situationen anbietet" [WK 333].

4

1 „Ich selbst habe weder den Krieg im Sinn noch die Politik als Führung des Krieges mit den Mitteln des Friedens. In dem Sinn bin ich kein politischer

Autor. [...] Politische Autoren sind solche, die einen Feind haben, die sich in irgendeiner Art von geistiger Schlachtordnung aufstellen [...], und für die gibt es keine wirkliche Theorie, sondern nur Lagergespräche. Jeder Morgen ist eine Befehlsausgabe, jeder Morgen Briefing, jeder Morgen die Beobachtung der feindlichen Operationen." Sjoerd van Tuinen, „Terrorisme is een bewijs van te veel communicatie", in: *Filosofie*, 06/07-2004.

2 Foucault, 1992, S. 87-8.

3 Das berühmte Buch von Francis Fukuyama über *Das Ende der Geschichte und der letzte Mensch* (1992), welches in der Zeitspanne zwischen *Eurotaoismus* und *Im selben Boot* erscheint, beschäftigt sich mit derselben Problematik, enthält aber viel weniger Risikovorhersagen für die Zukunft. Fukuyama geht im Gegensatz zu Sloterdijk davon aus, dass die heutige (angelsächsische) liberale Demokratie, welche sich auf Wissenschaft, Technologie und freie Marktökonomie stützt, die Krönung der Modernität und deren Verbreitung das Ende der Geschichte darstellt. Für einen umfangreicheren und erweiterten Vergleich zwischen dem Werk Sloterdijks und Fukuyamas siehe: Weyembergh & Van den Bossche, 1995, *Het einde van de geschiedenis? Over Francis Fukuyama en Peter Sloterdijk*.

4 Simmel, *Exkurs über das Problem: Wie ist Gesellschaft möglich?* In: Simmel, 1908, *Das Problem der Soziologie*, http://socio.ch/sim/unt1b.htm.

5 Rhizome sind Wurzelstöcke mit einem stark verästelten unterirdischen Netzwerk. Der Begriff wurde philosophisch berühmt, weil Deleuze und Guattari ihr Werk *Tausend Plateaus* damit beginnen. Der Wurzelstock kennt keinen Stamm mit einem zentralen Punkt, von dem aus sich die Wurzeln verzweigen, sondern ist ein Knäuel von kleinen Wurzeln, die kreuz und quer miteinander verbunden sind.

6 Das altgriechische *aphros* bedeutet Schaum. Sloterdijk meint deswegen, dass es kein Zufall ist, dass in der griechischen Mythologie Aphrodite, die Göttin der Fruchtbarkeit, aus dem Schaum geboren wird.

7 In *Die Sonne und der Tod* kündigt Sloterdijk ein Buch über moderne Mediengemeinschaften unter dem Titel *Die autogene Erregung* oder *Die kommunikative Illusion* an. [ST 76-7]

8 Ausführlich besprochen von Jürgen Habermas in *Strukturwandel der Öffentlichkeit*, 1962.

9 Zu Recht kann der niederländische Technikphilosoph Hans Achterhuis behaupten, dass Sloterdijk in seinen Analysen auf Makroniveau den Implikationen der formellen und materiellen Aspekte der neuen Medien für die Politik kaum zu genügen vermag. Im Gegensatz zu seiner materialistisch-technologischen Sicht auf die subjektivitätsbildende Wirkung der neuen Technologien auf Mikroniveau, behandelt er in *Medienzeit* nur die inhaltlichen und nicht die ‚formellen' Aspekte. Achterhuis, 2002, ‚De Utopie van Peter Sloterdijk', S. 472-3, in: *Tijdschrift voor Filosofie*, 64/2002, S. 451-78. Bei diesem Bedenken muss man aber anmerken, dass *Schäume* sich als eine materialistische und medientheoretische Beschreibung der Gegenwart liest, in der die politische Makroperspektive eben nicht mehr zu den Möglichkeiten gehört.

10 Tarde, 1993, S. 58.

11 Bert van der Ven weisst auf den moralischen Imperativ in Sloterdijks Sphärologie in Form der Selbstsorge hin. Die Erhaltung der eigenen Sphäre ist eine Bedingung für Solidarität. Van der Ven, 2002, S. 503-7. Tatsächlich spricht Sloterdijk sich in *Schäume* für eine Ethik in Form einer ‚Betriebwirtschaftslehre für Zivilisationstreibhäuser' aus. Ohne eine solche Lehre konkret auszuarbeiten, sieht er den Ausgangspunkt für Verantwortlichkeit im zerbrechlichsten Objekt der *souci de soi*, der Schaumblase. „Sie rechnet Personen und Kulturen die atmosphärischen Wirkungen ihres Handelns zu; sie hebt die Klimaproduktion als zivilisatorischen Kernprozess hervor." [SIII 260]

12 Sloterdijk, 2003, in Gespräch mit Wouter Kusters und Dimphy Smeets: „Peter Sloterdijk pleit voor onbescheidenheid" in *Filosofie Magazine*, 9/2003.

13 Hier unterscheidet er sich deutlich von Virilio, der das moderne Konzept vom Lichtjahr als ein Symptom des totalen Verlusts des Raums auslegt. In Virilios Werk ersetzt Dauer Ausdehnung, und Zeit ist die einzig relevante Kategorie, die übrig bleibt, wenn die Kategorie der Distanz sinnlos wird.

14 Van Tuinen, 2005, „The Obscene Voice. Terrorism, Politics and the End of Representation in the Works of Baudrillard, Žižek and Sloterdijk", in: *Pli. Warwick Journal of Philosophy*, 17/2005.

15 Das altgriechische *oikumené* bedeutet ‚bewohnte Welt'. Sloterdijk verweist auf Eric Voegelin, der in seinem *Order and History* die antike Welt die erste Ökumene des Westens nennt, weil die Menschen im Denken der frühen Philosophen ontologisch vereint sind und am selben Weltgeheimnis teilhaben. [SII 986-7]

16 Der Leser sei darauf aufmerksam gemacht, dass Installation dieselbe etymologische Wurzel wie Heideggers ‚Gestell' hat. Sloterdijk schliesst sich hier allerdings der Verbindung von Gelassenheit und Ästhetik an, von der sein erster ‚ästhetischer Versuch' *Kopernikanische Mobilmachung und ptolemäische Abrüstung* geprägt war. In einer verschäumten Welt, in der jede Lebenseinheit vor allem ein Produkt von *design* ist, führt der Unterschied zwischen Kunst und Natur – oder in weiterem Sinne: zwischen dem Künstlichen und dem Nicht-Künstlichen – nicht mehr zu sinnreichen Erkenntnissen über die Wirklichkeit. In *Schäume* spannt er den Begriff Kunst deshalb so weit auf, weil er dadurch die Wohlstandsgesellschaft als eine Superinstallation in einem grossen Museum darzustellen vermag. Der methodologische Nutzen liegt in der ästhetischen Verfremdung, in der wir das unsichtbare Ganze von Vielheiten überblicken können und dasjenige objektivieren, von dem wir selbst durchdrungen sind. [SIII 809-11] Das ‚Gesamtkunstwerk' Schäume lässt sich nur von demjenigen erblicken, der sich das Ganze in einem Museum vorstellt, wo er sich als Besucher darum herum bewegt. Gerade in dieser Rolle des Betrachters sieht Sloterdijk, wie in seinem frühen Werk, die Bedingung für Gelassenheit, für das aufs neue Formulieren des Passivums in das moderne Aktivum.

17 Sowohl in *Schäume* als auch in *Weltinnenraum* wird die Posthistoire, übrigens in Übereinstimmung mit der Analyse der Treibhausexistenz aus *Regeln für den Menschenpark*, als eine der Langeweile gedeutet. Nach der Errichtung des Kristallpalasts kann nur die ‚Kristallisation', das Stabilisieren und Statischwerden des Schaums, folgen. „Kristallisation bezeichnet das Vorha-

ben, die Langeweile normativ zu verallgemeinern und den Wiedereinbruch der ‚Geschichte' in die posthistorische Welt zu verhindern." [WK 268]

18 Ebd. und im 6. Kapitel wird dieser Begriff ausführlicher besprochen.

19 Sloterdijk zählt Hardt & Negri zu den ‚Spinozisten und Deleuzianern', aber im letzten Abschnitt der vorliegenden Monographie werden wir sehen, wie auch Sloterdijk in diese Kategorie von Denkern passt.

20 Hardt & Negri, 2002, S. 400.

21 Ebd., S. 357-8.

22 Kusters en Smeets, 2003, ‚Peter Sloterdijk pleit voor onbescheidenheid' in *Filosofie Magazine*, 9/2003

23 Van Tuinen, 2005a.

24 Van Tuinen, 2006.

25 Peter Sloterdijk, am 5. Dezember 2004, in einem Vortrag auf der Strasburger Heidegger Konferenz namens „Heideggers Politik: Das Ende der Geschichte vertagen.", S. 4 ff.

26 http://www.bookforum.com/funcke.html.

5

1 Sloterdijk, *Sphären I: Blasen*, 1998, S. 35.

2 Sloterdijk übernimmt hier eine Formel des frühen Habermas, ein Heidegger-Bewunderer, der sich unter diesem Titel mit dessen politischer Vergangenheit auseinandergesetzt hat.

3 Heidegger, 1994, S. 231.

4 Ebd., S. 261

5 Ebd., S. 257.

6 Heidegger, 2002, S. 14-6.

7 Ebd., S. 40.

8 Ebd., S. 46-7.

9 Heidegger, 2000, S. 34.

10 Ebd., S.19, 24-5.

11 Ebd., S. 23.

12 Ebd., S. 25.

13 Ebd., S. 50.

14 Ebd., S. 22.

15 Heidegger, 2002, S. 37.

16 Heidegger, 2000, S. 50.

17 Ebd., S. 50.

18 Vgl. Noll, 1993, S. 133

19 Plessner, 1982, S. 12. Obwohl Sloterdijk fast nie auf ihn verweist, zeigt sein anthropologisches Denken viele Übereinstimmungen mit dem von Helmuth Plesser.

20 In *Sphären II* konstatiert Sloterdijk bereits in der Errichtung der babylonischen Stadtmauern oder im *pomerium* um Rom die makrosphärische Äquivalenz des Transzendentalsubjekts, das er in *Eurotaoismus*, wo es um gegenwärtige Technik geht, mit dem Automobil gleichsetzt. Durch sowohl eine

immunologisch-defensive als auch inspirierende-beseelende Geste „kommt die Stadt zu sich als eigenmächtige Bedingung der Möglichkeit einer begriffenen, selbstregierten, selbstsorgenden und selbstnährenden Welt." [SII 309] In *Schäume* heißt es: ‚Das möblierte Haus hat die Versöhnung seines Einwohners mit der Umwelt so wenig im Sinn wie ein Automobil die Versöhnung des Fahrers mit der Strasse. Wo Natur war, soll Infrastruktur werden.' [SIII 554] Darüber hinaus hat Sloterdijk bereits in *Weltfremdheit* beschrieben, wie die zweite Geburt in einer doppelten Bewegung von einem Ankommen in der Welt (in der Existenz) und einem Weggehen, einem Zurückziehen in die eigene Innenwelt (in die Inexistenz) besteht. [WF 146] Indem er die ‚weltoffene Weltlosigkeit' betont, eliminiert er einen überspannten Existentialismus à la Sartre. Wenn Sloterdijk für Selbstsorge plädiert, dann bedeutet das außerdem, dass wir uns immunologisch gegen eine Überlastung von globalisierten Weltsorgen schützen müssen. [WF 264] Vgl. Van der Ven, 2002, S. 504-5.

6

1 Im Gegensatz zu *connaissance*, das man zum Beispiel in wissenschafltichen Publikationen, philosophischen Theorien und religiösen Legitimierungen findet.

2 Die Definition von *episteme* aus *Die Ordnung der Dinge* lautet: „das epistemologische Feld, ..., in der die Erkenntnisse, ausserhalb jedes auf ihren rationalen Wert oder ihre objektiven Formen bezogenen Kriteriums beachtet, ihre Positionen eingraben und so eine Geschichte manifestieren, die nicht die ihrer wachsenden Perfektion, sondern eher die der Bedingungen ist, durch die sie möglich werden." Foucault, 1974, S. 24-5.

3 Foucault, 1967, S. 346. In vielerlei Hinsichten ähnelt das frühe Werk von Derrida stark der Dekonstruktion des Humanismus von Foucault in *Die Ordnung der Dinge*. Genau wie letztgenannter zeigt Derrida in „Finis Hominis" in *Randgänge der Philosophie*, Derrida, 1988, S. 119-142, dass die Menschwissenschaften bereits von Anfang an eine Aporie in sich tragen. Kant will die moralischen Zielsetzungen an sich vernünftig bestimmen, unabhängig von jeder anthropologischen Größe, aber das einzige Beispiel eines vernünftigen Wesens bleibt der Mensch. Hegel, Husserl und Heidegger suchen in ihrem Denken nach der Aufhebung oder Ent-Grenzung des metaphysischen Humanismus, erkennen ihn aber gleichzeitig weiter an. Vor allem in seiner Kritik an Husserl lehnt Derrida sich eng an Foucaults Kritik der Phänomenologie an: „... die Phänomenologie ist die Aufhebung der Anthropologie. Sie ist nicht *noch*, sondern sie ist *wieder* eine Wissenschaft vom Menschen. So ist die Kritik des empirischen Anthropologismus ...nichts anderes als die Affirmation eines transzendentalen Humanismus." Derrida, 1988, S. 129-30.

4 In *Die Geschichte der Sexualität* verwendet er statt dem Wort *episteme* das Wort ‚Dispositiv' um auch den *pouvoir*-Aspekt des Diskurses zu betonen.

5 Hardt en Negri, 2002, S. 42-44.

6 Foucault, 1974, S. 412.

7 Ebd., S. 462.

8 Einen ähnlichen Optimismus finden wir auch in Sloterdijks vom technischen Fortschritt ausgelösten Posthumanismus: „Doch wenn Menschen maschinenbauende Wesen sind, so sind sie mehr noch metaphernschaffende Wesen. Sobald es gelingt, die intelligenten Maschinen der Zukunft in semi-personalistische und semi-animistische Beziehungsspiele mit Menschen einzubeziehen, müsste einem um die Anfreundung der Menschen mit ihren Robotpartnern nicht bange sein." [NG 365]

9 Ebd., S. 389. Es betrifft hier eine nietzscheanische Metapher, die auch Sloterdijk in *Kritik der zynischen Vernunft* einsetzt. Dort spricht er von der ‚Dressur des Praxistigers' im aktivistischen Pathos, wovon der Zynismus eine karikierende Form sei. [KZV 938]

10 Vgl. Oosterling, 1996, S. 317.

11 Vgl. z.B. auch: Jacques Derrida, *Politik der Freundschaft*, 2002. Im 4. Kapitel haben wir die makropolitischen Folgen der Umstellung vom Buch auf die Massenmedien und IT bereits erörtert.

12 Kritiker, die Sloterdijk vorwerfen, in seinem Antwortschreiben Themen anzusprechen, die nichts mit dem Denken Heideggers zu tun haben, z.B. Achterhuis, 2002, „De Utopie van Peter Sloterdijk", S. 458, in: *Tijdschrift voor Filosofie*, 46/2002, S. 451-78, verschließen die Augen vor diesem historisch-biografischen Grund Sloterdijks, um gerade auf Heidegger zurückzugreifen.

13 Sloterdijk verweist im Kommentar zu seiner Menschenparkrede einmal auf Foucault. [ST 60]

14 Auf einmal wird es unmöglich, das medialisierte Eigene, den genetischen Code, noch als Eigenes zu sehen und nicht als eine Heterogenität die eine Bedrohung für meine Freiheit darstellt. Es wird auf einmal klar, dass das, was wir Humanismus genannt haben, *sub specie* vielleicht seit langem keine Ideologie der Emanzipation mehr gewesen ist und als solche im nachhinein nur als eine Phase von Ungewissheit hinsichtlich der Voraussetzungen der Freiheit verstanden werden kann. Nur deswegen auch kann man Angst haben vor einer neuen Form von Versklavung durch genetische Eingriffe in den Anderen. Diese Angst bestimmt zum Beispiel Habermas' Stellungnahme in seinem *Die Zukunft der menschlichen Natur. Auf dem Weg zu einer liberalen Eugenik?*, 2005. Für eine ähnliche Kritik dieser Text, vgl. auch Žižek, 2001, S. 307; 2004, S. 125-6.

15 Dieser Zustand ist womöglich als religiös zu bezeichnen. Eric Borgman nennt Sloterdijks Vorwort zu William James' *Die Vielfalt religiöser Erfahrung* das Werk eines ‚liturgischen Denkers'.

16 Für eine eingehende Analyse dieses Phänomens, siehe auch: Van Tuinen, 2006, „Die andere Freiheit. Über Heteronomie, Intimität und Versicherung", in: Prakisch, Alexandra & Ruckenbauer, Hans-Walter, 2006, *Zwischen Inflation und Moralin.*

17 Aber sie wird auch klar in dem, was ich mit Oosterling die Juridisierung der Moral nennen möchte. Wenn die wichtigste moralische Kategorie der Vormoderne die Schuld war und in der Moderne Verantwortlichkeit, dann lässt sich auch die Juridisierung der Moral in der Umstellung auf Zurechnungsfähigkeit nicht mehr verkennen. Siehe dazu: Henk Oosterling, „Zelfverzekerd

bestaan: victiem overleven of interesse", in: *Monopolie, Risk & Stratego. Spelregels voor Justitie in de 21e eeuw*, Jolique Ribbers & Marc Schuilenburg, 2001, S. 10.

18 Foucault zum Beispiel unterscheidet Humanismus von Aufklärung und sieht sich selber in der zweiten Tradition verankert. Foucault, 2005, *Schriften IV*, S. 700.

7

1 „Rollender Uterus" in *Der Spiegel*, 8/1995, S. 130.

2 Oosterling, 2000, S. 9.

3 Timmermans, 2006, „Das Rationalitätsparadox der Moderne: Vernunft und Mediokrität", unveröffentlichtes Manuskript.

4 "Schandalen maken mensen dommer" in: *De Groene Amsterdammer*, 06-05-2000, S. 8-11.

5 Siehe für mehr zu Heidegger und Günther: Cai Werntgen, 2004.

6 Heidegger, 2004, S. 125.

7 Sloterdijk, 2006, „ Was geschah im 20. Jahrhundert? Unterwegs zu einer Kritik der extremistischen Vernunft". Einleitungsvorlesung, Chaire Emmanuel Levinas, Strasbourg, 4. März 2005" in: Van Tuinen (2006, Hrsg.), „What Happened in the 20th Century according to Peter Sloterdijk", Spezialausgabe von *Cultural Politics*, Nr. 3/2006.

8 In *Regeln für den Menschenpark* behauptet Sloterdijk denn auch, dass die Heideggersche Gelassenheit noch auf indirekte Weise an der wichtigsten Funktion des klassischen Humanismus festhalten würde, nämlich ‚die Befreundung des Menschen mit dem Wort des Anderen". [NG 316] Das Wohnen im Haus des Seins heisst, dem, was aus dem Sein selbst diktiert werden wird, abwartend zuhören. Daher zwingt es den Menschen als Hüter des Seins, noch leiser und geduldiger, oder noch gezähmter, ‚höriger' [NG 317], als ein gewöhnlicher Humanist zu sein.

9 Heidegger, 1993, S. 11.

8

1 Kallscheuer, 1987, „Spiritus Lector. Die Zersteuung des Zeitgeistes", S. 54, in: *Peter Sloterdijks ‚Kritik der zynischen Vernunft'*, 1987, S. 7-72.

2 Lütkehaus, 1983, in: *Badische Zeitung*, 13/14-08-1983, zitiert in: Kallscheuer, 1987, „Spiritus Lector. Die Zersteuung des Zeitgeistes", S. 23, in: *Peter Sloterdijks ‚Kritik der zynischen Vernunft'*, 1987, S. 7-72.

3 Mohler, 1983, in: *Criticon*, 1983, September/Oktober, Nr. 79, zitiert in: *Peter Sloterdijk*, 1988 (kein Hg.), S. 26-8.

4 Le Rider, 1987, in: *Le Monde*, 1983, 30-11-1987, zitiert in: *Peter Sloterdijk*, 1988 (kein Hg.), S. 30.

5 Merkel, in: *Der Spiegel*, 1983, 13-06-1983, zitiert in: Kallscheuer, 1987, „Spiritus Lector. Die Zersteuung des Zeitgeistes", S. 54, in: *Peter Sloterdijks ‚Kritik der zynischen Vernunft'*, 1987, S. 7-72.

[6] Bursche, 1983, *Frankfurter Allgemeine Zeitung*, 7 April 1983, zitiert in: *Peter Sloterdijk*, 1988 (kein Hg.), S. 25-6.
[7] Mohr, 2002, „Der Herr der Blasen", in: *Der Spiegel*, 52-2002, S. 156-7.
[8] Mohr, 1999, „Züchter des Übermenschen", in: *Der Spiegel*, 36-1999, S. 268-71.
[9] Siehe: Habermas, 1985, *Der philosophische Diskurs der Moderne. Zwölf Vorlesungen.*
[10] Habermas, 1983, „Sloterdijk zwischen Heine und Heidegger. Ein Renegat der Subjektphilosophie?" in: *Pflasterstrand*, 1983, Nr. 159, zitiert in: *Peter Sloterdijk*, 1988 (kein Hg.), S.24-5.
[11] Vgl. Noll, 1993, S. 213.
[12] Sens, 1987, „Tun und Lassen. Stichworte zur Kritik des kynischen Handelns", in: Peter Sloterdijks ‚Kritik der zynischen Vernunft', 1987, S. 252-63.
[13] Noll, 1993, S. 213.
[14] Ebd., S. 230.
[15] Ebd., S. 231.
[16] Oosterling, 1996, S. 335.
[17] Vgl. Moser, 1999, „Der Fall Sloterdijk", in: *Information Philosophie*, Nr. 4. 1999, S. 20-30.
[18] Ebd.
[19] Sloterdijk, zitiert aus Moser, 1999.
[20] Bohrer, 1999, „Mythologie, nicht Philosophie. Das Phänomen Sloterdijk", in: *Merkur. Zeitschrift für Europäisches Denken*, November 1999, S. 1116-21.
[21] Vgl. Mohr, 2002, „Der Herr der Blasen", in: *Der Spiegel*, 52-2002, S. 156-7 und die Schlagzeile über einem Interview mit Sloterdijk im Focus, 31/2001, S. 72-5: „Peter Sloterdijk, Parade-Philosoph des deutschen Zeitgeists warnt vor neu-katholischer Verweigerung der Gentechnik".
[22] Bohrer, 1999, „Mythologie, nicht Philosophie. Das Phänomen Sloterdijk", S. 1118, in: *Merkur. Zeitschrift für Europäisches Denken*, November 1999, S. 1116-21.
[23] Achterhuis, 2002, "De Utopie van Peter Sloterdijk", S. 456, in: *Tijdschrift voor Filosofie*, 64/2002, S. 451-78.
[24] Serres, *Der Parasit*, 1987.
[25] Es handelt sich hier um eine Formel von Bruno Latour über Michel Serres' Werk. Latour, „The Enlightenment Without the Critique: A Word on Michel Serres' Philosophy" in: A. P. Griffiths (hrsg.), *Contemporary French Philosophy*, 1988, S. 51-77.
[26] Sloterdijk, 2006, „ Was geschah im 20. Jahrhundert? Unterwegs zu einer Kritik der extremistischen Vernunft". Einleitungsvorlesung, Chaire Emmanuel Levinas, Strasbourg, 4. März 2005" in: Van Tuinen (hrsg.), 2006, „What Happened in the 20th Century according to Peter Sloterdijk", Sonderausgabe von *Cultural Politics*, Nr. 2.
[27] http://www.bookforum.com/funcke.html.
[28] Virilio, 2002, S. 49.
[29] Serres, *Atlas*, 2005, S. .
[30] Deleuze, 1992, S. 152.
[31] Nietzsche, KSA 5.399.

[32] Da der ‚Skandal' sehr gut dokumentiert ist, verzichten wir darauf, ihn nochmals zusammenzufassen. Eine Suche in *Google* ergibt direkt mehrere Webseiten, die den Skandal in seinen Grundzügen dokumentieren. Siehe ebenso Heinz-Ulrich Nennen, *Philosophie in Echtzeit. Die Sloterdijk-Debatte: Chronik einer Inszenierung. Über Metaphernfolgenabschätzung, die Kunst des Zuschauers und die Pathologie der Diskurse*, Königshausen und Neumann, 2003.

[33] Sloterdijk erwähnt den amerikanischen Philosophen Richard Rorty als Beispiel des pragmatischen Vorrangs von Demokratie über Ontologie. [VM 58] Rorty rechnet sich ganz offen zu den letzten Menschen, vorausgesetzt, dass es sich um amerikanische Liberaldemokraten handelt, und begibt sich ernsthaft auf den Weg in die Banalität. Sein *democracy before philosophy* ist ein besonders enthüllender Fall des allgegenwärtigen Auftauchens von ethischen Ausschüssen. Siehe für eine durch und durch unzeitgemäße Kritik dieser Praxis und deren wesentlicher Verknüpfung mit der repräsentativen Demokratie Alain Badious *Ethik*. Er behauptet dort, Parlamentspolitik, wie sie heute praktiziert werde, bestehe keinesfalls darin, Ziele zu setzen, die durch Prinzipien angeregt sind, um dann Mittel zu finden, diese zu erreichen. Sie bestehe vielmehr darin, das Spektakel der Ökonomie zum Objekt eines apathischen, wenngleich instabilen, öffentlichen Konsenses zu machen. Die Idee einer konsensuellen ‚Ethik' leiste einen großen Beirtag zur subjektiven Resignation und Akzeptanz des Status quo. A. Badiou: *Ethik* (Wien: Turia + Kant, 2003).

[34] Sloterdijk, „Die Kritische Theorie ist tot", in: *Die Zeit*, 37/1999.

[35] Siehe für eine ausführlichere Analyse der Anwendung dieser Begriffe im Werke Sloterdijks: Van Tuinen, 2006, „Obscene Politics. The Convergence of Terrorism, Pornography and Politics in the Works of Baudrillard, Žižek and Sloterdijk" in *Pli. Warwick Journal of Philosophy*, 17/2005.

[36] Alliez, Éric, im Gespräch mit Sloterdijk, 2000, S. 167, In: *Regels voor het mensenpark*, 2000, S.150-73.

[37] Habermas, 1985, S. 129.

[38] Sloterdijks hypokritische Position hinsichtlich der Aufklärung geht aus seiner Kritik an dem Aufklärungsnihilismus und aus der gleichzeitigen Charakterisierung des eigenen Denkens als ‚negativer Naturalismus oder illuminierter Nihilismus im Stile von Derrida und mir selber unter der buddhistischen oder tantrischen Analyse' hervor. „Da gibt's keine These und keine Position, keinen Stand, nichts Häusliches." [SV 97]

[39] Das letzte Kapitel von *Sphären II* endet außerdem mit einer Paraphrase der berühmten Redewendung von Foucault: ‚- und was am Projekt Mensch hoffnungsvoll und gross erschien, verschwände wie am Meeresufer ein Gesicht im Sand". [SII 1005]

[40] Heidegger, 2000, S. 35.

[41] Foucault, 1997, „Strukturalismus und Poststrukturalismus" (1983), in: Foucault, Michel, *Schriften IV*, 2005, S. 521-555.

[42] Siehe den gleichnamigen Aufsatz in: Foucault, Michel, *Schriften I*, 2001, S. 670-696.

[43] Es handelt sich hier nicht um real existierende Begriffe, weil sie einen nondiskursiven Bereich benennen, der den Begriffen vorangeht. Wir haben es da-

bei vielmehr mit einem Gerät zur Dekonstruktion zu tun. Heideggers ,Zwiefalt' oder Derridas *différance* zum Beispiel beruhen auf einer Spaltung oder Verdoppelung einer ,Meta'-Reflexivität in der Erfahrung: Zwiefalt oder *différance* als die Differenz der Differenzen.

44 Oosterling hat gezeigt, dass Derridas Quasibegriffe ,chora' oder ,différance' zum größten Teil nur andere Artikulationen dessen sind, was Deleuze und Guattari die produktive Kraft des ,Zwischen' nennen. Es ist dieses ,Zwischen' oder ,Inter', das mit den Konzepten Sphäre oder ,starke Beziehung' thematisiert wird und von dem Sloterdijk behauptet, es betreffe hier eine bis dahin ,stiefmütterlich' behandelte Kategorie'. Es ist gleichfalls diese Betonung des ,Zwischen', die Deleuzes und Derridas Gebrauch von Heideggers ontologischer Differenz miteinander verbindet. Genauso wie die französischen Differenzdenker zeigt uns Sloterdijk in seiner Heideggerinterpretation, dass dieses ,Dasein' im Grunde immer ein Zwischen-Sein ist. Heidegger: „*Inter-esse* heisst: unter und zwischen den Sachen sein, mitten in einer Sache stehen und bei ihr ausharren." Heidegger, zitiert von Oosterling, 2001, S. 127 in „ICTology and Local Interesse. Desacralizing Derrida's chora" in: Nagl, 2001, *Essays zu Jacques Derrida and Gianni Vattimo, Religion.*, S. 109-129.

45 Deleuze und Guattari beschreiben in *Qu'est-ce que la philosophie?* (1991) die Immanenzebene wie folgt: „Sie ist der Sockel aller Ebenen, jeder denkbaren Ebene immanent, der es nicht gelingt, jene zu denken. Sie ist das Innerste im Denken und doch das absolute Außen ". Deleuze & Guattari, 1996, S. 69.

46 Hardt & Negri, 2002, S. 106.

47 Sloterdijk meint, selbst Heidegger denke das Sein noch ,kryptoparmenideisch', was genauso viel bedeutet, als dass er noch an einer ,endotheologischen' Weise des Philosophierens festhalten würde, einer Wahrnehmung der heiligen Kugel des Seins von Innen heraus, einem auf beschwörende Weise Hervorrufen und Teilhaben an einer immanenten und alles einschließenden göttlichen Intelligenz im absoluten Seinszentrum, gegenüber dem kein Außen steht. [NG 402, SII 93-5] Selber schließt er sich lieber den vorsokratischen Atomisten und Materialisten an, die als Erste ein Aussen, eine unendliche Leere ohne Zentrum konzipierten. [SII 123]

48 Zitat entnommen aus: Brandom, Robert (1998): Making it Explicit. Reasoning, Representing, and Discursive commitment. Harvard University Press.